中国劳动关系学院
青年学者文库

柯希嘉 著

机构投资者与
中国上市公司治理

Institutional Investors and the Governance
of China's Listing Corporation

社会科学文献出版社
SOCIAL SCIENCES ACADEMIC PRESS (CHINA)

目 录
CONTENTS

图目录

表目录

导　论

　　随着中国社会主义市场经济的建立和中国金融证券市场的不断完善，作为新兴金融证券组织的机构投资者在中国的发展方兴未艾。机构投资者利用自身资金和信息优势不断加大对中国上市公司的投资规模，逐渐成为中国证券市场和中国上市公司治理领域中一支举足轻重的力量。全面展示中国机构投资者的发展状况，深入剖析机构投资者参与中国上市公司治理的机制和途径，深入分析机构投资者对上市公司治理和上市公司经营绩效的影响是十分必要的。通过这一领域的研究必将对中国机构投资者的壮大和中国上市公司的健康发展产生十分积极的影响。

　　在我国证券市场发展初期，市场以个人投资者为主体。从 1996 年开始，各地先后出现了大量的证券公司和信托投资公司，从而逐渐改变了单一证券市场主体的状况，券商及投资公司成为证券市场的重要力量；1998年，国泰基金管理公司与南方基金管理公司成立；1999 年，允许上市公司等三类企业有条件进入一级市场，允许保险资金间接进入股票市场；2001 年，第一只开放式基金华安创新设立；2002 年，QFII 制度正式实施；2003 年，社保基金正式入市，标志着我国证券市场的投资主体进入了一个新阶段，对我国证券市场发展产生了一定的积极影响；2005 年 9 月 21 日，中信建投证券公司正式成立；2006 年 12 月 7 日，嘉实策略增长基金一天募资 419亿元，是股改后我国基金募资的最大规模；2007 年 6 月 26 日，国内首只创新型封闭式基金国投瑞银瑞福分级股票型证券投资基金正式推出。截至2008 年 10 月，机构投资者在中国上市公司流通股比重当中的比例达到49.1%。虽然随着中国股权分置改革序幕的拉开，大量非流通股解禁流通导致机构投资者所占份额有所下降，但从 2008 年至 2013 年的中登公司数据库的数据来看，机构投资者的规模占全部上市公司总市值的比重仍然保持在 1/5 以上。

在相关法律、政策方面，国务院证券委员会于 1997 年颁布了《证券投资基金管理暂行办法》；2000 年，中国证监会将超常规、创造性地培育和发展机构投资者作为推进中国证券市场发展的重要政策手段；2001 年，颁布了《中华人民共和国信托法》《全国社会保障基金投资管理暂行办法》；2002 年，修改了《中华人民共和国保险法》，颁布了《合格境外机构投资者境内证券投资管理暂行办法》；2003 年，颁布了《中华人民共和国证券投资基金法》《合格境外机构投资者境内证券投资外汇管理暂行规定》，为发展机构投资者提供了政策和法律支持；2004 年 10 月 25 日，经国务院批准，中国保监会联合中国证监会正式发布了《保险机构投资者股票投资管理暂行办法》，允许保险机构投资者在严格监管的前提下直接投资股票市场；2005 年 2 月 16 日，中国保监会、中国证监会发布《关于保险机构投资者股票投资交易有关问题的通知》和《保险机构投资者股票投资登记结算业务指南》，保险资金直接入市进入实质性操作阶段；2006 年9 月 1 日，《合格境外机构投资者境内证券投资管理办法》经证监会第 170次主席办公会、中国人民银行第四次行长办公会和国家外汇管理局第五次局长办公会审议通过实施；2007 年 6 月 20 日，中国证监会发布《合格境内机构投资者境外证券投资管理试行办法》（QDII 制度）和相关通知，意味着基金管理公司、证券公司等为境内居民提供的境外理财服务业务即将展开。2012 年 12 月 28 日，第十一届全国人民代表大会常务委员会第三十次会议修订《中华人民共和国证券投资基金法》，从法律层面对机构投资者投资证券市场进行了进一步明确。

本书所要研究的机构投资者与中国上市公司治理问题是在回顾相关文献后确定了所要采用的研究方法，并明确了研究思路，进而确定了整体结构。笔者首先全面介绍本书所涉及的研究方法及本书的研究思路，并对本书整体结构进行说明。

一　研究方法

本书运用了实证研究与规范研究相结合、横向比较分析与纵向比较分析相结合的研究方法。具体来说，在考察金融体系的变迁、机构股东策略转变以及分析机构投资者参与上市公司治理的绩效等方面，主要运用了文献研究的方法；在分析机构投资者策略转变的经济合理性，以及企业的权力配置等方面，主要运用了规范研究的方法；在回顾股东积极主义的演变历程、比较各国的公司治理结构等方面，主要运用了比较分析的方法。

一是规范分析方法。在机构投资者参与中国上市公司治理的制度分析中，笔者采用了规范分析方法，主要是通过对已有文献的回顾，首先对机构投资者及其参与中国上市公司治理的基本概况进行描述性分析，然后运用博弈论的相关知识对机构投资者参与上市公司治理的情况进行分析。在运用博弈论分析的过程中，主要运用完全信息条件的博弈分析框架，分析机构投资者与控制性股东之间的博弈过程，从而得出相应结论。

二是统计分析方法。在研究过程中笔者采用了统计分析的方法，首先对中国证券市场以及机构投资者的发展进行统计分析，研究证券市场和机构投资者在中国的发展状况。然后在机构投资者参与中国上市公司治理的机制和途径方面运用统计分析的方法，收集了2010~2012年机构投资者的基本情况，并对排名前三的机构投资者持有上市公司股票的比例、前三家机构投资者持股集中度，以及对应的上市公司的基本情况进行统计分析，包括对上市公司的公司治理水平相关的各种指标，以及上市公司2010~2012年间的公司绩效指标，进行统计性的描述分析，一方面了解机构投资者及其投资的上市公司情况，另一方面为下一步进行实证分析提供数据支持。

三是计量回归分析方法。本书在研究机构投资者参与中国上市公司治理的有效性过程中运用了计量回归的分析方法。在对2010~2012年机构投资者的持股比例进行整理后，总结了2010~2012年的机构投资者信息，整理了机构投资者中投资上市公司的持股比例占上市公司持股比例最多的三家机构投资者的持股比例、持股集中度以及年度持股变动率。同时，也统计了2010~2012年上市公司的治理水平各项指标和反映公司绩效的各项指标。然后运用主成分分析法对各年度上市公司治理水平进行分析，构建了公司治理指数。最后用机构投资者持股前三名的持股比例、持股集中度和年度持股变动率作为解释变量，分析其与上市公司治理水平和公司绩效之间的关系，进而得出相应结论。此外，统计了2010~2012年所有机构投资者重仓的上市公司的信息，统计了机构投资者重仓的上市公司中所有机构投资者的持股比例，将其作为解释变量对上市公司的治理指数和公司绩效进行了回归分析，并将其作为重要的参考结论，进一步印证机构投资者参与上市公司治理的实际效果，得出相关结论和对策建议。

四是比较分析方法。在研究机构投资者对上市公司治理的影响过程中笔者运用了比较分析方法。结合已有文献，本书总结了西方主要证券市场中机构投资者参与上市公司治理的情况，特别研究了美国证券市场中几个主要机构投资者参与上市公司治理的情况，对我国机构投资者参与上市公司治理的基本情况进行了总结。然后将中国的情况与外国的情况进行比较分析。比较分析的内容主要体现在中国证券市场与西方证券市场发展的差异，以及中国证券市场中机构投资者参与上市公司治理的途径和方式与外国证券市场情况的差异。通过比较分析可以清楚地看到，证券市场发展的不同对机构投资者参与上市公司治理的不同影响；同时，也可以清楚地看到中国证券市场中机构投资者与国外证券市场中机构投资者在参与上市公司治理的途径和方式上的明显差异。通过以上的比较分析，可以对规范分析和实证分析得出的结论进行有效诠释，从而为本书的相关结论和相关对策的提出，以及进一步的研究奠定基础。

二　研究思路

本书关于机构投资者参与中国上市公司治理有效性研究的整体思路如下。

首先通过对已有文献的分析提出所要解决的问题。然后对机构投资者参与中国上市公司治理的整体情况进行概述。接下来，运用博弈论和微观经济学的相关知识对这一问题进行理论分析，并提出理论假设。之后，对所提出的理论假设进行实证分析，验证理论分析的结论。同时，结合中国证券市场的实际数据对理论分析和实证分析的结果进行进一步的诠释。最后，根据已有的分析得出最终结论并提出对策建议。整个研究思路可以通过图 0-1 更加直观地体现。

三　整体结构

本书分为三个部分。第一章、第二章、第三章和第四章为第一部分，是本书的问题导入部分；第五章至第十章是第二部分，为本书的理论分析和实证分析部分；第十一章为第三部分，为本书的研究结论和对策建议部分。

本书的第一章主要是从机构投资者参与中国上市公司治理的理论背景和现实背景出发，结合国内外已有文献提出问题，通过分析机构投资者参

```
┌─────────────────────────────┐
│         背景分析：            │
│  问题的提出、文献综述及整体概况  │
└─────────────────────────────┘
              │
              ▼
┌─────────────────────────────┐
│         理论分析：            │
│    参与公司治理有效性的博弈分析  │
└─────────────────────────────┘
              │
              ▼
┌───────────────────┐      ╭──────────────╮      ┌───────────────────┐
│    回归分析：       │      │   实证分析：    │      │    案例分析：       │
│ 机构投资者持股比例、  │─────▶│ 基于中国证券市场 │◀─────│ 结合机构投资者持有某只上市│
│ 股权集中度和持股年度  │      │   的数据分析    │      │ 公司股票的实际情况对理论分析│
│ 变动率对公司治理水平  │      ╰──────────────╯      │ 的情况提供佐证       │
│ 和公司绩效的影响     │             │               └───────────────────┘
└───────────────────┘             ▼
              ┌─────────────────────┐
              │    研究结论和对策建议    │
              └─────────────────────┘
```

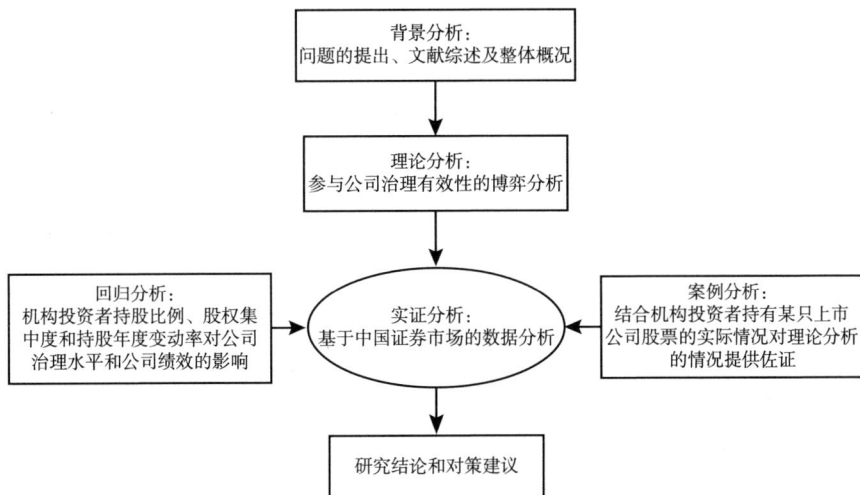

图 0 – 1　本书的整体研究思路

与中国上市公司治理有效性问题的相关背景，引出所要研究的问题，以及研究此问题的整体思路。同时，对研究中所涉及的相关概念进行界定，确定研究的分析框架。文献综述旨在通过回顾涉及机构投资者以及参与公司治理的国内外的相关文献，明确现有研究的思路、方法和研究的进程情况，进一步确定接下来研究方向和研究所要采用的方法，以及所面临的研究重点和难点。第一章的工作，使机构投资者参与中国上市公司治理的问题更加明确和细化。特别是文献研究，把国内外文献关于该问题的争论和分歧突出出来，使接下来的理论分析和实证研究更加具有针对性，也为现有争论和分析的解决奠定基础。第二章是机构投资者与公司治理概述，是机构投资者参与中国上市公司治理的整体状况研究。该章回顾了中国证券市场的发展和中国机构投资者的演进过程，对机构投资者参与中国上市公司治理的情况进行了归纳和总结，这为下一步的理论分析和实证研究奠定了现实基础，也为本书进行总结和政策建议做了现实状况的铺垫。该章对机构投资者的概念、机构投资者与金融市场的关系、机构投资者的投资策略、监管机制和体系、机构投资者类型及其参与公司治理的动因、机制和途径等问题进行了概述。第三章重点强调了机构投资者在信息搜寻方面的优势及其对证券市场和对普通投资者的作用。第四章是从中国实际出发，强调机构投资者在中国公司治理中面对"一股独大"问题所能发挥的股权制衡方面的作用。

从第五章开始以后的三章均是理论模型分析。本书的第五章是机构投资者参与公司治理的基础博弈模型。在该章中笔者结合已有文献和分析方法构建了博弈模型。通过设定机构投资者和公司控制性股东之间的博弈模型，在完全信息条件下，通过博弈双方的一阶段博弈分析，得出一阶段博弈反向归纳解。笔者发现，一阶段博弈模型分析后，仍然为博弈双方留下进一步帕累托改进的空间，这就为下一章多阶段博弈模型的研究提出了研究思路。第六章是在第五章的基础上进行的进一步研究。第六章在多阶段条件下进行了分析，并在原有模型的基础上，加入了博弈双方的讨价还价模型，使该问题的研究形成较为规则的分析框架。通过第六章的研究，笔者发现，现有的分析仍然停留在较为理想化的层次，并没有考虑现实中机构投资者在证券投资中的实际情况，因此还需对该问题进行进一步深入研究。第七章是在第六章的基础上进行的，在该章中，结合第六章的理论推导，将机构投资者的持股比例、持股集中度和持股变动率纳入模型当中，并沿用第五章的分析思路进行研究，进而得出理论分析的结论。第八章、第九章和第十章是关于机构投资者参与中国上市公司治理的实证研究，首先将第七章的理论模型转换成实证模型，然后选取实证模型中各变量量化成指标系统，最后进行实证分析并得出结论。需要指出的是，在模型中的公司治理水平变量是结合上市公司治理中的众多指标，用主成分分析法构建公司治理指数，从而使公司治理水平得以量化。通过第八章和第九章的实证分析对相关的文献综述、理论研究假设进行了计量经济学验证。本书认为仅仅通过实证研究还不能全面地说明问题，因此在第十章运用了案例分析方法。由于案例分析和相关数据的整理使得对机构投资者参与上市公司治理的问题研究更加清晰和准确。

本书的第十一章是全书的总结，也是对进一步研究问题的归纳。通过对机构投资者参与中国上市公司治理的分析，本书得出了一系列相关结论。同时，结合这些结论，本书提出一系列对策建议，并对研究过程中的不足之处进行总结，对下一步的研究提出了展望。

四　本书主要创新之处

本书运用规范分析、统计分析、计量回归分析、比较分析等分析方法对机构投资者参与中国上市公司治理的有效性问题进行研究。在研究过程中，本书取得了一些创新，总结起来包括如下几点。

第一，本书梳理了机构投资者参与上市公司治理的国内外文献，研究了机构投资者参与公司治理的制度背景和演进过程，对其发展的制度根源进行了分析，并对已有文献进行了梳理，对该问题研究中的争论进行了总结和归纳。

第二，在对机构投资者参与上市公司治理的问题研究中，本书运用博弈论的研究方法进行分析。在完全信息条件下，构建机构投资者与公司控制性股东之间的博弈分析，通过一阶段和多阶段的分析得出了对该问题研究的分析框架。

第三，在问题研究中，为了将问题更加深化和更加切合实际，本书将机构投资者持股比例、持股集中度和持股年度变动率纳入模型中，使理论分析模型更加切合实际，也为计量分析奠定了基础。

第四，在进行计量分析的过程中，将理论模型中的各个相关变量较为合理地转换成实际可计量的变量。特别是在衡量上市公司治理水平的过程中，运用主成分分析法构建了上市公司治理指数，从而为计量回顾工作提供了前提条件。

第五，在研究过程中最为突出的创新在于，本书将公司治理水平和公司绩效同时纳入研究模型当中，并和机构投资者参与公司治理的问题紧密联系起来。这不但能够为机构投资者参与中国上市公司治理的研究构建研究模型，同时可以通过一定修改应用于其他与公司治理研究相关的问题上。

总而言之，本书的研究，使笔者对涉及机构投资者参与公司治理的相关研究有了一个全面、直观的认识。通过对国内外学者相关文献的综述，笔者更加清楚地了解到国内外学者的研究进展，以及对该问题的研究思路、研究方法和主要观点。笔者发现，通过对机构投资者参与公司治理这样一个引起如此之多争议问题的整理，笔者进一步明确了大家争论的焦点和分析问题的不同视角，进而明确了需要解决的问题和需要采取的方法。

第一章
机构投资者与公司治理
理论背景和研究演进

机构投资者与中国公司治理问题的研究核心在于机构投资者参与中国上市公司治理的有效性。这里需要对所要研究的问题进行界定。有两个概念需要说明：一是机构投资者的问题，二是有效性的问题。关于机构投资者概念的界定有狭义和广义两种：狭义的机构投资者主要指各种证券中介机构、证券投资基金、合格的境外机构投资者（QFII，Qualified Foreign Institutional Investors）、养老基金、社会保险基金、保险公司等；广义的机构投资者除了包括各类证券中介机构、证券投资基金、QFII、养老基金、社会保险基金、保险公司外，还包括各种企业、私人捐款的基金会、社会慈善机构甚至宗教组织等。① 本书研究的机构投资者是指狭义的机构投资者。关于机构投资者参与中国上市公司治理的有效性研究，本书认为：一是关注决定机构投资者参与公司治理积极性的各种相关因素的研究，即参与、不参与以及参与程度的问题；二是关注机构投资者参与中国上市公司治理的方式和途径的研究，即如何参与的问题；三是关注机构投资者参与公司治理和公司绩效之间联系的研究，即参与效果的问题。

通过世界各国公司治理的实践以及公司治理理论研究的不断深入，可以清晰地发现，机构投资者参与上市公司治理已经成为未来公司治理发展中的一个重要新趋势。从国内的情况来看，机构投资者正在蓬勃发展。随着中国股市全流通时代的到来，机构投资者持有上市公司股票的规模不断

---

① 高明华：《公司治理学》，中国经济出版社，2009，第97页。

增加。机构投资者为了从证券市场中更加稳健地追求收益必然会更加关注上市公司治理状况，也必然会更加积极地参与到上市公司的治理之中。但由于中国证券市场的发展仍然不够规范，相关的法律法规仍然不够健全，加之中国机构投资者自身治理也存在各种问题，导致机构投资者参与上市公司治理的状况仍然不甚理想。对于以上问题，通过文献研究，结合公司治理的发展和演进，笔者运用微观经济学、博弈论和计量经济学的方法，对机构投资者参与中国上市公司治理的有效性进行理论和实证分析，从而寻找影响机构投资者参与上市公司治理的各种因素，为促进机构投资者参与中国上市公司治理提供对策建议。

一　机构投资者与公司治理理论相关理论背景

关于中国机构投资者的发展及其对中国上市公司治理影响的研究必须结合中国机构投资者的情况和中国上市公司治理的理论和现实背景展开。机构投资者作为一支重要的金融证券组织在西方发达国家发展得已经十分成熟，其投资证券市场进而参与上市公司治理的问题也一直备受西方学术界的关注，与此相关的理论和研究相对较为成熟，这些成果都对中国机构投资者的发展及研究机构投资者对上市公司治理的影响有着十分重要的借鉴意义。

从机构投资者参与上市公司治理的理论背景方面来看，随着公司治理理论的不断发展和深入，国内外的众多学者将研究视角从传统的研究股东与经理人之间的委托－代理问题进一步拓展，众多文献开始关注在股权分散条件下，持有公司大量股份，进而成为公司大股东的机构投资者的发展状况，以及机构投资者对公司治理水平和公司绩效的影响。同时，也有众多学者开始将研究视角转向控制性股东与中小股东之间的委托－代理问题，开始关注作为中小股东代表的机构投资者对公司控制性股东行为的影响，以及机构投资者在公司存在实际控制性的大股东的情况下，对公司治理水平和公司绩效的影响。但是，无论是在股权分散的条件下，机构投资者作为大股东的情况，还是股权并不分散，存在控制性股东，机构投资者仅仅作为参股股东的情况，关于机构投资者对公司治理水平和公司绩效的影响的问题在学术界都存在很大争议。部分文献认为机构投资者有利于改善公司治理水平，提高公司绩效；也有部分文献认为机构投资者的作用十分有限；同时，还有一部分文献认为机构投资者对公司治理水平和公司绩效有一定的负面影响。从理论背景看，主要研究思路正是沿着既有的理论研究成果进一步深入研究，试图揭示机构投资者对公司治理水平和公司绩效的实质影响，特别是对中国上市公司的治理有何影响。

从机构投资者参与上市公司治理的现实背景方面来看，中国资本市场不断发展，证券市场不断完善。在这种背景下，中国的机构投资者取得了长足的进步，无论从规模上还是从数量上都得到了快速的发展和壮大。同时，机构投资者也开始作为一支举足轻重的力量参与到中国证券市场的发展之中，机构投资者大量持有上市公司的股份，并开始积极参与公司治理。如何进一步发挥机构投资者的优势，代表分散的中小投资者行使股东权利，从而进一步改善中国上市公司的治理水平，将是一个十分重要的课题。同时本书也注意到：一方面，中国证券市场在发展过程中仍然存在许多不足；另一方面，机构投资者自身的发展也存在许多制度性的缺陷，导致机构投资者并不能十分有效地参与到上市公司的治理当中来，甚至出现许多机构投资者违规操作的现象，致使机构投资者不但没有促进中小投资者的利益保护，反而对中小投资者的利益造成重大侵害。本书的研究沿着机构投资者参与中国上市公司治理的现实背景展开，希望能够通过本书的研究进一步发现机构投资者对中国上市公司治理的有效性问题，进而揭示影响机构投资者有效参与中国上市公司治理的制度性因素，为中国机构投资者进一步的健康发展以及中国上市公司治理水平进一步的改善提出积极的对策建议。

关于机构投资者参与公司治理问题研究的理论背景首先要从公司所有权结构及其引发的委托－代理问题谈起。这一问题的研究最早要追溯到伯力和米恩斯（Berle & Means，1932）的研究，他们将研究视角放在公司所有权与控制权的分离上。他们认为，随着公司股权的分散，公司所有权和控制权之间产生了分离，而这种分离势必导致公司经理人与股东之间的利益发生冲突。法玛和詹森（Fama & Jensen，1983）认为，公司所有权和控制权的分离引发的公司经理人与股东之间的利益冲突势必会导致经理人将更多地把自身利益的最大化设定为自身的目标，很可能偏离股东的利益，导致股东利益受到侵害。之后的众多学者沿着这一思路进行了大量研究，关注点放在了股东与经理人之间这种委托－代理问题（即第一类委托－代理问题）上。随着公司治理理论研究的不断深化，许多学者开始注意到现实中大量存在的控制性股东问题（La Porta, Lopez-de-Silanes Shleifer & Vishny, 1998, 1999, 2002），即许多控制性股东通过不同形式将实际控制权和所有权分离，导致与中小股东之间的利益冲突，也就是控制性股东与中小股东之间的委托－代理问题（即第二类委托－代理问题）。通过以上学者的研究，我们可以清楚地发现，无论是第一类委托－代理问题，还是第二类委托－代理问题，作为相对弱势的中小股东的利益均受到不同程度的侵害。

随着世界范围内资本市场的不断发展，以及法律体系的不断完善，公司治理环境发生了巨大变化。机构投资者作为一支新兴的力量异军突起，众多资金雄厚的机构投资者迅速得到发展，机构投资者能够代表相对弱势的中小股东参与到公司治理当中，改变了中小股东相对于控制性股东和经理人相对弱势的状况。20世纪80年代以来，以养老金、共同基金和银行信托基金为代表的机构投资者开始大规模持有上市公司的股票，且持股比例不断攀升，出于自身成本收益的考虑，机构投资者对自身的投资模式进行了积极的改变。在20世纪80年代以前，机构投资者在公司治理中的地位并不显著。这是因为传统的机构投资者一般并不十分关注上市公司的发展战略和公司治理情况，它们只是关注上市公司股票的价值：当公司未来经营有良好预期时，它们就在证券市场中买入股票持有；当对公司未来发展以及公司绩效不甚满意时就主动抛售该公司的股票，一般情况下，它们都不会主动参与到上市公司的治理当中。随着机构投资者的发展，以及英美证券市场的不断成熟，机构投资者开始改变自身的策略，由原来的消极投资逐渐转变为积极参与到公司治理中来。20世纪90年代后，这一趋势愈加明显，许多著名上市公司的董事会都在机构投资者的巨大压力下解聘了公司高层领导。这些重大变化引起了公司治理理论界的高度关注。德林克（Drunker, 1974）最早开始关注机构投资者积极参与上市公司治理这一变化，他认为养老金等机构投资者的参与，必然导致公司治理模式的变化，从而有效地改变第一类委托－代理问题和第二类委托－代理问题对普通投资者利益的侵害。之后的许多学者（Brancato, 1998；Kaplan, 1998；Gillan, Hartzell & Starks, 2003）也发现，许多机构投资者开始摒弃传统的消极治理模式（即简单地从事股票市场的买卖，通过股票市场的波动进行投资行为来获取利润），逐渐开始积极参与到上市公司治理之中（Brancato, 1998），机构投资者开始代表一般中小投资者行使股东权利。

特别是随着英、美等国的证券市场的发展，出现了股权由原来的过于分散向相对集中的转变，施莱弗和维斯尼（Shleifer & Vishny，1986）认为，机构投资者将开始更加关注上市公司管理层的经营情况，这将更加有利于上市公司绩效的改善。

与机构投资者参与公司治理相关的研究文献众多。但对于机构投资者能否有效参与公司治理学术界尚存很多争议，有些观点和研究结论甚至截然相反。还有很多学者从统计学、微观经济学以及机构投资者参与公司治理的实践方面为这一问题的研究奠定了比较翔实的基础。莫克和米诺（Monk & Minow，1995）界定了机构投资者的概念；布兰卡托等（Brancato et al.，1996）、沃克和莱福特（Walker & Lefort，2000）、伊格里塞斯（Iglesias，2000）、瓦哈尔（Wahal，1996）运用统计学的方法为机构投资者参与公司治理整理了比较翔实的统计资料；凯尔乐敦、尼尔森和维斯巴赫（Carleton，Nelson & Weisbach，1998），布莱克（Black，1992），庞德（Pound，1992a，1992b），威勒斯和赞尼尔（Wiles & Zenner，1995），施莱弗和维斯尼（Shleifer & Vishny，1986）等总结了机构投资者参与公司治理的方式和途径；诺尔（Noe，2002）、齐兰（Gillan，1995）、欧珀勒尔和索科宾（Opler & Sokobin，1995）等研究了机构投资者参与公司治理的动机问题；琼斯、李和汤姆皮克斯（Jones，Lee & Tompkins，1997），布利克雷里、李斯和史密斯（Brickley，Lease & Smith，1988）等研究了不同机构投资者类型对公司治理影响的差异；查干提和达曼珀尔（Chaganti & Damanpour，1991）等研究了机构投资者持股对公司股权结构的影响；霍尔姆斯通和泰勒（Holmstrom & Tirole，1993）、科菲（Coffee，1991）、海德（Bhide，1994）、莫格（Maug，1998）、卡恩和温顿（Kahn & Winton，1998）研究了机构投资者的持股流动性和股权集中度对公司治理的影响；施莱弗和维斯尼（Shleifer & Vishny，1986），阿德马蒂、弗雷德尔和泽科纳尔（Admati，Fleiderer & Zechner，1993），胡塔特（Huddart，1993），莫格（Maug，1998），诺尔（Noe，1997），哈特泽尔和斯塔克斯（Hartzell & Starks，2001）等研究了机构投资者对公司绩效的影响；格尔顿和卡尔（Gorton & Kahl，1999）研究了机构投资者自身的治理问题；科菲（Coffee，1991）、若尔（Roe，1993）研究了法律环境对机构投资者参与公司治理的影响。此外，还有很多学者运用经济理论及相关的研究方法为这一问题的研究奠定了坚实的方法论基础（Grossman & Hart，1980；Admati，Pfeiderer &

Zechner, 1994; Blair, 1995; Maug, 1998; Duggal & Millar, 1999; Wahal & McConnell, 2000; Gompers & Metrick, 2001; Monks & Minow, 2002; La Porta, Lopez-de-Silanes, Shleifer & Vishny, 1998, 1999, 2002; Woidtke, 2002; et al.)。

通过对众多学者研究成果的分析，我们不难发现，关于机构投资者能否真正意义上参与公司治理，并有效提高公司治理水平和公司绩效的问题，公司治理理论界存在着十分明显的分歧，对这一问题的研究也显然不够深入。这一方面是由于公司治理实践的发展速度十分迅速，另一方面也是由于机构投资者参与公司治理的问题涉及很多方面的因素，笼统地得出机构投资者对改进上市公司治理水平、提高公司绩效有积极作用、消极作用还是无明显作用等结论都显得过于草率。从未来发展的趋势看，随着机构投资者规模的不断扩大，以及机构投资者自身制度的不断完善，机构投资者在未来公司治理中所发挥的作用将不可小觑。对于未来机构投资者对公司治理的影响，到底是像德林克（Drunker，1974）等人所认为的那样，将对第一类和第二类委托－代理问题的解决带来革命性的影响，还是如墨菲（Murphy，1994）等人所认为的那样，只是对未来公司治理带来不必要的扰动呢？显然轻易下结论还为时尚早。究其原因，主要是机构投资者对公司治理的影响存在许多不确定的因素，无论是证券市场的机制还是机构投资者自身的经营模式和治理水平都存在很多制度性的障碍，要想有效地解决这一问题还需要更加深入的研究，同时也需要机构投资者参与公司治理的更多实践。可以想见，随着机构投资者的不断壮大，及其参与公司治理实践的不断深入，关于机构投资者参与公司治理的课题研究将越发重要。

二 机构投资者与公司治理理论研究演进

本部分将对国内外有关机构投资者以及机构投资者参与公司治理的主要文献进行回顾性综述。通过文献综述，笔者将介绍国内外相关文献中对机构投资者的界定，以及机构投资者参与公司治理的研究综述。通过研究，为机构投资者参与上市公司治理有效性这一课题奠定理论研究的基础。本部分研究主要从国外相关文献的研究、国内相关文献的研究以及对所有国内外文献的评论和总结几个方面进行。

（一） 国外相关理论研究演进

从 20 世纪七八十年代开始，机构投资者积极参与公司治理的浪潮引起了理论界的广泛关注，众多学者从不同角度对这一现象进行了描述和研究。不同学者研究的角度不同，方法各异，结论也大相径庭。本部分对国外已有相关文献进行梳理，从而为下面的研究工作奠定了理论基础。

1. 关于机构投资者概念的界定

机构投资者有广义和狭义之分（Monk & Minow，1995），它们有共同特征。一个比较重要的特征是这些机构投资者都是接受受益人（Beneficiary）的委托进行投资行为，保证受益人资产的保值和增值。这些资产只是受益人的资产，并不是机构投资者的资产，机构投资者的工作就是为受益人打理资产。另一个重要的特征是机构投资者均要承担信托责任，即它们必须承担"高于市场一般水平的道德标准"。[①] 至于不同性质的机构投资者还具有各自的特征，这些将在后面章节进行详细介绍，这里不做过多说明。

2. 关于机构投资者参与公司治理的基础性研究

西方传统的机构投资者往往都是采取在证券市场买卖股票的方式来选择有价值的上市公司股票，一般不会采取积极的措施来参与公司治理。它们通常是根据自身的投资策略，选择有投资价值的上市公司，在证券市场中买入其股票，当上市公司未来经营业绩不甚乐观时抛售手中的股票。但随着 20 世纪七八十年代机构投资者参与公司治理的浪潮出现，西方学者敏锐地观察到这一重要现象。其中，德林克（Drunker，1974）[②] 是最早开始这方面研究的西方学者，他在其论述中开始强调以美国养老金为代表的机构投资者将会对未来上市公司的治理带来重大的变革。在德林克（Drunker，1974）之后又有很多的学者（Brancato et al.，1996；Walker & Lefort，2000；Iglesias，2000）开始陆续关注这一现象，并对这一现象进行了描述性和统计性的工作。通过他们开创性的研究，使我们逐

---

① Monk，R. and N. Ninow，*Corporate Governance*，Blackwell Publisher，1995，p.120.

② Drunker，Peter，*The Unseen Revolution：How Pension Fund Socialism Came to America*，New York，Harper & Row，1974.

渐了解到机构投资者参与上市公司治理的状况，同时通过他们对已有数据的统计整理以及定期更新的统计体系，我们对机构投资者参与公司治理的情况有了更为直观的认识，也为学者们对这一问题的研究准备了翔实的资料。

3. 机构投资者参与公司治理机制和途径的相关研究

凯尔乐敦、尼尔森和维斯巴赫（Carleton，Nelson & Weisbach，1998）分析发现，机构投资者与其投资的上市公司之间通过私下协商从而对公司治理产生影响。他们整理了从 1992 年至 1996 年教师保险金 - 大学教师退休基金（the Teachers Insurance Annuity Association-College Retirement Equities Fund，TIAA-CREF）参与上市公司治理的资料，发现这几年之间TIAA-CREF 与其投资的 45 家上市公司采用了私下协商的方式，并达成相关协议，其所能达成的私下协商协议超过那一时期的机构投资者与上市公司私下协商协议的 95%。在超过 70% 的案例中，这些协议都没有采取股东投票的方式，并且有至少 87% 的目标公司都采取了积极措施来履行它们与教师保险金 - 大学教师退休基金所达成的私下协议。

机构投资者能够在公司治理中扮演越来越重要的角色，这一观点已经成为一个广泛的共识。布莱克（Black，1992）和庞德（Pound，1992a，1992b）就认为，由于 20 世纪 80 年代敌意收购市场的发展，基于市场行为的投资模式逐渐转向基于策略目标的投资模式，从而为机构投资者在公司治理中发挥重要作用奠定了基础。从传统意义上讲，机构投资者一贯奉行的都是华尔街规则（Wall Street Rule），也就是直接在证券市场中买卖上市公司的股票，而不是直接采取行动企图说服上市公司采取相应的改进措施。但有很多因素逐渐导致了机构投资者转变自身策略，开始采用更多的手段更加积极地参与到上市公司的治理当中。这其中一个重要因素就是机构投资者在上市公司的持股比例不断上升。教师保险金 - 大学教师退休基金作为最大的一只养老基金几乎掌握了整个美国证券市场 1% 的股票市值。对于所有美国机构投资者而言，其中包括所有的共同基金公司（Including Mutual Fund Companies），教师保险金 - 大学教师退休基金在其中所占份额几乎达到 15%（Biggs，1996）。如此之大的持股规模必然使机构投资者有潜在动机去积极参与上市公司的治理。同时，我们看到其他基金公司也发生了重大变化，它们的资金量和持股比例也在不断增加，其规模的增大导致其不可避免地丧失了原有的流动性，也就是使其不可避免地转变措施，因为它们无法承受股票市场上的长期波动（Coffee，1991）。在所有机构投资者中，教师保险金－大学教师退休基金发挥了引领作用。因此，持股比例的上升并由此引发的流动性降低导致了机构投资者积极参与上市公司治理。正是这一原因，机构投资者开始摒弃原有的华尔街规则。根据瓦哈尔（Wahal，1996）的统计，由于机构投资者积极参与公司治理的举措并没有严重改变公司的股权结构，机构投资者的目标公司所持比例仅仅平均降低了3%。威勒斯和赞尼尔（Wiles & Zenner，1995）的研究表明，加利福尼亚公共退休基金（the California Public Employees Retirement System，CalPERS）并没有改变原有公司的整体股权结构，即并没有违背宾夕法尼亚反接管法律（Pennsylvania's SB1310 Antitakeover Law），由于法律的限制，机构投资者不可能无限增持上市公司的股票。因此机构投资者因其流动性的降低而导致的"用脚投票"（Vote with Their Feet）的意愿降低，促使机构投资者必须采取积极参与公司治理的策略。

机构投资者参与上市公司治理而引发的机构投资者股东积极主义涉及如下几个步骤。

第一步是机构投资者将其所管理的资产进行有效的配置，即通过自身的投资策略将资金投向投资名录中自己更加倾向的公司。不同的机构投资者选择的投资目标各有不同，它们根据自己的投资标准进行选择。一些机构投资者，比如科罗拉多州公务员退休基金（the Colorado Public Employee Retirement System）和宾夕法尼亚州公立学校退休基金（the Pennsylvania Public School Employees Retirement System）选择投资上市公司的标准主要是上市公司的业绩（Wahal，1996），而教师保险金－大学教师退休基金则更加看重其投资公司的治理水平，还有一些机构投资者则结合公司绩效和公司治理水平进行综合考察并制定投资策略。

第二步通常是机构投资者审议并向目标公司提交一份投资指导意见。这一步骤使得目标公司严格遵守机构投资者的要求并认真予以落实。虽然机构投资者向上市公司提交的投资意见不具有任何实际的约束力，但事实证明，大多数目标公司还是认真遵守这份投资意见，并按投资意见中的要求严格落实。这些投资意见也得到其他股东的支持，也有充分的实例证明这些投资意见能够促使上市公司的管理层积极对待并采取一系列积极的措施。

第三步主要是机构投资者会寻求与目标公司的直接对话,有时是向目标公司进行相关问题的呼吁(Shleifer & Vishny, 1986)。通常这一步骤采取的是正式的信函或者电话指导的方式,通过这种方式向目标公司解释为什么目标公司被其作为目标公司,并指导目标公司采纳机构投资者向其提出的相关意见。在这一过程中,很多机构投资者采取正式信函的方式来进行,当然更多的机构投资者还是采取电话指导的方式,进行私下和友善的交流。一般来说,采取机构投资者股东积极主义的机构投资者(包括教师保险金－大学教师退休基金)一方面会递交投资指导意见,另一方面它们也会不遗余力地采用这种直接对话的方式与目标公司进行切实有效的沟通和交流。

第四步主要涉及机构投资者与目标公司之间达成相关协议,这些相关协议主要还是来源于投资指导意见。这些协议将原有的投资指导意见进行了细化,从而使机构投资者与目标公司之间达成更加广泛的共识。如果能够和目标公司达成这样的协议,机构投资者一般都会撤回原有的投资指导意见。当然,还有很多案例表明,许多的协议并不能达成,机构投资者与目标公司在未来还将不断进行协商,以期在随后的时间达成协议。

第五步主要涉及机构投资者对目标公司的监督,关注其对所达成协议的落实情况。一些机构投资者,比如加利福尼亚公共退休基金已经开始制定一份更高水平的且完全公开的标准来规范其目标公司,并使其与目标公司所达成的协议更加标准和更具实质性(Del Guercio & Hawkins, 1997)。这样的公开标准使机构投资者与目标公司反复谈判的成本逐渐降低,并可以对更加广泛的目标公司实施监督。还有一些机构投资者,比如教师保险金－大学教师退休基金和威斯康星州投资基金会(the State of Wisconsin Investment Board, SWIB),并没有制定它们的公开标准,而且也很少公开它们的投资目标以及它们与目标公司之间达成的相关协议(Del Guercio & Hawkins, 1997)。由教师保险金－大学教师退休基金与目标企业之间达成的协议完全由其自身实施监督,监督的成本也完全由其承担,这可能是由于缺少达成协议所具备的公共标准。虽然我们并不知道教师保险金－大学教师退休基金与目标公司反复谈判的过程,但从投资者责任研究中心(Investor Responsibility Research Center, IRRC)那里获取的资料,可以多少了解威斯康星州投资基金会与目标公司反复谈判所达成协议的一些情况

（Carleton，Nelson & Weisbach，1998）①。

4. 机构投资者参与公司治理动机的相关研究

诺尔（Noe，2002）认为，虽然参与公司治理是每一个上市公司股东的权利，但现实中的情况并非如此。因为掌握这项权利所要花费的成本很高，因此，只有那些机构投资者才有这样的条件来参与这项工作。诺尔的文章就是讨论只有机构投资者能够成为真正的战略投资者时，机构投资者股东积极主义才能够真正兴起。同时他也指出，机构投资者成为战略投资者也不可避免地会在积极参与公司治理和简单买卖上市公司股票中抉择，特别是当其面对不同类型的金融市场时。即使是最积极参与公司治理的机构投资者也会在选择监督上市公司和简单买卖股票中摇摆不定。虽然众多中小投资者都是消极的，但并不意味着机构投资者规模的扩大就能保证其一定能够积极参与公司治理，特别是在不同性质的证券市场，这种差异愈加明显。实际上，那些奉行机构投资者股东积极主义的机构投资者并不一定持有大量上市公司的股份，也就是说机构投资者奉行积极参与上市公司治理的行为与其所持股份，以及是否进行大宗的股票买卖之间并不存在必然的联系。②

这些讨论涉及机构投资者是否能够真正对上市公司的治理进行监督。众多的学者（Admati，Fleiderer & Zechner，1994；Shleifer & Vishny，1997；Kahn & Winton，1998；Maug，1998）的研究也都是沿着机构投资者是否实施了对上市公司的监督来探讨机构投资者股东积极主义的。然而，某个大的机构投资者能够实施机构投资者股东积极主义并没有改变机构投资者并非都能够参与上市公司治理的状况。这是因为采取机构投资者股东积极主义对于机构投资者来说还存在着许多阻碍因素，这一点是人所共知的，且大量金融学方面的文献也可以佐证。很多机构投资者相信它们能够通过积极参与到公司治理中而获得更多收益（Chernoff & Star，1993）。但事实上，仍有很多机构投资者，比如沃伦·巴菲特基金（Warren Buffet）、镜头基金（LENS）和班纳特·勒博基金（Bennet LeBow）等基金公司就是采取不同

---

① Carleton，Willard T.，James M. Nelson，Michael S. Weisbach，"The Influence of Institutions on Corporate Governance through Private Negotiations: Evidence from TIAA-CREF," *The Journal of Finance*，Vol. 53，No. 4，Papers and Proceedings of the Fifty-Eighth Annual Meeting of the American Finance Association，Chicago，Illinois，January 3 – 5，1998，pp. 1335 – 1362.

② Noe，Thomas H.，"Investor Activism and Financial Market Structure," *The Review of Financial Studies*，Vol. 15，No. 1，2002，pp. 289 – 318.

的策略来赢利的。它们通过与上市公司建立一个更为特殊的关系，即首先向目标公司投资，然后采取干预管理层的措施，通过公司绩效的提升来获取利润。它们通常先在股票市场买入一些垃圾股，然后监督上市公司的管理层使得上市公司获得较好的绩效。如果股价提升，再将股票抛出从而获利。比如，镜头（LENS）基金的投资策略就被评论家描述为"投资一大批业绩很差的公司然后让其管理层采纳它们更优的战略"（Economist，1997）。通过这一案例可以看出，股票市场上的买卖同样可以使上市公司改进经营绩效（Bethel，Liebeskind & Opler，1998）。此外，还有一些机构投资者，它们虽然没有通过买入垃圾股然后改善管理的方式，但它们相信可以创造一种价值体系使自身以及目标公司受益，一些案例表明它们的策略是制定一系列严密的监督措施来干预公司的管理，从而提升公司绩效（CalPERS，1998）。以上所述表明，参与监督的形式是多种多样的（Gillan，1995；Opler & Sokobin，1995）。因此，可以说明，机构投资者确实可以通过买卖股票的方式使公司业绩在某一时期显著提升，从而充当积极机构投资者的角色（Parino，Sias & Starks，2000）。而且，它们买卖股票的行为经常还是和公司绩效提升是同时进行的（D'Mello，Schlingemann & Subramaniam，2000）。

5. 机构投资者类型差异对其公司治理影响差异的相关研究

琼斯、李和汤姆皮克斯（Jones，Lee & Tompkins，1997）认为存在不同性质的机构投资者对于公司管理来说产生的影响更大，特别是当机构投资者对目标公司总体的持股比例比较高时。他们在文章中探讨了提高机构投资者的持股比例和提高机构投资者的持股集中度能否有效降低代理成本，进而提高治理效率的问题。最终他们发现，公司的治理效率与机构投资者持股比例正相关，与机构投资者的股权集中度负相关。这就说明，机构投资者参与上市公司治理的绩效与其交易动机相关，同时也说明机构投资者参与公司治理的过程仍然保持消极状态。能否通过加强对机构投资者的约束以及提高其持股比例来进一步提升公司治理效率仍然需要进一步探讨。[①] 随着 20 世纪 80 年代后期接管市场对公司治理影响的减弱，庞德

---

① Jones, Steven L. , Darrell Lee, James G. Tompkins, "Corporate Value and Ownership Structure in the Post-Takeover Period: What Role Do Institutional Investors Play?" *Managerial and Decision Economics*, Vol. 18, No. 7/8, 1997, pp. 627 – 643.

（Pound，1992）认为，机构投资者的发展将对未来的公司治理带来政治性的转变。他认为，机构投资者的迅猛增长一方面使得它们有动机参与公司治理，另一方面也为它们在潜在投票权的争夺战中争取很多摇摆不定的股份。然而机构投资者股权比例的增长能否对公司治理带来改观还存在很多不确定的因素。布莱克（Black，1992）就认为，机构投资者根本没有改变站在经理人一边的仅仅是"用脚投票"，这是因为对机构投资者持股比例的限制以及机构投资者较为分散的状况，使希望积极参与的单个机构投资者往往不能有效发挥作用。因此，机构投资者的监督行为也仅仅是辅助监督而已。布莱克（Black）高度评价了机构投资者的潜在价值，同时他也十分怀疑机构投资者能够高效地发挥其在监督公司经理人方面的作用。他认为，如果单个机构投资者能够很轻松地持有10%～50%的股份，那么它们就能够发挥这样的作用，但现实是诸多限制导致这一点并不容易实现。

凯尔乐敦等（Carleto et al.，1997）发现教师保险金－大学教师退休基金更加倾向于投资高水平机构投资者持股的公司，而且教师保险金－大学教师退休基金与目标公司的私下协商对公司治理的改善也是十分成功的。这就说明目标公司中存在高水平的机构投资者比教师保险金－大学教师退休基金自身持股或者其积极参与的行为更加有效。史密斯（Smith，1996）认为，在1987～1993年，加利福尼亚公共退休基金更愿意投资于拥有高水平机构投资者持股的公司，他发现加利福尼亚公共退休基金投资成功的公司都产生了十分正面的财富效应。此外，斯提克兰德等（Strickland et al.，1996）发现联邦股东联合会（United Shareholders Association，USA）在投资高层次机构投资者持股的公司时，其在与机构投资者协商时更容易提高效率。庞德（Pound，1988）、麦克科尼尔和色瓦斯（McConnell & Servaes，1990）在文献中表明，机构投资者的联合能够提升监督效率。同时，庞德还发现高层次机构投资者持股的公司更不容易出现在代理投票权争夺战中失利的危险。麦克科尼尔（McConnell）和色瓦斯（Servaes）也支持庞德的观点，他们发现在1976～1986年间公司的托宾 q 值与机构投资者的持股比例呈正向相关的关系。然而，在解释麦克科尼尔和色瓦斯结论的过程中，格瑞林布拉特等（Grinblatt et al.，1995）和琼斯、李和汤姆皮克斯（Jones，Lee & Tompkins，1996）则认为，这样的结果只能说明机构投资者仅仅是出于买卖股票并从中受益的动机，它们买入公司绩效较好的股票，当公司绩效下降时将其卖出。格瑞林布拉特等（Grinblatt et al.，1995）和琼斯、李和汤姆皮克斯（Jones, Lee & Tompkins, 1996）的实证分析只能说明机构投资者买入了公司绩效好的股票，并不能说明机构投资者积极参与了公司治理，并使公司绩效得以提高。卜若思和金妮（Brous & Kini, 1994）则运用自己的实证研究支持了格瑞林布拉特等（Grinblatt et al., 1995）和琼斯、李和汤姆皮克斯（Jones, Lee & Tompkins, 1996）的观点，他们运用1976~1985年的季度数据进行分析，发现可以对机构投资者持股的公司的未来业绩进行较为乐观的预测。布利克雷里、李斯和史密斯（Brickley, Lease & Smith, 1988）则认为，不同机构投资者的投资动机是不同的。他们发现，银行和保险公司相对于其他机构投资者来说更不愿意抵制由公司管理层发起的反接管决策。这一观点就将银行和保险公司从格瑞林布拉特等和琼斯、李和汤姆皮克斯研究的机构投资者中剔除了。

范诺伊斯（Van Nuys, 1993）考察了银行对公司治理的影响，他发现银行在征集代理投票权的过程中，更加倾向于支持公司管理层的反接管措施，这一点与公共福利基金明显不同。对于保险公司来说，麦克科恩和马尔蒂尼（McCown & Martinie, 1988）的研究表明，保险公司在美国的40个州都受到在投资方面的限制，对上市公司的持股比例都很低，在参与公司治理方面保险公司的决策往往和银行一样，一般不会对公司管理层发起的决议投反对票。琼斯、李和汤姆皮克斯（Jones, Lee & Tompkins, 1996）的观点认为，不同类型的公共福利基金和共同基金表现出十分不同的差异，它们在参与公司治理的过程中表现不同，且具有共同的出于自身利益而不断进行股票交易的冲动。琼斯、李和汤姆皮克斯（Jones, Lee & Tompkins, 1997）分别考察了银行、保险公司和其他类型的机构投资者，他们综合不同学者的观点后，运用实证研究发现，机构投资者的性质不同，导致了异质机构投资者在整个公司的持股集中度越高，治理绩效越下降。

布利克雷里、李斯和史密斯（Brickley, Lease & Smith, 1988）认为，机构投资者因其各自的性质和与上市公司的联系方式不同，导致了其对来自上市公司管理层的压力敏感程度不同。一些机构投资者与公司管理层有较为密切的业务联系和信息分享机制，导致其对公司管理层施加的压力比较敏感，更能和公司管理层的决策保持一致。一些机构投资者对管理层施加的压力则较为迟钝。它们可以通过代理投票权的运用，对公司管理层的提案提出异议。博罗霍维奇、布兰纳斯基和帕里奥（Borokhovich, Brunarski & Parrino,

2000）在研究接管浪潮中反接管的案例中发现，确实存在不同类型的机构投资者对于上市公司管理层决策的表现呈现出十分明显差异的情况。

6. 机构投资者对公司股权结构影响的相关研究

伯力和米恩斯（Berle & Means，1932）关于随着企业所有权和控制权的分离而产生的对企业绩效影响的文章发表后引发了巨大的争论，许多学者特别是经济学者（Herman，1981；Larner，1971；McEachern，1975；Sorenson，1974）将企业划分为股东控制型企业和经理人控制型企业，并研究了所有权类型与企业绩效之间的联系。组织理论研究者也试图对所有权类型对企业的结构、战略和高级管理层特征产生的影响进行研究（Geeraets，1984；Palmer et al.，1987；Salancik & Pfeffer，1980）。然而，机构投资者股东对资本结构、公司绩效的影响一直没有人关注。一般都认为机构投资者并不像其他股东那样运用自身的力量去挑战公司管理层的权威，即使它们这样去做了，它们所能产生的影响也是微乎其微的。但后来一些学者的研究发现改变正在悄悄发生（Business Week，1987；Stevenson，1990；Wallace，1988）。机构投资者所持有的资产规模在不断扩大，它们持有上市公司的股份比例也在不断攀升。养老金占所有公司资产市值的比例由 20 世纪 60 年代的 4% 增加到 70 年代的 9%，80 年代中后期它们持有的上市公司股票的比例达到 23%，其中持有标准普尔 500 指数的上市公司的股票接近一半的份额由机构投资者持有（Wallace，1988）。由于机构投资者持有上市公司股票的比重过大，以至于其想将资产从一家上市公司转移到另一家上市公司都变成一件不可能完成的事情。因此，它们开始寻求转变自身的角色，开始积极参与上市公司的管理和政策制定（Finaley，1986）。这些变化实实在在地改变了上市公司的股权结构，并进一步对上市公司的绩效产生了影响。

通常情况下，公司高管都会抱怨机构投资者对公司绩效采取短视行为。外部的机构投资者，特别是公共福利基金则针锋相对地指出，公司高管只注重长期目标和"整体利益"（corpocracy），它们还指责公司高管的自我保护和缺乏足够的回报（Business Week，1987）。然而，机构投资者的经理人也被认为只关注其金融资产的绩效。因此，机构投资者往往被认为在制定投资决策时，更多地关注其金融资产收益，往往忽视比如产量等决定公司绩效的长期目标，而这些对公司长期竞争力的提升至关重要（Graves & Waddock，1990）。机构投资者持股比例越高，公司的决策就越倾向于公司绩效指标中机构投资者所关注的内容（Chaganti & Damanpour，1991）[①]。

公司的所有权结构可以影响外部机构投资者与资本结构和公司绩效之间的关系。一般认为，公司所有者包括控制性股东、一般普通股东和机构投资者。控制性股东持有股权的比例越高，就越增加了其对公司战略的内部影响力（Mintzberg，1983）。强有力的控制性股东会使公司经理人在执行公司特定战略时受到更多的限制（Hill & Snell，1989）。因此，控制性股东持有相当比例的股权的动机就是增强其在制定公司战略方面的影响力（De Angelo，1985）。而经理人至上主义的观点认为，控制性股东的动机和行为有别于一般普通股东，它们所追求的目标往往是公司绩效，而不是长期利益的最大化（Mitchell，1983）。很多证据都表明，机构投资者比控制性股东对公司业绩的追求更加短视。一般普通股东由于不直接管理公司，因而也被认为是外部股东。它们的影响在于它们可以放大外部机构投资者的影响力。它们也更加倾向于影响经理人使其更加关注公司绩效。赛兰齐克和费佛（Salancik & Pfeffer，1980）认为，控制性股东在一般普通股东的影响下会更加看重公司绩效。而机构投资者在参与公司治理方面，无论是积极的还是消极的，都没有什么本质区别，这是机构投资者的经理人职业特征使然。当机构投资者的收益增加时，它们对公司经理人的压力也会减轻（Drunker，1986；Graves，1988）。查干提和达曼珀尔（Chaganti & Damanpour，1991）的观点认为，控制性股东持股比例的上升将降低外部的机构投资者对股权结构和公司绩效的影响，而一般普通股东和内部的机构投资者持股比例的增加将增强外部机构投资者对股权结构和公司绩效的影响。莫克和米诺（Monk & Minow，1995）认为，机构投资者可以在传统的参与方式上进一步发展，从而在公司股权结构的优化方面施展更重要的能力。

7. 机构投资者持股流动性和股权控制力对其参与公司治理影响的相关研究

科菲（Coffee，1991）认为，当20世纪80年代的公司接管风潮开始时，对上市公司的公共治理渐渐被大家所熟知。传统的观点秉承经济领域

[①] Chaganti, Rajeswararao and Fariborz Damanpour, "Institutional Ownership, Capital Structure, and Firm Performance," *Strategic Management Journal*, Vol. 12, No. 7, 1991, pp. 479–491.

的达尔文主义，认为充分的市场竞争是最优效率。但渐渐这些观点发生了改变，政治力量作为经济进步的有效组织形式大行其道（Roe，1990）。伯力和米恩斯（Berle & Means，1932）的观点认为，公司所有权和控制权的分离并不是经济体一种不可避免的自发过程，也不是随着大的金融资本形成而自然而然形成的，而是由一种限制现代金融机构规模、数量和力量的政治力量所采用的过程。他们认为，如果缺乏这种政治力量，必然会导致一种十分不一样的政治约束，未来的公司很有可能出现类似日本或者德国那样的超大型金融机构。这种金融机构不但是公司的大股东，还是公司的监督者。正是这种政治力量导致了 20 世纪 80 年代的接管浪潮，敌对收购作为一种机制被应用于公司治理当中（Karpoff & Malatesta，1989）。

考虑到机构投资者是一个利益组织，机构投资者的流动性和控制力相结合，很有可能对管理层和其他组织的压力表现出并非短视的行为。另外，机构投资者出于成本的考虑而更加理性地参与到公司治理方面（Jensen & Meckling，1976）。此外，法律和公共管理规则从长期来看也迫使机构投资者将流动性和控制力结合起来。机构投资者把流动性和控制力相联系可以很容易解释机构投资者的消极参与正渐渐减弱。[①]

许多学者认为机构投资者持股流动性对其实际控制力的影响是负面的（Coffee，1991；Bhide，1994）。霍尔姆斯通和泰勒（Holmstrom & Tirole，1993）也同意这种观点。他们认为，随着机构投资者持股比例的增加，其持股流动性的降低成为必然结果，进而会通过实际控制能力来干预公司治理。诺尔（Noe，1997）、莫格（Maug，1998）、卡恩和温顿（Kahn & Winton，1998）则不同意这种观点，他们认为机构投资者持股流动性与其实际控制力没有本质联系。

关于股权结构对公司绩效的影响问题，长期以来得到众多学者的关注（Jensen & Meckling，1976；Fama & Jensen，1983）。德姆塞茨和莱恩（Demsetz & Lehn，1985）认为，股权集中度的增加可以有效地降低委托 - 代理成本。希尔和斯内尔（Hill & Snell，1989）的研究表明，股权集中度与企业的产量和生产效率呈正相关关系。这些学者的研究为关于研究机构投资者股权集中度与上市公司治理水平和公司绩效相关性的影响打下了坚

---

① Coffee, John C. , "Liquidity versus Control: The Institutional Investor as Corporate Monitor," *Columbia Law Review*, Vol. 91, No. 6, Oct. , 1991, pp. 1277 – 1368.

实的理论基础。

　　8. 机构投资者参与公司治理对公司绩效影响的相关研究

　　机构投资者参与公司治理是否能够有效改善公司绩效的问题是西方学者争论中最为集中的部分。大量文献研究表明，机构投资者能够发挥自身作用进而改善公司绩效（Admati，Pfleiderer & Zechner，1993；Huddart，1993；Blair，1995；Shleifer & Vishny，1997；Maug，1998），同时，也有大量的统计材料和计量分析支持这一观点。另有许多学者通过研究并结合案例分析认为，机构投资者改善公司绩效的途径是多样的（Bethel，Liebeskind & Opler，1998）。同时也有许多学者（Mitchell，1983；Murphy & Van Nuys，1994；Duggal & Millar，1999；Rose，2002；Bhagat，Black & Blair，2004）认为，即使从统计数据上得到的改善结果也并不能真实说明这一问题。因为机构投资者总是会出于自身利益最大化的考虑，利用资本市场灵活地买卖股票并从中受益。从长期来看，机构投资者的参与必然会损害公司长期发展目标。

　　关于机构投资者能否改善公司绩效的问题，许多学者给出了比较肯定的答案。布莱尔（Blair，1995）认为，机构投资者规模的增长促使其更加积极地关注上市公司的治理问题，它们可以通过征集代理投票权在股东大会上增加自身的决策能力，而且机构投资者可以通过关系投资的方式长期关注上市公司的治理情况，而不是仅仅通过消极的方式来进行。格姆珀斯和莫提克（Gompers & Metrick，2001）、莫克和米诺（Monk & Minow，2002）认为，机构投资者实力的不断壮大将改进上市公司的绩效，同时也能够增加整个社会的福利，因为它们的行为可以改进公司管理层的行为，使管理层变得更加积极，从而使公司绩效和社会福利共同增长。施莱弗和维斯尼（Shleifer & Vishny，1997）认为，当大股东的持股比例上升时，接管市场的作用就发挥出来了，其结果是使公司的估值上升。他们同时也指出，在接管过程中管理费用的增加，将直接影响中小股东的收益，仅仅会给大股东带来接管收益。哈特泽尔和斯塔克斯（Hartzell & Starks，2003）认为，机构投资者在解决经理层与股东之间的委托－代理关系中起到了监督者的作用。他们运用计量分析方法研究发现，机构投资者的持股比例与公司绩效及高管薪酬的敏感性呈正向相关关系，而与高管薪酬呈反向相关关系。瓦哈尔和麦克科尼尔（Wahal & McConnell，2000）发现，机构投资者并不一定会引发公司管理层的短视行为。他们通过统计研究发现，机构投资者的持股比例与企业资本结构的调整、研发投入和长期发展呈正向相关关系。此外，齐兰（Gillan，1995）、欧珀勒尔和索科宾（Opler & Sokobin，1995）认为，存在这样一些机构投资者，它们虽然没有采用买入垃圾股然后改善管理的方式，但它们相信可以创造一种价值体系使自身以及目标公司受益，一些案例表明它们的策略是制定一系列严密的监督措施来干预公司的管理，从而提升公司绩效。由此表明参与监督的形式是多种多样的。

同时也有许多学者认为，简单得出机构投资者能够改善公司绩效的结论还为时尚早。罗斯（Rose，2002）研究发现，如果没有交易成本，机构投资者和公司管理层之间达成相关协议的过程应当是十分高效的。但如果考虑交易成本问题，问题就变得不那么简单了。其结果也很有可能是机构投资者没有改变上市公司管理层的决议，因为公司管理层可以在谈判过程中使用各种阻碍手段导致机构投资者对其的影响失效。多噶尔和米莱尔（Duggal & Millar，1999）的经验分析对机构投资者监督公司管理层的能力提出了质疑。他们发现，采取股东积极主义的机构投资者确实提高了公司治理控制市场的效率；但同时他们也发现，大量的机构投资者只是名义上采取了机构投资者股东积极主义，实际上不断减少的收益阻止了机构投资者的行为，因此机构投资者仅仅是一个名义上的并不重要的角色。哈格特、布莱克和布莱尔（Bhagat，Black & Blair，2004）发现机构投资者在大幅增加上市公司的股票的同时，更倾向于进行大宗股票的买卖，而且买卖的频率都十分高。因此，他们得出了一个相对比较复杂的结论。米特切尔（Mitchell，1983）认为，控制性股东的动机和行为有别于一般普通股东，控制性股东所追求的目标往往是公司绩效而不是长期利益的最大化。墨菲和范诺伊斯（Murphy & Van Nuys，1994）认为，机构投资者的目标往往与公司长期发展目标并不一致，因而不能提高公司绩效，从长期来看反而会造成诸多不利影响。

9. 机构投资者自身治理问题的相关研究

关于机构投资者能否有效参与公司治理的问题还涉及机构投资者自身的治理问题。格尔顿和卡尔（Gorton & Kahl，1999）就认为，导致机构投资者不能有效参与公司治理的一个重要原因就是机构投资者自身存在严重的治理问题，从而导致其很难行使监督职能。

还有一些学者发现，机构投资者在证券市场的交易中存在不当行为，进一步伤害其他中小股东的利益。诺夫辛格和赛阿斯（Nofsinger & Sias，1999）研究发现，机构投资者相对于一般投资者来说更容易引发羊群效应（Herding）。拉科奥恩尼绍克、施莱弗和维斯尼（Lakonishok，Shleifer & Vishny，1992，1994）、格瑞林布拉特等（Grinblatt et al.，1995）分别运用星期交易数据进行研究，他们都发现机构投资者引发了羊群效应，并通过羊群效应进一步影响股票价格。还有十分确凿的证据证明，机构投资者在引发羊群效应后进行反向交易。沃莫尔斯（Wermers，1999）运用季度数据进行研究，得出同样的结论。

10. 影响机构投资者参与公司治理的法律环境的相关研究

一些文献还关注法律环境对机构投资者参与公司治理的影响。科菲（Coffee，1991）分别考察了不同国家及其证券市场的法律环境。他认为，现有的法律环境对机构投资者积极参与公司治理还有很多限制，从而导致机构投资者参与公司治理的积极性严重受挫。特别是一些法律法规导致机构投资者的持股比例受到限制；还有一些法律漏洞导致机构投资者与上市公司高级管理层串谋，通过对股价控制和对信息披露透明度的影响从中牟利。拉伯塔、洛佩兹-蒂-塞伦斯、施莱弗和维斯尼（La Porta，Lopez-de-Silanes，Shleifer & Vishny，1998，1999，2002）通过实证分析，得出了法律环境特别是中小股东保护的法律环境对不同证券市场中投资者权益的影响情况，进而得出法律环境的重要性。若尔（Roe，1993）认为，许多证据表明，机构投资者在参与公司治理中仍然持消极态度，这是现行的法律环境的一个重要影响。因此，他建议对现行的法律环境进一步予以完善，从而使机构投资者能够更加积极地参与到公司治理之中来。

11. 机构投资者参与公司治理研究方法及其结论的相关研究

许多学者通过自己的研究构建了研究公司治理问题的理论模型，这为本书从事机构投资者参与中国上市公司治理有效性问题的研究奠定了坚实的理论基础。

拉伯塔、洛佩兹-蒂-塞伦斯、施莱弗和维斯尼（La Porta，Lopez-de-Silanes，Shleifer & Vishny，1998，1999，2002）的研究构建了完美的公司治理研究框架，他们研究了机构投资者的持股、控制性股东的持股以及法律法规等方面的因素对上市公司治理的影响。

格罗斯曼和哈特（Grossman & Hart，1980）构造了委托-代理模型，通过模型分析得出了相关结论。他们认为，小股东如果没有足够大的持股比例就很难对公司管理层实施有效监督，因为小股东无法承受长期监督管理层所需要的成本。

施莱弗和维斯尼（Shleifer & Vishny，1997）构造了信号模型，他们认为，当大股东的持股比例上升时，接管市场的作用就发挥出来了，其结果是使公司的估值上升。而且，当公司接管真的实施起来的时候，所花费的成本并不高。这就意味着，当大股东的持股比例上升时，其更愿意为了公司业绩的小幅增长而展开接管行动。因此，由大股东发出的接管信号，不仅能够使大股东在接管后获得收益，同时也会对接管前的股票价格产生重要影响。施莱弗和维斯尼进一步指出，在接管过程中管理费用的增加，将直接影响中小股东的收益，仅仅会给大股东带来接管收益。

阿德马蒂、弗雷德尔和泽科纳尔（Admati，Feiderer & Zechner，1994）构造了资产价格模型，对大股东积极主义和资本市场风险的关系进行了研究。他们的模型是建立在传统资产价格模型的基础上的。他们认为，当存在唯一的一个大股东时，投资者是不愿意承担风险的。

莫格（Maug，1998）构建了不完美信息模型研究了市场流动性与交易自由之间的问题。通过模型他认为市场流动性的增强势必会导致更多的监督行为，因为可以通过市场交易行为分散监督成本。如果市场缺乏流动性，那么大股东就会缺乏动机去实施监督。

卡恩和温顿（Kahn & Winton，1998）也构造了一个不完美信息模型研究投机行为对机构投资者参与公司治理的影响。他们认为，机构投资者对公司管理层的干预行为增强了机构投资者的价值，但他们同时也指出这些干预行为仅仅是增加了机构投资者在股票买卖中的收益，在这一过程中，机构投资者相对于一般投资者而言具有更多信息上的优势。如果干预成本能够降低，使更多的机构投资者进入市场中，那么公司价值信息更容易获取，从而分散机构投资者通过股票交易获取的利润，削弱机构投资者干预上市公司管理层的重要性。也就是说，机构投资者干预行为越是成功，其成功干预的影响越大，就会越增加机构投资者交易的重要性。

布尔卡特、格罗姆博和潘努恩茨（Burkart，Gromb & Panunzi，1997）构建了一个契约理论模型探讨由外部股东来削弱公司经理层的控制力是否真正有益。他们在构建模型过程中表明，外部股东都是出于成本－收益分析来进行决策的。他们的研究表明，由外部股东过多地持有公司股份会导致公司绩效的降低和决策过程的低效。

还有很多学者运用计量经济学的方法对机构投资者对公司治理的影响进行了分析。沃德科（Woidtke，2002）研究了不同类型机构投资者的激励结构。他收集了 1989～1993 年之间 500 家上市公司的数据，通过研究他发现，公司绩效与私人福利基金持股之间存在正相关关系，而与公共福利基金持股之间存在负相关关系。之所以公司绩效会与公共福利基金持股呈现负相关关系，是因为公共福利基金成为公司股东时，它们往往会更多地考虑社会绩效和公共福利问题，而较少考虑公司治理问题。他还发现，其他股东并不一定会从机构持有公司股份并对公司管理层进行监督的这种关系中受益，因为机构投资者对上市公司管理层进行监督时，很有可能与其他股东的利益发生冲突，从而导致其他股东的利益受到损害。

戴维斯（Davis，1991）比较了委托-代理理论和组织理论后发现了与采用毒丸计划相关的因素，从而导致公司接管过程中的各种阻碍。他也运用了 500 家上市公司的数据，但他所采用的是面板数据的方法，通过他的研究发现，毒丸计划快速扩散的原因来自股权结构、其他公司治理层面的因素以及网络连锁扩散程序。他还指出，他的研究结果可以有效地支持如下观点，即在治理控制权市场中的连锁网络可以继续保持公司管理层的重要地位不被动摇。

普莱沃斯特和劳（Prevost & Rao，2000）关注股东代表代理投票权问题，并探讨机构投资者股东积极主义是否能够带来股东利益的增长的问题。与以前的研究不同，他们发现，加利福尼亚公共退休基金和公共基金联盟这两个著名的机构投资者都成为上市公司代理投票权的争夺者时，会引发强烈的财产负效应。他们认为，两个机构投资者的这种行为必然会向公众传达出一个正式的信息，就是机构投资者与管理层之间在谈判过程中会遇到很大的障碍。

路易斯、查恩和拉科奥恩尼绍克（Louis，Chan & Lakonishok，1993）分析了机构投资者股票交易的价格效应。他们发现，这个价格效应整体来说是比较小的。他们研究了价格买卖的不对称性，这种不对称性研究与证券市场的价格弹性、机构投资者的投资成本以及市场影响的决定机制有关。他们认为，机构投资者的买卖行为可能成为一种强烈的信号，因为股票市场具有十分巨大的流动性。

哈格特、布莱克和布莱尔（Bhagat，Black & Blair，2004）结合 13 年上市公司的数据对所有权结构和公司绩效之间的关系进行了研究，他们关注了机构投资者的投资行为对公司绩效是否存在正面影响。他们发现，机构投资者会大幅增持上市公司的股票。但他们同时也指出，大多数机构投资者更倾向于进行大宗股票的买卖，而且买卖的频率都十分高。因此，他们得出了一个相对比较复杂的结论：在20世纪80年代后期，接管潮流的兴起，使得机构投资者与上市公司绩效之间的关系呈十分明显的正相关关系。因此，关于机构投资者的相关投资的研究必须更加深入细致才行。

埃克尔特和阿塔纳萨科夫（Ackert & Athanassakos, 2001）将机构投资者的研究纳入委托－代理问题中进行研究。他们在对上市公司高管人员分配问题进行研究时发现，市场摩擦力会对机构投资者的行为产生十分重大的影响。他们认为，信息的可得性是公司的一项重要摩擦力，以至于机构投资者会随着市场价值和公司信息透明度的增加而增加其持有上市公司的股票，而公司信息透明度的提升和公司市场价值的提升是伴随着大量分析师的长期跟踪的。他们还认为，在早期，机构投资者也不愿意购买过多信息披露充分的公司的股票。但机构投资者渐渐开始增持信息披露较好的公司的股票，这是因为机构投资者要逐渐摆脱暗箱操作者的指责。

与其他学者对机构投资者将参与上市公司治理研究放在微观层面不同，戴维斯（Davis, 2002）则把研究的目光放在了宏观经济的层面。他的研究将机构投资者整体的发展和公司治理绩效中的重要指标（如分配的增长、固定投资的减少和生产率的提高等）联系在一起。通过研究发现寿险公司和福利基金更具影响力。

纽曼和沃特曼（Neumann & Voetmann, 2003）进行了案例研究来探讨哥本哈根证券交易所（Copenhagen Stock Exchange）战略投资者和机构投资者对股价的影响。他们发现，股权结构发生了重大变动。当大的机构投资者和战略投资者整体的持股比例超过20%时，绩效将会降低；而在5%～20%之间时，绩效保持不变；在5%以下时，绩效会增加。他们的研究贡献在于他们开始探讨机构投资者对公司绩效影响的极限问题。

阿古伊勒拉和杰克逊（Aguilera & Jackson, 2003）采用更加广泛的视角来研究这一问题。他们构造了一个跨国公司治理的理论模型，并设计了分析维度和设定了决定因素。他们还试图解释为什么一些特定行为会在不同国家广泛扩散，为什么分散的股权仅仅会在美国出现而不会向其他国家扩散。他们认为，由于美国存在反托管的相关法律，导致在企业内进行治理的网络被限制住了，此外美国更加鼓励大型的兼并浪潮导致股权被稀释。

罗斯（Rose，2007）运用1998~2001年丹麦证券市场的数据进行了实证分析，通过实证分析他得出了机构投资者的持股比例与上市公司绩效之间存在正相关关系的结论。但如果只运用丹麦最大两家机构投资者的数据会发现，机构投资者的持股比例的上升不但没有促使上市公司绩效的增长，反而呈现负相关关系。

（二）国内相关理论研究演进

随着中国证券市场的不断发展和机构投资者规模的不断扩大，机构投资者能否有效地参与公司治理，从而提高中国证券市场的公司治理水平和上市公司整体的绩效已经逐渐成为国内学者开始关注的问题。国内学者通过对西方文献的研究以及对西方机构投资者参与公司治理实践的关注，陆续把机构投资者参与公司治理的理论引入中国的理论研究和公司治理实践之中。国内的学者深入研究了西方国家机构投资者的发展及其积极参与公司治理的浪潮，分析了这一变化的制度背景和发展趋势，并结合中国市场经济发展的实际情况，陆续提出了自己的观点，结合中国证券市场的数据进行了深入分析，得出了一些十分具有理论和实践价值的结论。总体上说，国内的研究主要包括：对西方机构投资者的发展及其参与公司治理状况的整体描述、西方机构投资者参与公司治理浪潮的制度背景分析，以及运用中国证券市场的案例和数据进行的实证分析，等等。

1. 关于西方机构投资者参与公司治理的综述研究

20世纪80年代在西方兴起的机构投资者积极参与公司治理的热潮，吸引了国内学术界的目光。许多学者通过积极阅读西方学术界的文献，以及关注西方机构投资者参与公司治理的实践，对导致这一热潮的制度背景、法律环境以及机构投资者参与公司治理的机制和途径等问题进行了研究。这些学者主要包括何自力（1998），仲继银（2000），张清和严清华（2005），邵颖红、朱哲晗和陈爱军（2006），王永海、王铁林和李青原（2007），李维安和李滨（2008）等。这些学者从不同角度对机构投资者参与公司治理的西方学者的文献进行了回顾和综述，并从中国学者的视角进行了有针对性的评价。

2. 机构投资者参与中国上市公司治理有效性的相关研究

李维安和李滨（2008）采用面板数据和截面数据的计量方法研究了与个人投资者相比具有专业、信息和资金优势的机构投资者参与上市公司治理的效果。其实证结果显示，机构投资者在提升上市公司治理水平方面发挥了重要的作用，降低了上市公司的代理成本，机构投资者持股比例与公司绩效和市场价值之间存在显著的正相关关系。

王雪荣和董威（2008）构建了机构投资者对上市公司绩效影响的计量模型，并运用中国上市公司的数据进行了回归分析，通过他们的研究得出了机构投资者的持股比例与中国上市公司绩效不存在相关关系，进而得出机构投资者没有有效地参与到中国公司治理当中的结论。

3. 改善法律环境进而促进机构投资者参与公司治理的相关研究

随着中国证券市场的发展和机构投资者的壮大，很多制度上的漏洞都显现出来。机构投资者和上市公司的串谋，信息披露的不及时、不准确，以及机构投资者中的"老鼠仓"等问题严重损害了中小股东的利益，同时也影响了机构投资者参与中国上市公司治理的积极性。仲继银（2000），张清和严清华（2005），邵颖红、朱哲晗和陈爱军（2006），王永海、王铁林和李青原（2007）等学者都对改善中国法律环境的问题提出了自己的建议，希望通过法律环境的改善和证券市场制度的健全促进中国机构投资者的发展，并促使其有效地参与到中国上市公司的治理当中。

三 既有研究不足和进一步研究方向

通过对国内外文献的综述，本书逐渐理清了问题的脉络，了解到问题研究的动向和分歧所在。同时，笔者也发现，现有文献的研究由于没有构建有效的理论模型，对问题的研究没有真正纳入有效的分析框架之中；由于没有有效的理论分析作为支撑，各种形式的回归分析也显得解释力不够充分。下面对已有文献的不足进行总结并提出进行研究所设想的突破方向。

首先，既有的研究大多是在股权分散条件下的研究，而很少有文献研究股权高度集中的家族式企业和中国国有控股企业的情况。因此，本书在深入分析既有文献的基础上，将分析的范围从股权分散条件下的机构投资者参与公司治理的研究扩展到股权高度集中的家族式企业和国有控股企业上。

其次，国内既有的研究在分析机构投资者参与上市公司治理绩效时，将所有机构投资者持有的上市公司股票比例看作一个整体来进行研究，这样就夸大了机构投资者参与上市公司治理的绩效。虽然机构投资者整体持有上市公司股票比例较高，但相对于整体来说，每一个机构投资者持有的比例很低且变动很大，据此进行的实证分析也必然会出现比较大的误差，结果很难让人信服。因此，本书在考察机构投资者持股比例总数的同时，重点考察了持股前三名机构投资者的持股比例、持股集中度和年度持股变动率。

再次，已有文献都没有建立起一个十分有效的分析框架。由于没有有效地将公司治理水平、公司绩效和机构投资者的特征全部纳入分析模型中，不同机构投资者特征与公司治理水平和公司绩效的相互关系就没有有效的理论支持。已有文献的计量工作由于缺乏有效的理论模型作为支撑，采取的数据不同、分析的方法不同就会导致分析的结果大相径庭。

最后，由于西方证券市场的发展比较完善，法律环境特别是对中小投资者的法律保护相当健全。因此，国外文献一般不关注同一证券市场中机构投资者持股比例对上市公司治理水平的影响。而中国证券市场的发展不完善，法律环境不够健全，上市公司的治理水平不高且很不均衡。因此，在考虑机构投资者参与公司治理的有效性问题时需要考虑其对公司治理水平的影响，在进行理论分析和计量分析时需要将公司治理水平纳入分析框架中。

机构投资者参与公司治理的问题涉及很多因素。从宏观层面看，涉及证券市场的特征和缺陷，以及法律环境和制度背景。从微观层面看，涉及机构投资者的投资方式、机构投资者自身的治理问题和机构投资者所投资公司的各方面情况；等等。谨希望通过本书对该问题的研究有一定程度的推进而已。

从现有的理论研究看，已有的公司治理理论对机构投资者参与上市公司治理的问题仍然是一个比较新的课题。已有的研究虽然从不同方面对该问题进行了研究，但仍然不够深入，而且不同研究的结论具有十分巨大的分歧。如何进一步深入分析，并运用比较有效的方法对该问题进行梳理，将是一个十分重要的课题。如果能够建立起一套比较完整的分析体系，对机构投资者参与上市公司治理问题进行系统性研究，分析其中各种相关因素，并将其系统化将是一个十分重要的贡献，不但有利于为未来机构投资者参与公司治理提供理论依据，同时也为未来公司治理研究的发展提供一个重要的分析途径。

从现实意义上来看，现代西方资本市场不断发展和完善，以养老金、共同基金和其他金融机构为代表的机构投资者不断发展壮大，资产规模增加迅速，在各个证券市场中，对上市公司持股比例不断攀升，机构投资者已经逐渐取代普通中小投资者成为西方各主要证券市场的重要投资者。机构投资者随着在上市公司中持股比例的上升、投资规模的增大，出于自身成本收益的考虑，转变投资策略，使其在上市公司的地位和作用都发生了重大变化，不断加大积极参与上市公司治理的力度，这种行为为未来机构投资者参与中国上市公司治理提供了十分重要的借鉴。因此，深入研究机构投资者在公司治理中的地位和作用将日益成为学术界需要重点关注的问题。同时，我们还要看到，目前中国证券市场还属于新兴市场，证券市场正在蓬勃发展，无论从上市公司数量还是上市公司规模看，都取得了长足的进步。同时我们也需要看到，中国证券市场在发展中仍然存在很多不尽如人意的地方，其中在上市公司治理方面问题就比较突出，国有股一股独大成为老生常谈的大问题，这就导致了机构投资者以及其他金融机构和个人的持股比例明显过低，很难有效建立起完善的公司治理制度，进而影响资本市场配置资源的效率。当然从未来发展的趋势看，中国证券市场还是发生了许多可喜的变化。随着全流通时代的到来，国有股比例不断下降，其他类型的股东持股比例不断上升，其中包括不断壮大的机构投资者，这就给未来上市公司治理水平的提升带来重要的实质基础。如何更加有效地发挥机构投资者在未来上市公司治理中的作用，消除影响机构投资者参与治理的制度性障碍，将是十分有益的尝试。

总之，深入研究机投资者在公司治理中的地位和作用，研究机构投资者参与公司治理的机制和途径，以及研究影响机构投资者参与上市公司治理的制度性因素，对中国机构投资者未来的发展具有十分积极的作用。同时，这些尝试也将对中国资本市场的健康发展、国有企业改革以及现代企业制度的建立和完善具有十分积极的意义。

四　小结

通过对国内外已有文献进行归纳和整理，本章梳理了以往研究对机构投资者和公司治理问题研究的相关领域和重点关注的问题。国内外学者的研究发现，机构投资者与上市公司治理之间存在十分密切的联系，机构投资者持股会比例对上市公司的经营绩效和整体公司治理水平产生十分重要的影响。具体到中国学者的研究中，可以发现，整体上研究工作仍然沿着国外学者的研究方向展开，大多关注机构投资者的行为以及机构投资者持股比例对于上市公司经营绩效和公司治理水平的影响。当然由于研究角度的差异，以往的研究缺乏统一性的结论，对机构投资者在证券市场以及在上市公司治理中到底能够扮演何种角色往往莫衷一是。正是基于以上的总结和讨论，笔者发现，在中国证券市场中，机构投资者与上市公司治理的问题非常值得深入研究，而且有很多问题亟待解决。

第二章
机构投资者与公司治理概述

机构投资者作为证券市场中重要的金融组织，其发展历史并不是很长。20 世纪 30 年代以来受到金融市场高速发展和西方主要发达国家社会福利制度建立的影响，其资产规模迅速增加，在西方主要资本市场中逐渐成为一支举足轻重的力量。以企业年金、养老金和共同基金为代表的机构投资者不断发展壮大，在西方主要证券市场中的持股比例和总市值不断增加。其中美国机构投资者在 21 世纪初期的美国证券市场持股比例已经达到 70% 以上，英国更是达到了 80% 左右，并且有不断攀升的趋势。机构投资者在中国的发展历史也不是很长，随着中国证券市场的高速发展，机构投资者的影响力逐渐被人们关注，新的机构投资者不断开户，已有机构投资者的资产规模不断壮大，已经逐渐成为中国证券市场中一支举足轻重的力量。

一　机构投资者概念界定

从组织理论的角度来看，机构投资者的形成来自于经济组织专业化发展，以及金融领域的组织分工。金融领域的组织分工，必然导致投资领域的专门化发展，需要具有投资领域专业组织和专业人才的投资行为。同时，随着资金信托业的发展，大量社会资金必然需要专门组织代为行使投资行为。机构投资者从其最初形成到后来的发展壮大一直备受经济界和学术界的广泛关注。虽然至今对其没有统一的定义，但大致有两类较为系统的认识。

（一）机构投资者的狭义定义

第一类对机构投资者的定义为狭义定义，来自《新帕尔格雷夫货币金融大辞典》。其基本的定义是：专门代为管理资金进行投资行为的养老金、企业年金、保险金、信托基金和共同基金等专门投资组织。在这些组织中，大量资金由具备专业化投资水平的人员进行管理和投资。管理和投资等运营活动由专门人才进行。这些管理长期资金池的专业化金融机构就是机构投资者。在这些金融机构中，通过专业化人才的管理，实现资金实际持有人的资产保值增值，带来长期回报，而且不必进行日常的管理和看护，而是通过专业化人才的投资获得较为稳定的回报。从这个定义角度来看，机构投资者就是作为代理人、受委托人的资金托管委托，进行专门的金融证券领域的投资，保持长期资产规模的扩大，并通过定期收益分配的方式实现资金委托人收益的长期收益回报的金融机构。这样的机构体现了金融领域的专门化和中介性的特点。当然，从这个角度来看，机构投资者的定义较为狭窄，组织性质的限制要求这些金融组织必须确保资金委托人实现资金投资的满意回报和长期收益的最大化，因此其必须及时向资金委托人公布信息和投资情况，通报资金池的投资结构和投资收益状况，并定期提供收益回报。这就使得大量进行专门投资业务的金融机构不在此列。

（二）机构投资者的广义定义

第二类对机构投资者的定义为广义定义。其定义是：所有区别于个人投资者的投资机构。此种定义除了第一类定义所包含的金融组织外，外延大为扩展。从这个定义的基本思路出发，所有进行金融证券投资的金融机构包括养老金、企业年金、保险金、信托基金、共同基金，以及资产管理公司、证券投资公司、信托公司、保险公司，甚至具有大量投资资产的学校、医疗机构、教会组织和慈善机构等都被纳入机构投资者的行列中。从这个定义角度看，机构投资者更多地被看作通过专门化投资、科学管理策略和专门的金融人才投资而设立的金融机构。

（三）机构投资者狭义定义与广义定义的差异

对两类关于机构投资者的定义进行总结，发现它们各自的侧重点不同。第一类定义更多地强调委托－代理关系、投资专门化管理和信息公开等内容，突出了大量资金持有人通过委托－代理关系将资金汇集，并经过专门化的投资人才进行管理，通过投资实现资金增值，并进行定期的资金收益公示和提取。而第二类定义更多地强调投资行为的专门化，即专门用于证券金融市场投资的金融机构都可视为机构投资者。

两类机构投资者的定义虽然表面上看均涉及机构投资者的范畴，但从机构投资者自身的发展角度看，两种定义导致机构投资者存在巨大差异化的发展路径。从第一类机构投资者的定义来看，其所涉及的范畴主要为养老金、企业年金、保险金、信托基金、共同基金等金融机构，这些机构通过委托－代理关系对资金持有人的资产代为管理，就必须保证资金长期的保值增值，因此这类机构投资者往往通过优化证券投资组合的方式进行投资，也就是通过配置证券投资种类和比例，保证委托人资金不承受过大风险，保持证券资产的流动性和多样性，利用稳健的投资方式，运用优化的投资篮子实现资产的长期保值增值。这种情况是由于这类机构投资者作为委托人资产管理者，强调资产的安全性是首要的，其次是资产的增值，因此它们往往选择较为稳健的方式，保证证券投资的多样性、稳定性和适度流动性。而第二类机构投资者定义比第一类机构投资者的范围大为扩展，所涉及的机构投资者包括了大量以专门投资为目的的投资金融机构，与第一类机构投资者所侧重的方向有所不同。这类定义下的机构投资者除了包含着第一类机构投资者外，还有大量的范畴，它们不必像那些公共资金委托人的代理人那样具有严格的限制，不必过分强调安全性和稳健性，它们更多地关注资产的增值，没有过分强调证券资产配置中的多样性，而是强调资产管理中的投资专门化，突出资产管理专业化和机构化特点。它们不会像第一类定义中机构投资者那样过度专注于分散投资，不太注重所投资公司的具体经营情况、企业管理水平以及公司治理绩效等方面的问题。第一类定义中的机构投资者过多地关注稳健性，导致它们配置大量不同类型的公司股票，公司未来经营业绩期望值较高时就进行配置，当公司未来经营业绩期望值不高或者公司出现具有负面影响的变动时就大量抛售。往往不大深入调查和研究公司经营情况，特别是一些深层次的问题。第二类定义中的机构投资者中很多是根据投资的专门化来进行证券资产的配置的，它们关注公司经营情况，甚至派驻代表参与到公司治理和管理层中，保证其所管理的资产能够实现收益最大化。也就是变"用脚投票"的策略为"用手投票"。

从两类关于机构投资者的定义范畴可以看出，准确定义机构投资者确实存在一定难度。从现实的情况来看，随着社会的发展和证券市场地位的凸显，大量从事金融证券投资和服务的中介组织不断涌现，这些组织所涉

及的金融产品不同，使用的金融衍生工具各异，而且投资目的和途径千差
万别，这就使准确定义机构投资者这一概念成为一件十分困难的事情。但
总结两类较为成熟的定义范畴也不难发现，较为全面和深入地探讨机构投
资者的范畴还是需要从两方面展开，即机构与投资。

从机构这个方面来看，机构作为一种公共性质的组织，是相对个人而
言的。机构投资者存在明显的公共性，从法律层面来看，机构既不是自然
人也不是法人，因为机构不具备法人资格，当然这一点英美法系与大陆法
系之间仍存在争议。从大量机构投资者的性质来看，大量的养老金、企业
年金、保险基金、共同基金、信托基金，以及教会、慈善机构等建立的基
金确实都包含着明显的公共性和社团性。从这个角度来看，大量非个人的
金融机构以投资证券市场和资产管理为目的的金融组织，也具备了公共
性、社团性和非个体性，因此也可以被纳入广义的机构投资者的定义范畴
之中。

从投资这个方面来看，投资就是以资金现值的牺牲为代价换取未来可
能价值回报的过程。从经济学层面来看，投资就是为了实现资金增值而进
行的资源投放。从这个层面来看，投资包括各种生产领域的投资，如厂房
设备、机器工具、原材料和工人工资，也包括各种流通领域的存货投资、
劳务支出、货款垫付等，当然也包括金融领域的融资成本、贷款利息、证
券买卖，等等。从金融学层面来看，投资往往侧重于金融和证券投资，如
股票、期货、债券等。也就是说，投资是以获得未来收益而持有的凭证。
从这一点来看，英美市场往往把投资侧重于这一点上。在英美市场存在发
达的证券市场和繁多的金融衍生产品，使得社会资金很容易通过各种渠道
汇集到证券市场中，并利用发达的证券市场实现社会资源的有序分配和生
产效率的提升。

（四）机构投资者定义差异的外延化

通过对两类机构投资者的定义以及分别从机构和投资两方面进行分
析，可以比较明确地认识到机构投资者就是进行金融证券投资行为的非个
人化、专业投资化和社团性的金融团体和投资机构。机构投资者应当包括
利用自有资金和通过各种金融工具实现社会资金融合而形成的对金融证券
市场进行投资和赢利的非个人金融组织。它们在投资中往往选择科学的投
资组合和金融资产管理的金融组织。虽然部分机构投资者通过委托－代理

关系实现资金池的充盈进而进行资金投资行为，但整体上看机构投资者仍然表现为对金融资产的监督管理和投资赢利。机构投资者与个人投资者不同，个人投资者的资产所有和投资权利是一致的，而机构投资者则表现为资产所有权和资产投资权的两权分离。它们通过自身金融资产汇聚而形成的资金优势，降低了个体投资的风险，实现了整体资金的保值增值。它们所管理的资产具体表现为金融资产而非一般意义上的企业资产。投资领域明显表现为金融投资而非真实性资产的投资。

机构投资者存在着构成属性的差异和各国金融证券市场环境制度的不同，导致机构投资者在投资行为上存在较为明显的投资策略差异。在英美国家，机构投资者从组织形式上看主要表现为各种企业年金、养老金、保险金和大量的共同基金。而日德等国家由于金融证券市场的特点，机构投资者更多表现为金融财团和大银行机构。即使在相同国家内部，证券市场发展的路径也导致机构投资者在证券投资策略上产生了明显的分化。在证券市场较为发达的国家，机构投资者往往选择较为科学有效的投资品种组合来实现投资收益的最大化，即选择具有潜力的证券品种，并根据风险和收益平衡原则编制投资品种交易篮子。当发现具有投资价值的股票和证券时选择买入；当价格达到自己较为满意的情况下选择适时抛出。对于企业的经营情况的关注往往也局限于行业、品种、未来盈利状况等指标，而对企业自身的具体经营状况和公司治理情况不过分关注。如果企业出现机构投资者认为的状况和问题时选择"用脚投票"，抛售股票和证券。与此形成鲜明对比的是，部分机构投资者在关注投资组合的同时开始掀起股东积极主义的浪潮。这是因为在部分证券市场中股权分散，公司被内部人控制的情况出现，导致机构投资者很难通过公开的市场信息对公司经营情况有全面的了解，这往往会导致机构投资者投资效率的降低。因此，有越来越多的机构投资者开始选择参与到上市公司的治理当中来，通过"用手投票"的方法，防止公司内部人对公司股权分散导致大股东缺位而出现的权力滥用行为。

二 机构投资者与金融市场

机构投资者随着整个金融市场的发展而不断发展壮大。同时，机构投资者的发展也反过来影响着金融市场的发展。机构投资者与金融市场相伴而生，形成了具有鲜明特色的金融市场特征。脱离金融市场，机构投资者的投资行为就无从谈起，而抛开机构投资者，也很难对金融市场的发展有一个较为全面的认识。

（一）机构投资者与金融市场发展

从世界范围看，金融市场的发展与机构投资者的壮大是相辅相成的。金融市场不够发达的市场中，机构投资者比例相对较低。而金融市场发展迅速，金融市场在整个国家经济中的比重较高的情况下，往往会出现大量资产的机构化倾向。当金融市场高度发展时，大量的国民财富借助金融市场进行投资，而这种投资倾向，客观上就催生了机构投资者的发展。因为大量资金需要凭借专门化的投资工具和手段实现投资资金的长期收益。如果金融市场不够发达，金融体系不够完善，金融衍生产品过于单一的话，大量资金只能过度依赖银行体系进行间接投资，从而导致机构投资者发育迟缓。金融市场发育迟缓的明显的结果就是银行体系在整个金融体系中的地位不断下降，其他机构投资者资产规模不断壮大。

从世界主要发达国家的金融体系来看，以日德为首的倡导银行主导的国家往往发挥银行体系在金融体系中的主导作用，以英美为首的倡导自由市场经济的国家往往有较为发达的市场主导型金融体系，其他国家往往介于日德国家和英美国家的金融体系架构之间。在银行体系主导的金融体系中，通过利用高的居民储蓄，运用银行对投资机会的鉴别和选择，并通过银行与企业间密切的纽带对企业进行行之有效的监督和控制。银行体系在经济增长、产业有限配置、风险控制、企业经营监管中具有明显的效果，可以较为有效地限制委托－代理问题的出现，实现有限资金的科学合理配置，实现国家在经济发展、产业转型和企业升级方面的优势。公司通过银行体系获得融资，可以保证公司经营中较为明确地接受银行体系的监督管理，实现公司资金使用的高效率和长期资金使用的目标优化。通过银行体系可以降低资金流动性，防止资金使用中的低效率，特别是在促进经济长期增长以及优势产业长期稳定增长方面具有十分重要的意义。以市场主导的金融体系中，市场通过大量的金融工具和金融衍生产品实现社会资源的有效配置，并利用一系列灵活的风险控制工具保证强大的市场力量在资源配置时的优势。公开透明的证券市场，可以使投资者在市场交易中获得较好的收益，促进资金配置效率。通过外部控制对公司管理层将股东收益和企业发展相互结合，改善公司治理状况。同时，利用市场主导的金融体系，可以实现风险的分担和中小企业的快速成长。促进企业的创新性经营，减少不必要的资金限制和制度阻碍。两种体系的优劣比较集中在资产流动性、资金使用效率和价值发现、风险分担，以及信息透明度和高效的公司治理机制上。

通过金融市场发展路径的比较以及 20 世纪 50 年代以来西方发达国家金融市场发展的基本情况可以清楚地看到，随着市场主导的金融体系不断发展，机构投资者在市场主导的体系中逐渐成为举足轻重的力量。由于机构投资者对金融市场整体的推动作用，信息披露、外部治理、资源配置机制等市场功能逐渐形成，大大提高了市场主导的金融体系的效率。机构投资者已经逐渐成为市场主导的金融体系的核心力量。

（二）机构投资者与金融体系效率

20 世纪后半期开始，机构投资者不断发展壮大，在市场主导型的金融体系中，不断发挥自身的功能，促进了金融体系效率的提高，充分发挥了市场在资金配置方面的优势，优化了市场环境和法律制度环境，促进了金融创新和政策保障。

机构投资者成为长期资金进入高效金融体系的良好媒介。在西方发达国家的金融市场中，大量以养老金、企业年金、保险金和共同基金为代表的机构投资者规模不断扩大，在西方主要股票市场中的市值规模不断扩大，在稳定股票市场价格、促进股票价值发现功能，以及促进信息披露透明度等方面发挥了十分积极的作用。大量社会资金通过机构投资者的汇集形成了西方主要证券市场中的重要力量。机构投资者的专门化投资和科学投资管理决策使社会资金的使用效率大幅提高，实现了社会资本的长期增值。

机构投资者成为金融市场中重要的价值发现主体。机构投资者利用自身资金和信息方面的优势，可以发掘大量上市公司信息，使得大量资金由机构投资者引导进入优势企业。一方面实现了投资收益的最大化，另一方面也实现了中小企业的快速成长。机构投资者的引导，使得中小企业摒弃了传统的间接融资模式，寻求证券市场中的直接融资渠道，通过公开上市募集资金，实现了中小企业的快速融资、高效增长，为企业发展和产业升级提供了重要的路径。同时，中小投资者通过委托机构投资者进行价值投资或以机构投资者投资组合为借鉴，将资金及时投入高速增长的上市公司，实现了投资资本的快速增值。

机构投资者在促进金融市场良性发展、完善市场制度建设方面发挥着重大推动作用。随着规模的不断壮大，机构投资者逐渐成为与传统银行业相互竞争的重要力量，使得金融市场中的规则更为合理。同时，随着机构投资者加大对股票市场的投资，其在上市公司公开发行业务和二级市场操作业务规则的制定中担当了十分重要的角色。从历史上看，传统的新股发行中，金融财团和大型金融机构往往发挥主导作用，使得业务操作中的规则很多都是有利于这些金融财团和大型金融机构的。机构投资者的快速发展和不断施加的影响，使得金融财团和大型金融机构的单方面优势受到挑战和制约，打破了它们在证券发行市场中的垄断地位。

（三）机构投资者与金融工具创新

机构投资者的发展极大地促进了金融市场的发展和创新。机构投资者在 20 世纪 70 年代全球金融创新浪潮中发挥着十分重要的推动作用，一系列新型金融衍生产品在机构投资者的推动下应运而生。零息票债券、资产抵押担保债券、指数期货、指数期权、期货合约、指数基金、个人股票计划、个人储蓄账户、分割资产信托、风险投资信托等一系列新型金融衍生产品都是在机构投资者的推动下逐步推出的。同样，各种新型金融市场的创新反过来也推动着机构投资者的发展。各种新型金融工具和新型金融衍生产品的诞生，为社会资金提供了大量投资平台。机构投资者利用自身投资专门化的优势，可以利用这些新型金融工具和新型金融衍生产品吸纳更多的社会资本，使得机构投资者自身资金规模进一步壮大，并为下一轮金融市场创新奠定基础。

机构投资者的金融创新也在促进着金融交易体系的创新。机构投资者管理资金规模的扩大和资金账户的激增，需要对传统金融市场交易规则和交易方式进行进一步的推进和创新。为了满足股票交易量的显著增长，各国股票交易系统均做了信息化和现代化更新，大量网络信息技术也被及时应用到金融交易中。现代股票交易系统不断升级和完善，已经可以满足机构投资者对大量证券和资金交易信息的及时管理，为现代化高效金融交易构建了良好的平台。

三 机构投资者证券投资策略

根据不同机构投资者属性和对证券市场认识的不同角度，机构投资者往往会制定不同的投资策略。根据现有机构投资者投资证券市场的行为，可以将机构投资者的投资策略划分为消极型策略、积极型策略和混合型策略三类。

（一）机构投资者消极型投资策略

机构投资者消极型投资策略主要表现为根据证券市场的综合指标和市场统一信号特征进行投资的策略。采用消极型投资策略的机构投资者往往主动摒弃对整个证券市场运行的总体趋势的预测，而是采用较为科学合理的投资组合策略进行稳健操作实现长期的最大化收益。在投资原则上，采用消极型投资策略的机构投资者往往采用分散的投资组合，通过构建科学的投资组合实现在证券市场中的稳定回报。同时，在关于投资品种的选择上，采用消极型投资策略的机构投资者往往对不同类型的股票进行风险分级，并运用投资公式，对不同股票资产进行优化配置，保持一定比例的防御品种和高风险高收益品种，并进行系统管理实现投资收益回报。

（二）机构投资者积极型投资策略

与消极型投资策略不同，采用积极型投资策略的机构投资者往往更为主动地寻找市场机会。它们运用各种证券投资理论和投资手法，回避证券投资风险，追求短期投资回报，积极发掘潜在股票的价值，发现价值洼地，采用高抛低吸的操作策略。也有部分采用积极型投资策略的机构投资者采用成长性投资的理念，选择具备成长性的品种，及早买入，当股票确实按照操作设想进入高速成长阶段后抛售，获取企业股票成长过程中的收益。还有一些采用积极型投资策略的机构投资者采用更为短期和更为直接的投资策略，积极发现股票市场中被投资者忽略甚至错杀的股票品种，在其股价明显偏离公司股票实际价值时买入股票，当市场逐渐趋于理性，公司股票价值被重估时，获取股票差价。

（三）机构投资者混合型投资策略

将消极型投资策略和积极型投资策略进行结合的机构投资者采用了混合型投资策略。它们在采用分散投资，保证投资组合科学合理的同时，也利用部分基金管理人员调动部分资金进行积极型投资。利用股票市场高速成长和非理性气息浓厚的气氛，有选择地配置一部分股票获取短期高额回报。同时，利用分散性投资保证机构投资者整体资金的稳定和安全，消除积极型投资策略产生的风险。

四　机构投资者制度监管体系和监管机制

机构投资者的运行需要一系列具体制度安排才能实现机构投资者健康有序的发展。根据已有的机构投资者制度监管体制来看，大致包括市场准入、组织实施、风险控制、投资组合管理、市场交易规则等各类相关制度保障。由于机构投资者存在明确的委托－代理问题，要保障资金所有人的利益不被侵害、完善机构投资者的投资方式需要一套行之有效的监管机制。各国根据各自机构投资者的发展状况制定了有差异的机构投资者制度。当然随着世界经济全球化的到来，机构投资者的发展也存在着趋同的趋势。由于各国经济文化的差异，至今机构投资者的制度监管机制仍然存在诸多差异，各国根据自己制度构建的路径，形成了一种既保留了世界性的制度安排，同时也结合本国实际形成了本土特色的机构投资者制度监管机制。

（一）制度监管体系

我国已经初步建立起对机构投资者进行分类归口监管、政府监管和行业监管相结合的行政监管体系。应该说，我国对机构投资者的监管还处于初级阶段，分类归口监管体现了我国各类机构投资者发展历史不长和分业监管的特点。如保险资金投资股票市场已经数年，但其资格、账户设置和限制，都直接受到保监会的监管，证监会对保险资金的监管基本处于空白。保险机构的投资人员在从业资格、行为规范方面也没有像证券业协会和证监会监督基金经理一样严格。中国证券业协会只是对证券公司和投资基金进行从业资格、教育和培训方面的行业自律监管，没有专业性质较强的投资基金行业协会。另外社保资金和保险资金投资方面也没有任何形式的行业协会。从法规建设看，我国已经初步建立起《证券法》《证券投资基金法》《信托法》等基本法规体系，但还缺乏对社保、证券公司和保险资金运用等相关的法律规范，目前只是依靠行政和部门规章规范。从未来发展趋势看，随着各类机构投资者，特别是社保基金、保险资金等的进一步发展壮大，我国目前的分业监管的模式很难适应机构投资者快速发展和不断创新的步伐，需要重新思考我国机构投资者的监管体系，提高监管效率，鼓励机构投资者进行金融创新，提高专业投资水平。

（二）制度监管正式机制

根据各国金融市场发展的实际情况，各国建立了一套适合本国国情，同时也具备一定普适价值的正式机构投资者制度监管机制。主要包括法律约束下的自我监管机制、机构投资者行业监管机制和政府依照法律进行的行政监管机制。

机构投资者实行法律约束下的自我监管机制主要是美国。美国倡导以市场为主体的自由市场经济体制。机构投资者在美国发展中的制度监管机制主要体现在通过一系列专门的金融法案对市场进行监管，机构投资者根据相关法案进行自我约束管理。《投资公司法》《联邦证券法》《联邦证券交易法》《投资顾问法》《信托契约法》《内幕交易及证券欺诈行为条例》《证券投资保护法》，以及美国证券交易委员会制定的相关规则都是对机构投资者行为的法律约束。美国通过一整套较为全面和较为系统的法律监管体系对机构投资者进行监督管理，同时强调机构投资者的经营自律。美国证券交易委员会根据一系列相关法律法规保障机构投资者投资行为的制度化和规范化，并进行行之有效的监督和管理。

机构投资者的投资制度监管依赖金融机构行业自律机制的代表国家是英国。在英国，没有单独对机构投资者投资制度进行立法，而是将机构投资者与一般金融机构混同，要求所有机构投资者按照金融机构的一般法律法规进行管理。同时，强调机构投资者根据自身投资属性和投资行为差异自行制定法律框架内的自我管理机制。政府不直接干预机构投资者的投资行为，但要求机构投资者通过行业自律进行自我监管。最具代表性的行业组织就是英国金融服务局授权的投资管理监管组织。在英国机构投资者中存在着基金管理会员制，任何违反法律法规的机构投资者将被取消会员资格。任何试图成为机构投资者进行投资活动的主体都要接受行业自律组织的审核和监督,成为正式的会员。所开展的投资活动也必须公开透明。这种机制充分发挥了市场中间组织的作用,达到了政府不直接干预微观主体的目的,充分发挥了行业自律机制,保障了机构投资者的自由和有效竞争。但同时也存在着监督力量薄弱、无法全面有效开展监督管理等方面的不足。同时,行业协会采用会员制方式导致了行业协会的过度干预和准入门槛高的问题。

机构投资者制度监管机制严重依赖政府行政作用的国家主要集中在欧洲大陆和日本等国。在这些国家金融市场较之英美国家而言不够发达,投融资渠道往往依赖金融财团和大型银行体系。政府对于机构投资者的限制也明显较多。这些国家的政府对机构投资者往往采取较为严厉的监管措施。由于这些国家内银行业处于证券市场的主导地位,所以机构投资者的投资行为要全面接受银行体系的监管。以德国为例,德国的机构投资者监管机构是联邦银行委员会,该组织对机构投资者进行立法,颁发牌照,并对其经营行为和运行机制进行全面的监管。日本则是通过大藏省证券局进行机构投资者的立法、审批、监管,同时制定了行业自律标准,要求机构投资者实施。

(三) 制度监管非正式机制

机构投资者的制度监管除了正式机制外,还有主要是通过组织文化、委托﹣代理责任、社会诚信体系和道德体系等文化层面的约束机制。西方主要发达国家已经建立了一套较为完整的市场运行机制,同时在这种市场运行机制下形成了较为规范的市场运行的道德文化体系。在这种体系下,机构投资者往往通过自我约束来实现自身长期的经营和发展。当然这样的非正式机制需要长期的潜移默化而形成,同时需要较为完备的市场环境和市场运行机制。相对于正式的约束机制,这些非正式机制是自发形成的,而且具有较强的生命力。一个能够在市场环境中长期保持稳定发展的机构投资者通过自身制度构建形成一整套较为完备的约束机制、及时信息披露机制,以及收益回报机制保障资产实际所有人的利益不受侵害,而作为代理人的机构投资者能够利用高效管理、科学化的运营保证机构投资者资金池中的资金规模不断壮大,回报资金委托人。在西方发达证券市场中的机构投资者能够通过自身的组织文化推动实际资金所有人利益不受侵害、推动科学投资理念，尊重价值投资、保护投资人利益，推动上市公司的公司治理改进和经营绩效的提升。在相关法律法规以及政府监管之外，机构投资者能够通过提升自身形象，充分展示自身投资能力。机构投资者中的职业经理人把资金委托人的信任作为自己工作的动力和使命，把兢兢业业工作作为一种职业习惯和操守。这种市场经济形成的文化比成文的法律法规对机构投资者的约束更为深刻和有效。

五 中国机构投资者类型

随着改革开放和中国证券市场的发展壮大，机构投资者在中国也应运而生并得到快速发展。以证券投资基金、社保基金、保险基金和合格境外投资者为代表的机构投资者不断发展壮大。中国证监会和中登数据库的数据显示，截至 2013 年，中国各类机构投资者在中国证券市场市值总额中所占比重达到 1/3 左右，占流动市值比重的一半以上。虽然随着中国股市全流通时代的到来，其所占流通市值比重有一定稀释，但仍然可以说，中国机构投资者在中国证券市场已经成为一支举足轻重的力量。随着机构投资者在中国的发展，借助机构投资者进行投资已经成为一种潮流。机构投资者在证券市场中的价值发现功能和资金引导能力不可小觑。机构投资者对于中国资本市场长期健康发展起到越来越突出的作用。机构投资者在中国的发展中类型较之西方发达证券市场来说还较为单一，主要包括证券投资基金、保险公司、社保基金、企业年金和 QFII（合格境外投资者）等。

（一）证券投资基金

证券投资基金是中国发展规模较大的机构投资者。1992 年，首只证券投资基金山东省淄博乡镇企业投资基金挂牌，拉开了中国证券投资基金业发展的序幕；《证券投资基金管理暂行办法》《开放式证券投资基金试点办法》《证券投资基金法》相继出台，使证券投资基金作为独立机构投资者参与中国证券市场发展有了法律保障。

在我国基金业发展初期，由于起步晚，各方面运作尚不成熟，市场投机气氛浓厚，基金行业曾发生过一些违规行为，使行业发展遭受重大挫折。从 2000 年起，中国证监会提出"超常规发展机构投资者"，并将其作为改善资本市场投资者结构的重要举措。同时，行业运作的规范化、透明化程度得到加强，社会公信力初步建立。改革所引入的市场竞争机制，激发了基金管理公司创新能力和服务质量的大幅提升。我国基金产品层次逐步丰富，融资能力不断增强。2006年，证监会适时推出基金"封转开"战略方案，同时加强监管，颁布了一系列规范文件，指导行业规避风险。当年我国基金管理资产达到7500亿元，扩张规模几乎达到过去8年的总和。当前，证券投资基金已成长为我国资本市场最大的机构投资力量。经过近5年的发展，基金业多元化竞争格局已初步形成。目前，除对冲基金外，ETF、LOF、货币基金、指数基金等世界主要基金品种均已在我国市场出现。

截至2014年2月底，我国境内共有公募基金管理公司92家，其中基金管理公司90家，取得公募基金管理资格的证券公司2家。证券投资基金1585只，这些公募基金管理公司管理资产合计47635.35亿元，其中管理的公募基金规模35531.47亿元，非公开募集资产规模12103.88亿元。

（二）保险公司

1999年12月27日，国务院允许保险公司在控制风险的基础上，在二级市场买卖已上市的证券投资基金和在一级市场配售新发行的证券投资基金，从而开创了中国保险资金间接进入股市的先河，突破了保险资金原先的银行存款、买卖政策的以债券、金融债券为主的资金运作格局，成为资本市场上一新兴的机构投资者。2004年10月，经国务院批准，中国保险监督管理委员会联合中国证券监督管理委员会正式发布了《保险机构投资者股票投资管理暂行办法》，保险资金获准直接入市，投资比例控制在不超过上年底总资产的5%。之后，又相继颁布了关于保险资金直接投资股市政策实施配套文件，标志着保险资金直接入市进入实质性操作阶段。2004年，中国人保、中国人寿等先后成立保险资产管理公司，标志着保险资金开始采用资产管理公司的方式进行管理运作。2007年7月，保险资金直接投资股市比例由原来的不超过上年末总资产的5%提高到10%，股票和基金的总投资比例控制在20%以内。

据保监会统计，截至2013年底，保险公司总资产达到8.3万亿元，其中银行存款22427.13亿元，占比27.02%。股票、基金和债券等投资总额超过5.4万亿元。其中，债券33900.68亿元，占比62.78%；股票和证券投资基金 8330.85 亿元，占比 15.43%；其他投资 13712.34 亿元，占比 25.4%。

（三）社保基金

为了筹集和积累社会保障资金，进一步完善社会保障体系，中国政府在 2000 年 11 月建立"全国社会保障基金"，并设立"全国社会保障基金理事会"作为管理机构。全国社保基金由中央财政拨入资金、国有股减持划入的资金、股权资产和经国务院批准以其他方式筹集的资金及其投资收益构成。社保资金直接投资资本市场有效推动了机构投资者的多元化发展和壮大。随着直接投资资本市场的尺度不断放宽，其投资能力也在不断增强。

社保基金资产包括社保基金会直接运作的银行存款、在国债一级市场购买的国债、指数化投资、股权资产、转持股票、信托投资、资产证券化产品和产业投资基金、应计未收存款和债券利息等，以及委托境内、境外投资管理人运作的委托资产。全国社保基金理事会发布的 2012 年全国社会保障基金年度报告披露，截至 2012 年底，社保基金会管理的基金资产总额为 11060.37 亿元，其中：社保基金会直接投资资产 6506.67 亿元，占比 58.83%；委托投资资产 4553.70 亿元，占比 41.17%。基金负债余额 306.80 亿元，主要是投资运营中形成的短期负债。基金权益投资收益额 646.59 亿元，其中，已实现收益额 398.66 亿元（已实现收益率 4.33%），交易类资产公允价值变动额 247.93 亿元，投资收益率 7.01%。基金自成立以来的累计投资收益额 3492.45 亿元，年均投资收益率 8.29%。2012 年，全国社保基金收到境内转持国有股 29.52 亿元，其中股票 25.14 亿元，现金 4.38 亿元；自 2009 年 6 月执行《境内证券市场转持部分国有股充实全国社会保障基金实施办法》以来，累计转持境内国有股 1065.74 亿元，其中股票 838.58 亿元，现金 227.16 亿元。2012 年，全国社保基金收到境外转持国有股 44.83 亿元，自 2005 年执行境外国有股"减持改转持"政策以来，累计转持境外国有股 587.62 亿元。

（四）企业年金

我国企业年金制度由我国企业补充养老保险制度演变而来，是我国多层次养老保障体系的重要组成部分，居于体系的第二层次。1991 年《国务院关于企业职工养老保险制度改革的决定》首次提出"国家提倡、鼓励企业实行补充养老保险";2000 年国务院《关于完善城镇社会保障体系试点方案》将企业补充养老保险制度正式更名为企业年金制度;2004 年后相关法律法规陆续出台,初步形成企业年金建设的基本框架;2005 年,29 家金融机构获得中国首批 37 个企业年金基金管理机构牌照;2006 年,一批大型国有企业开始设立规范意义上的企业年金。

在不长的时间里,我国企业年金显著发展。从 1991 年到 2000 年底,中国只有 1.6 万多家企业建立企业年金,参加职工 560 万人,基金积累191 亿元。到 2005 年底,全国建立企业年金的企业已达到 2.4 万多家,参加职工 900 多万人,积累基金 680 亿元,资金量比 2000 年增长了 256%。截至 2006 年底,我国已有 2.4 万多家企业建立了企业年金,企业年金规模达 910 亿元,同比增加 230 亿元。我国企业年金市场正处于逐步规范后的快速发展阶段,越来越多的企业年金开始委托外部投资管理人进行管理。目前,已经有两批共计 21 家基金、保险公司和证券公司具有企业年金投资管理人资格,其中:基金公司 12 家,保险公司 7 家,证券公司 2 家。截至2013 年底,中国企业年金规模达到 2495.3 亿元,养老保险公司企业年金投资管理资产达到 2167.2 亿元。

(五) 证券公司

我国证券公司集中度有所提高,其中创新类证券公司成为证券行业的中坚力量。2006 年,22 家创新证券公司总资产和净资产达到 3281 亿元和677 亿元,占到全行业的 49% 和 63%;2006 年实现营业收入 370 亿元,净利润 173 亿元,分别占比 53% 和 67%。从收入构成看,经纪、自营和承销等传统业务仍然是证券公司的主要收入来源。2006 年证券公司总计实现手续费收入 369 亿元,占到了营业收入的 53% 左右;自营证券差价收入 132亿元,占比 19%;证券承销收入 63 亿元,占比 9%。

在规范证券公司代客理财的基础上,资产管理业务,特别是证券公司集合理财产品正成为证券公司的一个重要业务模式。自 2005 年初首只集合理财产品面市以来,证券公司集合理财经过几年的发展,已经渐成气候,成为证券市场一支重要的生力军。据统计,截至 2007 年 9 月底,市面上25 只证券公司集合理财产品的总规模已经达到 860 亿元,较 2006 年底的400 亿元增长 115%,比 2007 年上半年的 690 亿元增长 24.6%。资产净值超过了 50 亿元的集合理财产品有 5 只，占比为 20%；超过 30 亿元的有 13 只，占比为 52%。

中国证券监督管理委员会发布的《中国证券期货统计年鉴（2012）》显示，截至 2011 年底，共有 109 家证券公司，总资产达 15723 亿元，净资产达 6298 亿元，净资本达 4629 亿元，全行业累计实现营业收入 1359 亿元、净利润 389 亿元，各项风险控制指标均大幅优于监管标准。在资产管理业务上，证券公司体现出较高的投资水平。证券公司在投研方面实力比较雄厚，在投资范围以及投资策略的选择上，证券公司理财产品也比公募基金更灵活。目前，证券公司集合理财产品在规模上还受到严格的控制，主要是因为历史上自营管理方面暴露出的问题并没有根本性解决，集合理财和自营业务的隔离等制度有待完善。

（六）QFII

我国 QFII 制度于 2002 年 11 月公布实施，2003 年 5 月正式启动。在中国人民银行和中国证监会联合发布的《合格境外机构投资者境内证券投资管理暂行办法》中，将合格境外机构投资者定义为：符合有关条件，经中国证监会批准投资于中国证券市场，并取得国家外汇管理局额度批准的中国境外基金管理机构、保险公司、证券公司以及其他资产管理机构。至 2007 年底，共有 52 家境外机构获得 QFII 资格，QFII 累计获得超过 99.5 亿美元的投资额度。

中国证券监督管理委员会发布的《中国证券期货统计年鉴（2012）》显示，截至 2011 年底，共 135 家境外机构获得 QFII 资格，资产净值达 2530.17 亿元，持股市值为 1777.68 亿元。经过几年的发展，QFII 已经成为沪深股市重要的机构投资者。QFII 投资风格相对稳健，其全球配置理念和长期投资行为，促进了我国股市估值体系的完善，推动了股市的稳定发展。中国证监会认为，QFII 进入我国以来，在稳定市场、完善上市公司治理结构及经营管理方面均发挥了积极作用。

（七）其他机构投资者

在我国，其他主要机构投资者还包括财务公司、通过信托私募发行的证券投资基金等。由于这些机构特征不是很明显，边界定义模糊，证券投资缺乏系统规范，本书不将其纳入研究范围。

六　机构投资者在中国证券市场的发展及其
参与公司治理的前提

机构投资者是进行金融意义上投资行为的非个人化，也即职业化和社会化的团体或机构。它包括用自有资金或通过各种金融工具所筹资金并在证券市场对债权性工具或股权性工具进行投资的非个人化机构。在尚不成熟的中国证券市场，机构投资者的发展道路是短暂而曲折的，而其参与中国上市公司治理的发展道路更是短暂和曲折。

（一）机构投资者在中国证券市场的发展

在证券市场发展的早期，国内机构投资者首先是以证券公司的出现为标志的。我国第一家证券公司是 1987 年建立的深圳经济特区证券公司；1990 年 11 月法国东方汇理银行在中国组建了"上海基金"；1992 年中国农村发展信托投资公司私募淄博基金成为第一家国内基金，此后由于基金设立不规范问题严重，政府对基金发展实施了严格的限制，自 1994 年到 1997 年没有新的基金设立；1997 年 11 月《证券投资基金管理暂行办法》的颁布实施为证券投资基金的规范发展提供了法律支持。此后政府对机构投资者的发展采取了超常规、创造性的发展战略，不仅在存量上对现有机构投资者进行大规模的扩容（如证券投资基金、证券公司增资扩股），而且在增量上全方位引进新的机构投资者（如允许保险基金入市），标志着我国证券市场改变以往投资分散化格局、以机构投资者为投资主体的主要成分和资本资金来源的改革正式启动。2000 年 10 月 8 日，证监会发布实施《开放式证券基金试点办法》，该文件的出台是中国证券投资基金业乃至证券业发展史上的一个里程碑式的事件，标志着我国证券基金业作为机构投资者即将进入一个崭新的历史阶段。

至 2001 年，我国证券市场机构投资者的数量和整体实力都已获得了实质性的进展，机构投资者的资金量的增加幅度更为明显，机构投资者之间博弈的市场格局已初步形成。2001 年 10 月 1 日起颁布实施的《中华人民共和国信托法》进一步把机构投资者推向多元化，信托投资公司经过 1988 年开始的五次清理整顿，确立了信托投资公司作为机构投资者的法律地位，一定程度上增强了机构投资者整体力量。2001 年 12 月 11 日，我国正式加入 WTO 以后，为了迎接我国证券业将要面临的来自国际上的激烈竞争，政府加大了全方位促进机构投资者发展的力度。从 2002 年 10 月 26 日起，逐步允许部分保险公司一定比例的资金间接入市。

2002 年 6 月 4 日，证监会发布《外资参股证券公司设立规则》《外资参股基金管理公司设立规则》，明确了外资参股证券公司和基金管理公司的设立条件及程序。两个规则的实施，标志着我国在履行 WTO 有关承诺方面迈出了重要一步，也是我国证券公司和基金管理公司等机构投资者国际化的重要举措。2002 年 11 月 7 日，中国证监会与中国人民银行联合发布《合格境外机构投资者境内证券投资管理暂行办法》，允许合格的境外机构投资者（QFII）在一定规定和限制下通过专门账户投资境内证券市场。2003 年 5 月 26 日，中国证监会批准瑞士银行有限公司和野村证券株式会社合格境外机构投资者（QFII）资格，标志着我国证券市场对外开放又迈出了一大步。QFII 的引入，不仅可以增加市场资金供应、壮大机构投资者队伍、优化投资者结构，也将对市场投资理念产生积极影响，有利于我国机构投资者整体素质的提高。2003 年 10 月 28 日，八届全国人大常委会第五次会议表决通过《中华人民共和国证券投资基金法》，该法于 2004 年 6 月 1 日起施行。它以法律形式确立了证券投资基金在证券市场中的地位，堪称我国证券投资基金发展的又一重要里程碑。2003 年 6 月 2 日，全国社保基金理事会与六家基金管理公司签订相关授权委托协议，全国社保基金正式进入证券市场。我国社保基金的正式入市，拓展了证券市场的资金来源，对于我国机构投资者的发展来说具有特别的意义。

2004 年 2 月 1 日，国务院发布了关于推进资本市场改革开放和稳定发展的九条意见。这份作为证券市场建设的纲领性文件明确要鼓励合规资金入市。继续大力发展证券投资基金，支持保险资金以多种方式直接投资证券市场，逐步提高社会保障基金、企业补充养老金、商业保险资金等投入证券市场的资金比例。要培养一批诚信、守法、专业的机构投资者，使以基金管理公司和保险公司为主的机构投资者成为证券市场的主导力量。2004 年 4 月、10 月《企业年金基金管理试行办法》《保险机构投资者股票投资管理暂行办法》相继出台，央行表示支持商业银行设立基金管理公司。证券公司基础规范制度建设得到加强，证券公司自营结算备付金账户与客户账户实施分离，采取扶优政策，推出创新试点制度；拓宽融资渠道，允许证券公司发行短期融资券等方式融通资金。机构投资者在证券市场上的话语权进一步加大：分类表决制度为机构投资者直接或间接参与上市公司治理，在制度上制约上市公司重大经营行为创造了条件；新股寻价制度提高了机构投资者的价格决定权；强制分红制度为机构投资者获得中长期股利分红提供了制度保障。

（二）机构投资者参与公司治理的前提

我国证券市场正处于发展初期，证券市场规模小，结构和功能很不完善。改善证券市场的投资者结构，大力发展包括保险公司、养老基金和社保基金在内的机构投资者，可以大大扩展我国证券市场的规模，完善我国证券市场的结构和功能，促进我国证券市场的成熟和对外开放。

随着机构投资者在证券市场上所占的比重日益增大（包括持有量和交易量），机构投资者对证券市场提出了越来越高的要求，机构投资者事实上成为证券市场制度创新的最重要驱动力。机构投资者对证券市场的特殊要求主要表现在以下几个方面。

（1）机构投资者首要的交易要求是丰富交易工具。股票市场之外必须有发达的债券市场（国债、企业债券市场）、资产证券化工具等，还需要有基于避险和其他投资策略所要求的金融衍生工具，如大多数机构投资者会使用指数化的投资策略，就需要股指期货进行套期保值交易、套利交易及构造指数化的投资组合。由于复制指数有较高的交易成本（佣金、手续费及市场冲击成本），选择样本跟踪指数要面临"跟踪失误风险"，机构投资者更多地采用股指期货与无风险收益债券组合构造指数化投资。从中国证券市场看，交易工具的缺少将对机构投资者的培育和发展构成制约因素。

（2）机构投资者对交易成本比较敏感。巨大的交易规模使得成本因素比较突出，尤其是市场执行成本。执行成本相当于证券的执行价格，它既与投资者的流动性需求有关，也与交易日的交易活动有关，可能会受到急于成交而相互竞争的交易商的影响，也可能会受到相似交易动机的其他投资者的影响，市场机制的结构、边际投资者的流动性需求以及具有类似交易的机构投资者相互竞争所聚集的力量决定了所实现的执行价格。据估计，在美国等成熟证券市场，市场冲击成本占总成本的 60%～80%。中国证券市场执行成本的估计比较困难，由于大盘股价格呆滞，较活跃的大多是规模不大的流通股股票，因而执行成本从经验判断上高于成熟证券市场。

（3）机构投资者要求较高的市场流动性。机构投资者非常看重市场的流动性，比如，大批量的交易不至于导致价格的不利变动，尽可能地降低交易成本，要求市场能够非常迅速处理大型交易而不致价格大幅波动。市场流动性通过四个方面来衡量：宽度（Width），指对既定数量证券的叫买价和叫卖价之间的价差；深度（Depth），指在既定的买方报价和卖方报价上能够成交的证券数量；及时性，指完成交易的时间；弹性，是指在大笔交易被市场吸收后，价格恢复到原来的程度所需要的时间，也就是一笔交易在短时间内对市场会形成暂时性冲击，而价格最终会恢复到原来的趋势上，这一过程的长短表明了市场的弹性。这四个方面在机构投资者的促进下都能得到提高。此外，佣金和其他交易成本的降低也有助于市场流动性的增强。一般来说，证券市场的规模越大，流动性越强。证券市场的交易规模能够很大程度上反映证券市场的流动性。市场流动性对机构投资者的发展有重要作用，而机构投资者的发展也将促进市场流动性的改善。中国证券市场从宽度和深度看已有较好的流动性，而从其及时性和弹性的角度，对机构投资者而言，流动性还需要较大的改善，基金持股股票交易不活跃就说明了这一点。

（4）机构投资者对交易机制的要求。机构投资者的交易策略比较复杂，因而要求市场提供相应的交易机制，包括多种类型的交易指令、信用交易制度和做市商（Market Maker）制度。成熟证券市场的交易指令有多种，如市价委托单、限价委托单、停止委托单、限价停止委托单、指定价格委托单、定时委托单及执行或取消委托单等，而这些委托指令又可以分为多种，如限价委托单又可以分为买进限价委托单和卖出限价委托单等。信用交易制度包括卖空交易和保证金买入交易，信用交易有利于市场的均衡，增加市场流动性。做市商制度是指自营商随时为自己的账户买入或卖出金融资产（证券），以消除市场不平衡的存在，提供迅速交易的能力。目前，我国证券市场交易指令单一，股票质押贷款刚刚起步，信用交易还没有得到发展，做市商制度尚在拟议研究中。交易机制的不完善对机构投资者的多样化投资策略产生了不利影响。

（5）机构投资者对交易方式的要求。证券市场必须适应机构投资者的交易活动，对其寻求的特定类型的指令就有了特殊的安排，包括要求执行某一股票的大宗交易的指令，要求大量的不同股票的交易在尽可能接近的时间内执行的指令。前一种类型的交易称为大宗交易（Block Trade），后一种称为程序交易（Program Trade）。适应这两种机构交易的安排是发展证券公司和机构投资者的交易网络，该网络让它们通过电子显示系统和电话进行交流，这个网络称为楼上市场（Upstairs Market）。这个市场的参与者不仅为市场提供了流动性，使机构交易得以进行，而且通过套利活动使分割的市场一体化。证券公司处理大宗交易指令首先是通过楼上市场进行的，而余额则交给经纪公司的做市商，要么做市商自己承担股票，要么在市场上执行未完成的指令。程序交易涉及同时买和卖的大量多家公司的股票，机构投资者使用程序交易的原因包括：向股票市场注入新的资金，将资金从债券市场转向股票市场，调整股票组合的构成、了结投资头寸，以及指数化的投资策略等。程序交易与套利操作、计算机化交易不能混为一谈，套利操作是一种投资策略，而程序交易则是一种机构交易安排，具体操作时使用计算机。近年来，电子化交易系统提供了集中交易场所以外的交易途径，其急速发展正说明了机构投资者的需求。

（6）机构投资者的市场交易和投资组合需要一个成熟而具有高流动性的证券市场。一国证券市场的基础设施具有专业批发市场的特点，即能够在相当短的时间内迅速地完成大批的大宗交易，有利于机构投资者的市场交易和资产组合。高效可靠的清算和结算系统、先进的通信和信息系统以及高效的证券交易的微观结构是流动性强的证券市场的重要组成部分，这些基础设施是机构投资者进行更有效的套利活动和资产分散化的基础。

七　机构投资者参与公司治理的制度背景、动因和影响因素

机构投资者之所以能够参与公司治理行为，其背后既存在制度方面的背景，同时也有机构投资者自利方面的动因。从机构投资者参与公司治理的演进过程来看，一些影响因素也影响着机构投资者参与公司治理的行为。对机构投资者参与公司治理的制度背景分析、参与动因分析，以及机构投资者参与公司治理的影响因素分析，可以使我们更加清楚地从内在原因和外部环境的角度深化对问题的认识。

（一） 机构投资者参与公司治理的制度背景

对个人和家庭而言，投资基金类的流动性和收益性高于商业银行存款投资，安全性则可根据自己的偏好进行自由选择，因而基金等机构的发展可以满足投资者对收益风险组合的各种偏好，这在人均收入水平不断提高的过程中适应了人们对金融资产多样化的需求。

放松或消除管制意味着机构投资者的自由化。从保险公司、养老基金到投资基金，它们所管理资产的来源限制逐步减少，可投资的范围逐步放宽。从固定收益证券、权益类证券到衍生证券，在基金等资产管理机构的激烈竞争下，银行利润的传统渠道（信贷业务）被削弱，迫使银行寻求更有利可图的赢利渠道。银行已经大规模进入证券业、保险业和资产管理业，壮大了机构投资者队伍。

基金或资产管理业对机构投资者作为产业的变革和迅猛发展做出了极大贡献。由专业人士管理的基金在运作上有着相同的技术特色，但是每个具体的机构组合的持有策略和具体目标各有不同。基金管理业的发展是机构投资者所作投资策略不断复杂化的一个重要驱动力，个人投资者和机构投资者越来越多地将它们的有价证券交给专业基金管理人员操作。在西方证券市场上养老基金、保险基金和投资基金是最重要的三类机构投资者，三类机构投资者的资产增幅很快。基金的管理成本下降，而且更为高效可靠的结算和支付系统、用于风险管理目的的复杂的新型金融产品的发明和应用、整合型金融服务的扩展等都支持机构投资者管理资产的拓展，尤其是投资基金资产获得惊人的发展。

（二） 机构投资者参与公司治理的动因

理性的机构投资者在决策是否参与公司治理时都会衡量行动所产生的收益和成本。如果监督公司所产生的收益超过监督公司所带来的成本，该机构投资者就有动力监督公司。反之，监督公司所产生的收益不足以弥补监督公司所产生的成本，该机构投资者就没有动力参与公司治理。

1. 成本分析

机构投资者股东积极主义的成本可分为直接成本和间接成本，直接成本包括信息收集成本和积极监督的直接成本。参与公司治理首先必须掌握所投资目标公司的治理情况，需要审视管理者行为是否符合股东利益，主要通过分析公司的财务报告、聘请专业的咨询人员、设立对所投资公司的监督机构以获取实时的监督信息等方式。除了以上原始信息的收集成本外，还包括对这些信息进行进一步加工处理等所产生的费用，参与公司治理活动的成本。积极监督的直接成本包括出席股东大会、公开提名独立董事、与董事会进行沟通等日常治理业务的成本，还包括定期公布治理不善的公司名单、递交股东提案、进行委托投票权争夺，甚至是直接诉讼的成本。间接成本如机构投资者反对目标公司无效率投资；管理层过高的薪酬等有损股东利益的行为；向该公司董事会及管理层施加压力，迫使该公司改善经营绩效有可能招致该公司的报复等。另外，如机构投资者采取的某些行动还可能引起目标公司股价的下跌，从而使机构投资者本身的业绩遭受影响。

2. 收益分析

财务收益主要反映在两方面：一是股价的上升，二是公司盈利的增加，最终表现为较高的股价或较高的股利。不过，机构投资者积极参与公司治理的结果并不总能立竿见影地产生财务收益。机构投资者通过积极监督建立更好的公司治理结构，很难与直接的财务收益联系起来。由于机构投资者的行业性质，业绩声誉对于机构投资者的管理层而言非常重要。积极参与公司治理，就可能提升目标企业的业绩和市场价值，也就相应地提高机构投资者的投资业绩。这样，机构投资者就可能吸收更多的闲散投资，扩大资产的经营规模，管理者也就可以获取更多的收入。机构投资者通过监督推动了上市公司治理结构的改革，强化了外部股东的应有权利，对缓解内部人控制现象起到了积极作用。这不仅可以降低其参与公司治理的成本，而且可以减少其投资损失的风险。

（三）机构投资者参与公司治理的影响因素

机构投资者监督积极性的影响因素众多，可划分为内部因素和外部因素两大类。在上文分析机构投资者积极监督的收益－成本分析的理念和方法的基础上，逐个分析投资规模、投资风格和利益冲突等内部因素对不同类型机构投资者监督积极性的影响。从外部因素来看包括法律和监管环境等宏观因素和公司层面因素。

1. 内部因素

一是投资规模。机构投资者本身的投资规模越大，积极监督的收益越高，消极监督的收益越小。因为，投资规模越大，机构投资者信息收集、整理加工的成本越低，其利用媒体对公司施加影响的能力也越强。另外，投资规模越大，选择其他行为如退出的成本就越高。一个大量持有股票的机构投资者如果对某公司的治理现状或绩效不满而抛售股票，可能引起股票价格大规模下降或者要耗费很长时间才能售出股票，流动性成本很高。因而，投资规模大的机构投资者相对于小股东而言，有更强的动机来积极参与或试图改变公司治理。

二是投资风格。不同机构投资者在构建投资组合的过程中，往往因组合资产的多样化水平变动程度不同、交易量对当期盈余的敏感度不同，而形成千差万别的投资理念和风格。有的机构投资者偏好多样化的投资，频繁变动组合内的资产，注重短期的投资收益；有的偏好均衡投资，不轻易变动投资组合，注重长远的价值回报。可根据对风险的态度把投资者划分为稳健投资者、中庸投资者和激进投资者。一般而言，执行长期投资策略的机构投资者更倾向于积极参与公司治理。如果机构投资者实行的是指数化的投资策略，也就是投资者不试图根据预测股票市场的未来走势来构建投资组合，而是通过严格跟踪一组股票指数的总收益业绩来设计投资组合，希望赚取市场平均收益率，投资者不会由于某家公司治理出现问题或业绩不佳而出售投资组合中的股票。实行指数化战略的机构投资者也有较大的积极性监督所投资公司。

三是利益关联。机构投资者参与公司治理的积极性与机构投资者是否与拟投资公司之间存在利益关联有关。这里的利益关联是指机构投资者与目标公司间存在其他业务关系（或者潜在业务关系）。机构投资者为避免这些业务受到损失（或潜在的损失）而放弃对公司的积极监督。利益关联的表现形式多种多样，如银行同时向公司提供银行服务；基金管理部门同时为公司管理其他信托业务，如雇员储蓄计划、养老金计划等；基金管理机构是银行的一个业务部门或附属公司，银行的信贷部门同时又向公司提供商业贷款；投资银行公司提供各类投资银行服务，如企业融资、证券经纪、财务顾问等服务；保险公司向公司提供各类保险服务等。存在利益关联的机构投资者因担心失去公司的其他业务机会而不愿监督公司，更不愿利用股权来反对公司管理层。因此，有利益关联的机构投资者如证券公司、保险公司参与公司治理的积极性更弱，而公共养老基金是较积极的治理主体。

2. 外部因素

一是法律和监管环境。从英美机构投资者参与公司治理的发展经验和我国机构投资者参与公司治理的案例来看，法律和监管环境的发展对机构投资者参与公司治理的积极性产生了非常重要的影响。机构投资者的发展规模和机构投资者利用投票权对企业进行监督的能力就受到特定的法律和制度环境的制约。直到 20 世纪 80 年代末和 90 年代初，美国放宽或取消了对机构投资者的一些限制，为机构投资者积极参与公司治理提供了必要的条件，美国机构投资者股东积极主义的行为就兴盛起来。

二是公司层面的因素。机构投资者的监督积极性受公司层面的因素影响。机构投资者普遍偏好于规模大的公司以及治理水平高的公司。机构投资者对公司董事会特征和股权结构等治理特征有一定的倾向性，而且倾向于投资信息披露水平高的公司。公司信息环境是吸引机构投资者持股的重要诱因，当公司透明度下降时，机构投资者会对其股票进行抛售。一般来说，董事会独立性越强，信息披露度越高，机构投资者监督积极性越强。

八 机构投资者参与公司治理的机制和途径

（一）机构投资者参与公司治理的优势

中小投资者向企业提供资金并承担由此带来的风险，在企业的控制权与经营权分离的背景下，它们远离企业经营，无法对企业经营实施实质性的控制。尽管中小投资者拥有对公司重大事项的投票权等股东权利，可以采取"用手投票"的方式反对企业内部控制人掠夺其利益的行为，但由于中小投资者数目众多，持股比例低，很难产生有效的影响。与此同时，在参与公司治理过程中，股权过度集中有可能导致控股股东侵害其他股东的利益。作为金融中介，机构投资者既不同于一般的中小投资者，也不同于控股股东，而是介于中小投资者和控股股东之间。

一方面，机构投资者由于持有公司的股份比例较中小投资者高，资金规模较大，不易退出。机构投资者往往聘用有专业技能的人才，采用先进的组合投资和风险规避工具，并拥有信息优势，所以参加公司治理的动机和能力比中小投资者强。与控股股东不同，机构投资者往往投资于多家目标公司，受法律限制不能直接参与公司经营决策。由于机构投资者不同于中小投资者和控股股东的特殊性，其在公司治理中能够克服我国股权集中的缺点，形成公司治理的特殊力量。同时机构投资者参与公司治理能够形成规模经济效应。规模经济是指在一定的技术水平下，随着厂商生产规模的扩大，生产的固定成本可以由较大的业务量分摊，产品平均成本不断下降。由于机构投资者集合了众多闲散资金，实力雄厚，容易形成规模效应。首先，机构投资者拥有巨额的资金，可以采取证券组合投资指数化投资策略，获取丰厚的回报。其次，由于投资规模不断扩大，投资的边际成本递减，机构投资者能够取得更高的报酬。一般来说，机构投资者持股比例越高，每股产生的治理成本相应下降，治理成本小于治理收益的可能性也会相应增加。而机构投资者同时投资于多家公司有利于分享治理经验，也会降低每股治理成本。最后，机构投资者交易量大，可以享受佣金的优惠等，能够降低交易成本。因此，机构投资者容易形成规模效应。

另一方面，机构投资者参与公司治理减少了集体行动的困境。参与公司治理活动往往产生相应的治理成本。中小投资者数目众多且不同质，均无力单独承担参与公司治理的成本。机构投资者的出现，减少了股东的数量，减少了集体行动的困境。机构投资者由于资本雄厚，客观上能够承担参与公司治理的成本，使得参与公司治理这种集体行动的收益能够超过组织集体行动所花费的全部成本。而且由于采取华尔街准则抛售股票会带来相当高的流动性成本，机构投资者参与公司治理对其有极大的价值，无论其他人行动与否，它们都有可能参与集体行动。股东数目的减少，使得机构投资者形成一致行动的可能性增加。

（二）机构投资者参与公司治理的机制

机构投资者参与公司治理的内部机制主要是通过股东大会和董事会来进行。一是股东大会。作为持股比例较高的股东，当对公司绩效或治理状况不满时，机构投资者有权召集或参加股东大会，向上市公司提出建议，就其重大经营决策和治理状况发表建议。可以通过发出股东提案、代理投票权方式在股东大会上对公司管理层和控股股东施加压力，往往有良好的收效。二是董事会。通过推举董事会成员，机构投资者一方面可以参与公司在人事、财务以及发展战略等方面的重大决策；另一方面能够对管理层进行监督，有助于提高监督效率，降低代理成本。此外，机构投资者还通过董事会监督其他大股东，抑制大股东的寻租行为以及管理层与大股东之间的合谋行为。

机构投资者参与公司治理的外部机制主要是股权流动的市场机制，包括股价机制与控制权市场机制。一是利用股价机制，机构投资者通过对公司股价的理性分析，采取有利于自己的行为，包括更换公司管理层、出售股票等。这些行为会对管理层产生威胁，约束其机会主义行为。二是公司控制权市场机制。一方面，当公司绩效差或治理状况不佳时，机构投资者有可能抛售股票，市场上潜在的收购者收购其抛售的股票，一旦收购者达到控股额度，完成对目标公司的收购可能性更大，从而使在位管理层面临被更换的处境。另一方面，机构投资者可以通过委托投票权的争夺来获得董事会的控制权，从而达到替换公司管理者或者变更公司战略的行为。通过公司治理的内外部机制，机构投资者通过影响公司经营决策、抑制控股股东侵占行为、降低股权融资成本来提升企业价值。

（三）机构投资者参与公司治理的途径

机构投资者参与公司治理在西方发达的证券市场中已经逐渐形成了一些有效途径，对于机构投资者参与中国上市公司治理起到重要的借鉴作用。在此笔者对西方发达证券市场中机构投资者参与上市公司治理的途径进行梳理，以便为中国证券市场中的机构投资者参与上市公司治理奠定基础。

公司治理结构中的关键问题在于控制性股东的权利滥用。在这个方面，机构投资者明显有能力监控。法律通过规定交易表决来提供监控的动力，要求公司在特定情况下必须提供公司账簿及记录给股东查阅，大大消除了困扰证券市场的控制性股东权利滥用问题。

机构投资者参与上市公司治理的主要途径如下。

第一，征集委托投票权。委托投票制度是现代公司制度中治理机制的基本形式之一，其作用是保证由于种种原因不能出席股东大会的股东能够行使自己的权利。不过，委托投票制度为股东提供表达权利意志的条件是一回事，它能否真正为股东所利用并实现股东的意志又是另一回事。实际上，这项制度能否为股东所利用，关键取决于股东能不能借助它征集到足够多的股票，以便对投票结果产生决定性影响。因此，在实行委托投票制度条件下，股东要想左右投票结果，从而影响公司治理，最重要的是尽一切所能争取尽可能多的股票。通常情况下，投票权的竞争主要在现任经理与一部分试图影响公司决策从而参与公司治理的股东之间展开。这种争夺战主要取决于股东的实力，即股东的持股集中度。在过去一个较长的时期里，现任经理往往在争夺战中获胜，并有力地强化其在公司治理中的主导地位，造成公司所有权与控制权的分离。究其原因，主要是股票高度分散化造成的股东实力的弱小。在股票高度分散化情况下，单个股东的持股额很小，很难在投票中产生决定性作用；个别股东要想参与决策，就必须联络或说服那些不愿参加股东大会的股东将投票权委托给自己，而这样做要花费极大的成本，这个成本负担是个别股东难以承受的；"搭便车"效应的存在也妨碍个别股东去从事征集投票权的活动。股东放弃或无力征集委托投票权，大量投票权自然被熟悉和了解公司情况的现任经理所掌握，其结果是经理阶层成为公司的实际控制者和支配者。然而，随着机构投资者的崛起，特别是随着机构投资者持股比重的迅速提高，情况开始发生变化。大股东们积极参与委托投票权的竞争，试图通过掌握足够多的股票投票权来影响公司决策和治理，这使得争夺委托投票权的竞争得以复兴且愈演愈烈。机构投资者通过争夺委托投票权介入公司治理有多重动机，最主要的有五类：一是谋求公司合并；二是实现公司重组；三是改变公司经营方针；四是派遣董事；五是改组董事会。这些动机反映了机构投资者介入公司治理的愿望，也显示了机构投资者介入公司治理的不同途径和方式。从经验资料反映的情况看，机构投资者不但有强烈而又明确的介入公司治理的愿望，而且其愿望在多数情况下都得到了实现。美国一家调查机构曾对 1984 年 10 月至 1990 年 9 月发生的 192 起委托投票权竞争案例进行研究，该研究的结果表明，在所有竞争案例中，机构投资者获胜的案例占 74.3%。具体说来，在 28% 的案例中，机构投资者大获全胜，取得了对公司董事会的完全支配权；在 15.9% 的案例中，机构投资者获得控制权并将效益不佳的公司拍卖；在另外 15.9% 的案例中，机构投资者实现了在年度董事会选举中将代表自己利益的董事安排进董事会的目标；有 6.5% 的案例是机构投资者通过协商办法获得另一个公司的控制权；有 5% 的案例是机构投资者对公司进行了重组；还有 3% 的案例是机构投资者虽未完全操纵董事会，但使对方做出了很大让步。在其余 25.7% 的案例中，机构投资者未能达到目的。还有一项研究对 1989~1990 年发生的 17 起委托投票权竞争案例进行了分析，结果表明，机构投资者达到控制公司并对公司行使治理权的目的的成功案例有 11 起，在全部案例中占 65%。1991 年初，主要从事铁矿开采的大公司克里富兰－克里福斯公司的经营业绩下降，引起机构投资者的强烈不满。机构投资者认为公司经理手中掌握了巨额资金，却没有用于真正有利可图的投资项目上。为了改变公司经理的决策，机构投资者联合提出改组董事会的要求。在机构投资者的强烈要求下，公司经理被迫对 12 人的董事会做了调整，吸收了大股东提名的 5 位董事会候选人。

上述情况表明，在委托投票权竞争中，相对于现任经理，机构投资者已明显占据上风，机构投资者凭借自己的雄厚持股实力屡屡击败经理，迫使后者要么调整经营方针，要么改组董事会，要么辞职。在机构投资者的强大攻势面前，曾经不可一世的经理阶层节节败退，锐气大减。机构投资者借助委托投票权加强了自己对公司决策和管理的影响，增强了在公司治理中的作用，从而恢复了失去已久的对公司的控制权，这意味着公司所有权与控制权由分离向重新合一的转变。这正是本书从分析机构投资者崛起并积极介入公司治理这一重要经济现象中应当得出的结论。

机构投资者参与委托投票权争夺并不是一定要取得对目标公司的完全控制，争夺战本身有时就能实现机构投资者所希望的改变。研究表明，不论代表权争夺是否完全成功，都有利于目标公司股东。德安杰罗等人甚至发现，以妥协（持异议集团获得了一些但不是多数董事会席位）告终的代表权争夺，超常收益最高。

第二，递交股东提案。1987～1994 年，美国机构投资者共递交了 463 项关于公司治理的议案。1987 年到 1993 年，仅 5 家最大的养老基金就递交了 266 份提案，占这一时期股东提案总数的 18%。股东提案的投票结果与提出者的身份、提案内容、公司的所有权结构和业绩有关。平均而言，机构投资者提案所获赞成票数是个人提案的 1.75 倍。这是因为许多机构投资者把机构持股水平作为确定目标企业的标准，从而机构持股水平高的企业更有可能收到股东提案，提案通过的可能性也更高。另外，如果目标企业内部人持股比例较低、业绩较差，而且提案内容与毒丸计划和秘密投票有关，那么提案也会得到较高的赞成票。股东提案仅仅是建议性的，也就是说，即使获得大多数赞成票，经营者也没有义务采取行动。但即使这样，当股东提案获得的支持率较高时，机构投资者与公司经营者的谈判就有了坚强的后盾。1987～1994 年，在股东大会前撤回的提案主要是机构提案或联合投资者提案，说明提案也许是与公司经营者协商的有用手段。

第三，私下协商。20 世纪 90 年代早期，机构投资者递交的股东提案有所下降。这并不意味着消极主义的复兴，而是因为机构投资者更倾向于以非公开方式与经营者讨论、协商，并开始通过媒体联合其他投资者共同关注目标公司的治理。与提出议案等公开方式相比，非公开方式在节约成本、争取时间和避免股价波动等方面的好处是不言而喻的，并且运用时不用说服其他机构采取共同的投票战略，从而备受积极机构投资者的青睐。随着机构投资者力量的壮大，提案通过率不断提高，公司管理层很少能忽略机构投资者的要求，常常在机构投资者正式提出议案以前就已经做出了相应的改变。所以，尽管提出议案和委托投票权争夺作为"可信的威胁"和"最后的手段"仍然是必不可少的，但机构投资者的首选常常是私下协商。只有证明这一方式无效后，机构投资者才采取其他积极干预的方式。即使已经提出的股东议案，在机构投资者和经营者经过协商达成协议后，也常常被撤回。1998 年，美国机构投资者委员会会员提出的议案中就有40% 在协商后被撤回。股价通常对此反应积极，这表明经营者愿意与机构投资者合作，采取措施提高公司业绩。

第四，定期公布目标公司名单。定期公布目标公司名单是大的机构投资者普遍采用的参与公司治理的方式。早在 1987 年，CalPERS 就已经在《华尔街月刊》等媒体上定期公布目标公司名单，以此向目标公司管理层施加压力。在确定目标企业时，机构投资者是以一系列股票或会计收益为标准，其中股票收益率和资产收益率是两个最主要的指标。也就是说，业绩较差的企业更有可能成为机构投资者的目标。但机构投资者普遍认为，良好的公司治理将在未来提高企业业绩并给投资者带来收益，所以，它们积极行动的指向常常是公司治理问题。大多数机构投资者制定了不考虑公司业绩的正式投票政策，当股东提案明显加强了执行经理的权力或者降低了股东价值时，投票政策通常会建议反对管理部门的表决。

（四）　机构投资者参与公司治理的职能

1. 影响公司战略和经营决策

由于机构投资者的特殊优势，机构投资者积极监督公司，作用于公司治理机制如管理层薪酬、反接管提案、董事会等，对公司的经营决策产生了深刻的影响。限制管理层薪酬不合理增长一度成为机构投资者关注的重要内容,机构投资者带头要求立法限制上市公司高管人员的薪酬。无论理论还是实证研究都表明,机构投资者所有权和管理层报酬之间存在相关关系。同时,机构投资者与公司反接管之间有一定联系。机构投资者通过投票反对价值破坏性的接管防御,也可以积极监督公司的反收购修正案。机构投资者还通过对上市公司的治理不断帮助公司提高董事会中独立董事的比重;在机构投资者的大力推动下,董事会的独立性不断提高。机构投资者对公司治理机制的影响还体现在机构投资者直接参与公司治理。与中小股东相比,其所提的建议往往能够获得公司的采纳和执行。机构投资者大量持股,监督和约束管理层与控股股东等内部控制人,关注企业的长期价值,对公司战略和经营决策也产生了深刻的影响。研究发现,机构投资者所有权与多元化战略、资本支出水平、盈余管理、股利政策、资本结构等多方面的企业战略和经营决策存在显著的相关关系。有学者实证发现,机构投资者对企业的研发费用和资本支出发挥着显著的监督作用。而机构投资者所有权与企业的多元化战略间存在负相关关系或正相关关系。机构投资者与企业盈余报告质量之间存在显著的正相关关系。大量的实证研究也表明,机构投资者能够更好地发挥对企业控制人的监督作用,影响企业的股利决策。

2. 有效地抑制控股股东寻租行为

机构投资者能够有效地抑制控股股东掠夺中小投资者利益的行为。由于制度的不完备性,控股股东可能会利用自己作为内部控制人的私人信息侵占中小投资者的利益。拉芳特和马斯金(Laffont & Maskin,1989)在两种证券的两期模型中,研究了一个拥有私人信息的风险中性的大户与众多不知情散户之间的单期交易博弈,发现:即使市场中存在价格完全揭示信息的分离均衡,但在有大户存在的证券市场中,交易者更倾向于形成价格不完全揭示信息的混同均衡。法玛和詹森(Fama & Jensen,1983)的实证研究也证实了持有大宗股权的大股东得到的往往会比一般股东多得多,远远超过其所持股份所占的份额。在我国,恶性分红、大股东占用上市公司资金等控股股东侵害中小投资者利益的事件屡屡发生。资本雄厚的机构投资者在公司治理中能够形成与控股股东的抗衡,减少控股股东的寻租行为,维护中小投资者的利益。

3. 降低公司股权融资成本

由于公司经营权和所有权的分离,公司投资者与管理层之间出现了信息不对称，由此产生了管理者不依股东利益行事、控股股东盘剥中小股东利益等两大类代理问题。由于无法辨识企业的真实内在价值，个体投资者或机构投资者就会通过寻求价格保护机制来降低预期的代理成本，从而面临道德风险和产生逆向选择行为。相当多的研究发现，信息不对称程度越高的企业，其股价更容易被投资者低估，从而导致股权融资成本上升。以机构投资者为代表的金融中介通过减少信息不对称和降低代理成本来提高公司信息透明度，进而降低企业的股权融资成本。

一方面，机构投资者的自身特征以及行为模式能够有效地降低投资者与公司管理层、控股股东之间的信息不对称，进而降低股权融资成本。作为金融中介机构，具有信息生产的优势，在提供支付服务过程中，能够获得每一个经济活动主体的信用历史、现金流量等私人信息；机构投资者还拥有信息加工和信息处理的专门技术和专门人才，能够形成信息生产中的规模经济。而且作为相对知情的交易者，机构投资者这一资本市场的重要参与主体，能够通过其理性的市场交易行为，将其私有信息传递到股价中，增加股价对企业真实价值的反映。

另一方面，机构投资者作为股东持有公司的股份，不断地高调扮演积极股东的角色参与公司治理、影响企业的经营决策，有利于抑制来自控股股东和管理层的代理问题，可以降低代理成本，进而降低股权融资成本。作为上市公司的股东，机构投资者自身也要履行受托责任，当其利益受到被投资公司的管理层或控股股东侵占时，考虑到流动性成本，机构投资者往往抛弃了传统的华尔街准则，积极地投入被投资企业的公司治理中，维护自身利益，不断降低代理成本。大量实证研究表明，机构投资者不仅具备参与公司治理、抑制管理层和股东之间以及控股股东与中小股东之间代理问题的主观动机，而且拥有实际上治理代理问题的客观能力。作为积极股东，机构投资者通过在例行会议上积极行使投票权、从事代理权竞争、推荐董事、提出新的或者改进公司战略、发起反对公司的诉讼、提名那些公司治理或经营绩效较差的公司作为治理目标等方式参与公司治理，对控股股东或管理层盘剥中小股东利益的行为产生了一定的抑制作用，有利于代理成本的降低，股权融资成本也相应降低。

因此，机构投资者积极参与公司治理，通过股东大会、董事会、公司控制权市场机制等来影响公司的战略和经营决策行为，如多元化战略、资本支出水平、股利政策、资本结构决策等；机构投资者参与公司治理有助于减少控股股东的寻租行为，实现机构投资者对中小投资者利益的保护；同时，机构投资者作为金融中介，其投资行为在资本市场上具有信息传递效应，而且由于具备信息优势，有利于提高上市公司的信息披露质量，有利于降低公司内部控制人与投资者之间的信息不对称，有利于降低股权融资成本。在此基础上，机构投资者积极参与公司治理能够提高公司的价值，实现价值效应。

九　小结

我国证券市场中重要的机构投资者包括基金公司、证券公司、QFII、社保基金、企业年金、保险公司和私募基金等。通过分析，可以看到，由于中国证券市场的制度性缺陷，再加上机构投资者在我国尚属新生事物，难免存在一些缺陷，主要体现在：资本金少，投资规模小，抗风险能力差；缺乏合法、有效的融资渠道；结构不合理，角色混乱。但在我国，具有长期投资倾向的社会保障基金、保险基金被禁止或有限制地进入证券市场，被市场及管理层寄予厚望的证券投资基金入市时间短、规模小。因而，加大机构投资者的发展力度，加强机构投资者的研究越发显得重要。机构投资者根据自身所处金融市场中的地位，选择适合自身的投资策略，在必要的制度监管下具备参与公司治理的能力。通过本章的梳理，厘清了机构投资者的定义和类型，进一步分析了机构投资者在信息收集和股权制衡方面的优势，找到了机构投资者参与公司治理的理论依据。

第三章
信息收集优势与机构
投资者市场影响力

个人投资者和机构投资者共同构成了资本市场的两大主要投资主体。其中，机构投资者凭借自身的规模经济优势和长期、理性的投资理念，能够在事前的定价机制和事后的监督机制两个方面发挥积极的作用，促进了证券市场经济功能的完善。一方面，机构投资者在信息收集和处理方面更有优势，并通过机构投资者的充分竞争，实现市场化证券发行约束机制，产生最优的价格信号，引导资源的有效配置。另一方面，伴随着公司大股东和中小股东之间利益冲突的加剧，资本市场强烈呼唤专业化和相对成熟的投资者加入到公司治理的行列中来，发挥它们的监督作用，形成公司治理中的一股力量。机构投资者有助于解决中小投资者对公司监督的激励问题，实施对管理层的有效监督，提高投资项目的经济效益，促进公司治理的完善，并最终推动一国资本市场的健康发展。在西方发达资本市场上，机构投资者股东积极主义在 20 世纪 80 年代悄然兴起，并在最近的 30 多年中获得了长足的发展。机构投资者已经成为大多数发达资本市场建设过程中和上市公司治理进程中不可或缺的一支重要力量。

一　信息收集的必要性

信息是不确定性的减少或消除，是可能影响使用者的决策证据。在整个人类活动中存在无数的信息，它们服务于各种各样的决策。当我们将视野缩放到企业的经营活动中时，与企业相关的信息自然成为信息使用者关注的焦点。其中，会计信息作为会计信息系统的最终输出"物"，受财务报告决策有用性目标的影响，成为企业利益相关者进行决策的首选之"物"。然而，会计信息的多寡、质量的高低是受各方利益影响，并由供需双方共同决定的。同时，由于使用者立场、决策目的与知识架构等因素的差异，使用者对信息（即使是相同的信息）的反应是不一样的。这一切告诉我们，会计信息是非常复杂的。为了了解机构投资者在信息需求方面的特征，有必要结合信息的供给方进行分析。

（一）控制性股东和外部股东的利益冲突与信息供求

简单来看，在现代企业组织结构中，企业大股东和会计人员是会计信息的提供者——供给方，股东是会计信息的使用者——需求方。股东关心自身价值或是企业价值的最大化，通常表现为货币收益；而大股东则考虑它们自身价值的最大化，除了获取最大化的货币收益外，它们还追求非金钱的在职消费，比如较多的闲暇和个人权力、较舒适的办公环境等。按照经济人假设，信息提供者和使用者目标函数和/或效用函数的不一致将导致利益各方有不同的需求，企业大股东在某些情况下很可能会以牺牲所有者的利益为代价以实现个人私利，从而加重了信息提供者和使用者之间的信息不对称程度。回顾近年来的一系列会计舞弊案，无论是国外的安然、世通案，还是国内的银广夏案，都表明企业大股东会为了一己私利，置自己的职责于不顾，或者利用会计规范的缺陷，或者完全抛开会计规范的约束，赤裸裸地进行舞弊，并最终造成投资者的巨大损失。

财务报告作为企业对外报告体系的主体，是企业大股东及其会计人员通过一系列的会计基本程序（确认、计量、记录和报告）和会计方法所生成的财务信息，财务报表是其核心内容。投资者可以依据财务报告所披露信息评价大股东受托责任的履行情况，并为投资决策提供依据，达到降低信息不对称程度的目的。其一，是因为公司大股东采用的披露政策可以增加投资者获取的信息量，减少内部人从信息优势中获利，即会计信息充当了将内部信息可靠地转化为外部信息，从而控制逆向选择的一种手段。其二，是因为公司的净利润可以用来激励大股东，同时作为衡量大股东业绩的尺度，使投资者从净利润中获取信息，并通过外在机制使那些不努力工作的大股东在收入、声誉和市场价值上遭受损失，起到控制道德风险的作用。

（二） 财务报告的编制规则与信息供求

根据美国财务会计准则委员会（FASB）发布的《企业财务报告的目标》，财务报告的首要目标为"决策有用观"，即"为现有和可能的投资者、债权人以及其他使用者提供其做出合理的投资、信贷和类似决策所需的有用信息"。所谓有用信息就是指与特定投资者的特定决策相关。但是，通常财务报告的编制需要受到会计准则（或会计制度）规范的约束，而在会计准则约束下的财务报告所提供的信息只能是通用信息，它们不能直接满足所有投资者的需求，很可能与任何一个投资者的需求都不一致。这可以从准则的制定过程和性质窥见一斑。在性质上，会计准则是基于社会各利益相关者共同需求所产生的对于会计核算要求的共同约定，因而是一种公共契约，即规范财务报告的会计规范往往是按照公共选择逻辑制定的，它是各方利益集团博弈的结果。所以，会计准则（或制度）规范下所生成的财务信息也就从本质上具有了通用信息的特征，财务报告（会计信息的载体）是保持契约局部均衡的一种机制。同时，投资者类型的不同和投资者所需信息的差异也会对最终信息需求量的多少产生不同要求。

（三） 控制性股东信息优势与信息供求

财务报告虽然是企业大股东与外部投资者交流信息的一种很有帮助甚至是最重要的工具，然而财务报告并不能完全消除信息的不对称，内部信息的问题仍然存在。因为，企业大股东是公司战略和经营决策的制定者或参与者，它们更熟悉企业的经营管理状况，能够获得更多有关公司的信息，并可能根据自身利益的需要故意隐瞒或虚假披露一些信息。投资者（主要是指外部投资者）虽然可以根据公司强制披露的信息进行决策，并通过自己的分析来辨别信息的质量，但是仍然无法完全获取管理层所掌握的内部信息，并且不能避免企业管理层故意隐瞒或虚假披露一些重要信息，从而导致外部投资者在公司信息的收集和处理方面受到极大的限制，并最终影响投资者决策质量的高低。

为了克服上述问题，进一步减弱信息的不对称，除了要求信息提供者进一步提高企业财务报告的透明度外，还需要外部投资者的积极参与，主动去收集其他与决策相关的信息。然而并不是所有的投资者都有这种需要，鉴于成本与收益原则的考量，机构投资者更有可能采取如下措施：在股权分散的情况下主动收集信息，实施对大股东的监督；在股权较为集中的情况下主动收集信息，实施对大股东和内部大股东的监督，最终服务于自身的投资决策。

二　机构投资者信息收集优势

在资本市场中，能否合理有效地进行投资取决于对信息的吸收和处理能力。相对于个人投资者而言，机构投资者除了拥有显而易见的人力、物力和财力优势外，还在信息的收集和处理方面存在规模效应和范围经济，以及关系营销和较低的认知偏误所带来的信息优势，从而为机构投资者的有效决策提供必备条件。本部分将结合经济学、会计学与心理学的相关理论，详细论述机构投资者存在信息优势的几种可能原因。

（一）普通投资者的认知偏误

传统的经济学理论假设个体的行为是理性的，人们的决策过程遵循贝叶斯法则。该法则认为：人们对于不确定条件下事件各种状态的发生概率均有一个主观判断，称为先验概率；当有新信息到来时，人们会根据新的信息修正先验概率，得到较为客观的后验概率。随着信息更新次数的增加，后验概率逐步接近客观概率。那么，在现实生活中投资者在决策过程中是否真的完全遵循贝叶斯法则呢？根据心理学的相关研究结论，事实并非如此。因为投资者的投资决策不仅与其客观环境的优劣有关，而且与其自身的认知存在密切的关系。

1. 投资者的认知偏误

所谓认知就是信息的加工，包括对投资感觉的输入、变换、简约、加工、存储直至变成具体投资行为的全过程。根据认知心理学的相关理论，人的认知过程包括信息获取、信息加工、信息输出与信息反馈四个环节。如果其中任何一个环节对信息的理解发生偏离，都有可能导致投资者认知偏误的产生，特别是在信息获取和信息加工环节。下面笔者将结合个人投资者和机构投资者的投资决策过程，详细分析这两种投资者在这两个环节中的认知偏误差异。

其一是信息获取环节，其间投资者的投资判断很容易存在易得性偏误。所谓易得性偏误是指人们只是简单地根据信息获取的难易程度来判断事件发生的可能性，而不是去寻找其他相关的信息。认知心理学认为，信息的收集常常受到人们的记忆、知觉和知识的局限。人类的记忆包括短时记忆和长时记忆，且短时记忆的容量是有限的，短时记忆只有经过不断的复述才能转入长时记忆。因此，对于不同类型的投资者，经验的积累、失败的教训对其记忆的刺激各不相同，而机构投资者在此方面占据优势，它们具备更丰富的经验和宝贵的教训，会获得更多的长时记忆，帮助自己及时把握各类信息。同时，机构投资者的判断往往是建立在完善的专业基础之上，这些方面都将影响机构投资者获取信息的数量和质量。对我国现阶段的证券市场而言，公司的会计信息是投资者最容易获得的公开信息，也是投资者做决策时不容忽视的信息。作为个人投资者，公司的会计信息，特别是有关赢利状况的信息，是其进行决策最可靠、最经常利用的信息。但是，任何一项投资决策需要众多的信息来支撑，除了会计信息之外，其他相对可靠的相关信息的获取同样不可忽视。例如，公司的长远发展战略、重要项目的投资计划、公司制度的健全程度、机构安排的合理性等，对于投资决策的成功大有裨益。有学者就发现分散于公司年报中的社会责任信息具有一定的决策价值，而这些重要信息很可能只由机构投资者去收集。对于个人投资者而言，这些重要的决策信息要么是他们难以获取的，要么是他们不愿获取的。因为信息的获取存在着成本与收益的权衡，获取上述信息往往是成本巨大而收益颇微的。当众多投资者都利用公开易得的信息进行投资决策时，每单位信息的价值会逐渐降低，利用该信息获取超额回报的可能性几乎为零。在这种情况下，对于具有专业能力的机构投资者来说，收集和分析各类决策相关信息的可能性与收益较大，自然会受到它们的重视。

其二为信息加工过程，其间投资者的判断会受到主客观多种因素的影响。一是代表性偏误的影响。当人们倾向于根据样本是否代表总体来判断事件出现的概率时，该种效应称为代表性启发。因过于重视样本的某个特征或忽略样本大小对于推理的影响则会产生代表性偏误。该种偏误会导致人们的判断系统性地违背概率规则与统计学原理。二是锚定效应的影响。也就是人们在判断和评估过程中，往往先设定一个最容易获得的信息作为估计的初始值或基准，从而使其决策受到初始值的约束或左右。三是信息类别和描述方式的影响。根据行为金融理论，人们在决策过程中往往对具有相同外延的事物具有不同的反应或赋予不同的概率，只因信息的类别或描述方式不同罢了。最明显的例子如人们在面对利得时价值函数是凹函数，体现风险厌恶；而面对损失时价值函数是凸函数，体现风险偏好。也就是说，人们内心赋予"避害"因素的权重远大于"趋利"因素的权重。在证券市场中投资者往往对"好消息"表现得过于保守，而对"坏消息"往往又反应过度就是一个例证。四是人们的心境同样会影响信息加工过程。好的心境使人们偏向于积极的判断，并积极地付诸行动；坏的心境则使人们偏向于消极的预期，并最终影响投资者的判断。具体来看，在信息加工过程中，个人投资者是个人决策，运用的决策工具比较简单，经验和认知水平有限，其间还会更多地受到其他投资者和分析师建议以及个人情绪的干扰，很容易产生信息加工的偏误。而机构投资者一般实行集体决策，通过综合各方观点和不断反馈的过程，可以使认知结果更完美，因而也更可能形成正确的思维模式，减少偏误的发生。比如，在证券市场上，投资者时常会根据公司过去的业绩预测未来的收益，期望通过惯性策略获得超额回报；或者根据行业的整体上升态势而肯定行业内各只股票的业绩。但是，公司未来业绩的好坏并不仅仅与行业和公司过去的业绩相关，还需要结合公司现在以及未来的可能表现进行整体评估。而这些复杂的工作对于机构投资者而言相对更为容易，可行性和准确度都更高。

2. 费希纳定律在投资者投资决策中的运用

上面笔者通过投资者的认知偏误（思维模式）分析了机构投资者的信息优势，但它只是心理认知过程的产物。为了找寻影响正确思维模式的因素，必须了解投资者决策过程中的心理认知机制。而这可以通过心理物理学的研究成果予以量化，其中物理学家费希纳的研究最为出色。费希纳创立的心理物理学认为：外部物理世界对人的感觉进行各种外部物理刺激从而引起感觉体验，进而引发脑活动过程，最终产生趋利避害的行为反应。当物理刺激强度以几何级数增加时，刺激所引起的心理量以算术级数增加。同时，人的感觉过程涉及外部物理刺激引起的内部心理世界的感觉体验以及内部物理世界的脑活动过程。

那么，在"感觉体验－脑活动（思维模式）"这个过程中，究竟是哪些因素导致个体间的差异呢？这主要取决于个体的性格、知识积累、经验等主体因素。具体到投资者的决策过程，性格可以分为风险厌恶型、风险偏好型、风险中性型三种，知识积累和经验可以大致分为丰富和不丰富两类。显然，机构投资者在知识水平和经验积累方面明显强于个人投资者，从而导致其决策水平占优。

当投资者面临一项投资决策时，首先面临信息的获取和遴选，虚假的信息和不完备的信息都会导致不利刺激。机构投资者借助高水平的知识、丰富的经验更有可能避免获取虚假信息，尽量获取相对完备的信息，并在头脑中自觉生成尽可能完善的"假设束"，即在获取有利刺激和感觉体验方面占优。其次，在产生了原始"假设束"（感觉体验）后，投资者紧接着需要从原始的"假设束"中提炼精简"假设束"，这就进入到"感觉体验－脑活动"阶段。这个阶段，感觉体验（凭直觉生成的原始"假设束"）诱使投资者展开了一系列复杂的心理认知活动，机构投资者的知识水平和经验积累仍将发挥积极作用。

（二）机构投资者信息收集的规模效应

众多学者的研究发现，机构投资者在信息的收集与处理方面较个人投资者具有较大的优势，其经济学原因主要在于成本收益大小的度量，而成本与收益的对比则与规模效应和范围经济密切相关。这两个关键概念主要来源于企业的生产和销售行为。一般来说，企业的生产和销售成本既取决于企业经营的规模（即使用资本和劳力的数量），也取决于它的范围（即生产不同种类的物品和服务）。当产量的变化大于投入量的变化比例时，称之为规模收益递增；当企业生产两种或两种以上的产品而引起单位成本降低时，称之为存在范围经济性。机构投资者在信息获取和信息处理方面存在更多的规模效应和范围经济，即机构投资者存在强大的信息收集内在动力，从而进一步增强了机构投资者获取信息的可能性，说明机构投资者很可能存在信息优势。

（三）投资者关系管理：关系营销的优势

投资者关系管理诞生于美国 20 世纪 50 年代后期，至今已发展成为上市公司战略管理的范畴。投资者关系管理旨在通过信息披露与交流，促进上市公司与投资者之间建立良性关系，倡导理性投资，并在投资公众中建立公司的诚信度，实现公司价值最大化和股东利益最大化。通过投资者关系管理，上市公司和投资者能够达到双赢的局面，因而受到双方的欢迎。

特别是对于投资者而言，投资者关系管理可以作为降低企业大股东与外部投资者信息不对称的一种重要手段。

一方面，上市公司通过投资者关系管理可以获得如下好处。第一，降低融资成本。上市公司进行投资者关系管理的一个重要环节就是进行充分的信息披露，包括强制性的信息披露和自愿性的信息披露。提高信息的披露水平可以降低企业的融资成本，这在国内外的实证研究中得到大量的证明。第二，提高公司声誉。在推广信任机制的社会，声誉资本（Reputation Capital）在企业的生存和发展过程中扮演着重要的角色。只有声誉良好的公司，投资者才不会因为公司一时的困境而抛弃它；相反，投资者会以"患难与共"的思想和企业共进退，支持企业渡过难关。这一切需要上市公司进行必要的投资者关系管理。第三，防止企业价值低估。企业的价值不能通过其提供的财务报告完全反映，只能由市场来决定。而市场反应的强弱又来自投资者的投资热情，这种热情有相当一部分来自投资者对企业的了解。也就是说，企业价值的评估也需要企业和投资者之间的关系管理，成功的投资者关系管理有助于防止企业价值的低估。第四，有助于企业管理预期，防止重大意外事件的发生。投资者关系管理可以及时处理企业在资本市场上的各种危机，保障企业经营战略的实施。特别是在涉讼、监管机构针对本公司的处理、重大重组并购、关键人员的变动、盈利大幅降低、传言甚至谣言、股票交易异动、自然灾害等情况下，投资者关系管理部门能够迅速提出有效的处理方案加以应对，消除危机，保证企业经营战略的实施，维持企业的合理市场价值和股票价格，降低恶意收购的风险，同时增强企业的收购能力。第五，有利于改善公司的治理结构。公司治理的一项核心内容，就是处理好上市公司和股东之间的关系。上市公司通过开展投资者关系管理可以强化投资者的股东意识，使其更加关心公司的经营和发展，形成投资者参与公司治理的有效渠道，吸引机构投资者，优化企业的股权结构，建立与投资者之间长期良好的互动关系。

投资者关系管理给上市公司带来的众多好处大大激发了上市公司与投资者的沟通，但是针对不同类型的投资者，公司在进行投资者关系管理时不应当也不会"一视同仁"，而会根据投资者的不同性质、不同需求和影响力的强弱采取不同的形式，有所侧重开展交流工作。比如，潜在投资者可能对公司没有较深的了解，甚至对公司所处的行业也知之甚少，公司投资者关系管理就应当重点交流行业特点，并突出特点和价值所在；机构投资者则谙熟公司的背景和特点，投资者关系管理应侧重公司的发展规划和战略部署，以便建立长期信任的战略合作关系；个人投资者有的善于短线操作，有的则希望长期持有，投资者关系管理也应根据其不同的需求分别给予关注的信息，从而针对投资者的不同诉求点，实现高效沟通。但是投资者关系的分类管理思想也暗含了一定的危害，即上市公司往往会向机构投资者披露更多的公司信息，造成信息在投资者之间的不均衡分配。

公司倾向于在特定范围内自愿性披露信息的原因包括：第一，基于私人信息成本的考虑。企业大股东往往认为向特定群体（例如，分析师和机构投资者）而非社会大众披露信息可以减少由此带来的成本问题。第二，基于建立良好关系的考虑。机构投资者往往是资本市场的主要参与者，它们的行为会影响持股公司的股价，为了获取机构投资者的信任，管理层有时会向机构投资者进行自愿性披露。第三，基于法律诉讼的考虑。通过小范围非正式的信息披露（例如，电话会议）可能会减少由此带来的法律诉讼风险。这样的安排使得机构投资者除了能更为及时地获取公开信息外，还可以参加更多的公司电话会议，并有可能与公司高管进行一对一的面对面交流以获取私人信息。

另一方面，保持与上市公司的密切关系也是机构投资者的利益需要。从表面来看，这种密切的关系可以使机构投资者通过更及时、更丰富的信息获取最大限额的经济利益。因为公司的价值特别是长期价值不仅需要根据财务信息，更需要根据非财务信息进行判断。为了获取这些信息，投资者必须保持与大股东的密切交流和沟通。从深层次来看，这种密切的关系可以最终演化为关系投资，达到企业大股东和投资者的双赢。所谓关系投资是指基于公司治理理论和投资理论，机构投资者参与公司治理和长期投资融合的产物。它可以用作敌意收购等治理机制的替代机制或补充机制，以减少公司治理中的外部扭曲和内部扭曲，发挥"价值发现"和"价值创造"的作用。

关于证券研究机构的问卷调查分析就表明，"管理层沟通"渠道在机构投资者的信息获取方面占据的地位仅次于公开披露，这使得机构投资者拥有了公众投资者不具备的信息，在投资中具有信息优势。

三　机构投资者信息优势及其对证券市场的影响

通过上面的分析，可以发现，机构投资者存在积极搜寻和处理信息的强大动力和内在优势，很有可能拥有信息优势。而那些拥有信息优势的机构投资者的行为最终会在市场上予以体现，从而对持股公司的公司治理、股价内涵，乃至整个证券市场的稳定产生影响。

（一）机构投资者信息优势与公司治理问题

作为大股东的机构投资者更便于从管理层得到内部信息，这在一定程度上克服了资本市场上的信息不对称问题，增加了企业的透明度，强化了对企业的监督。然而，事实的复杂性使得机构投资者参与公司治理的后果并非总是意味着积极作用的发挥，对待这个问题仍然需要一分为二辩证地去分析。

首先看机构投资者持股比例与公司治理。机构投资者作为持股比例相对较高的投资者类型，属于建立适当股权结构的重要组成部分。因此，笔者将从所有权结构在公司治理中的作用展开论述，表明机构投资者对公司治理的影响。所有权结构对公司治理（最终表现在公司价值方面）的影响历来是学术界关注的焦点。伯利和米恩斯就曾指出，当公司管理层在公司中不拥有股份时，他们与股东之间会存在潜在的利益冲突，这种冲突在大股东与外部股东之间表现得最为明显。而且当外部股东持股较为分散时，小股东的"搭便车"行为会使大股东的自利行为愈演愈烈。为此，人们提出管理层持股可以对此不良行为起到缓解作用。随着管理层持股比例的增加公司的价值会有所提高，为此论断提供了部分经验证据。然而，这些激励契约并非总是十分有效，有时甚至会产生负面效果。因为管理层会根据自身利益最大化的需要，通过操纵盈余或投资策略来提高激励额度。进一步的研究结论为此提供了支持证据。伯利和米恩斯发现，当管理层持股达到一定比例时，管理层会以牺牲外部股东的利益为代价，最大化自身的利益，从而损害公司的价值。因此，单纯依靠对管理层的激励契约并不能很好地解决管理层与股东（特别是外部股东）之间的委托－代理问题，仍需要股东采取更为积极的措施。为了更有效地保护外部股东的利益，采用适当集中的股权结构便是方法之一。因为持股较多的投资者有强烈的动机去监督管理层的行为，避免"搭便车"行为的出现。同时，他们可以通过代理权竞争或接管给大股东施压，从而有效地克服现代公司中存在的委托－代理问题。理想的股权结构需要多个大股东同时存在，大股东之间的相互监督可以控制私人收益。而机构投资者作为股权相对较高的投资者类型往往具备与大股东抗衡的能力，从而在公司治理中发挥积极作用。但是，股权的集中也存在潜在成本，即监督管理层的股东将承担监督的全部成本，而他自己却只能按其所持有的股份获取由监督活动带来的好处，由此造成股东对于管理层的监督存在成本－收益不对称的问题，很可能导致大宗持股股东的利益侵占行为，造成不良影响。关于机构投资者作用的三种假说，就与此论断不谋而合。一是有效监督假说。该假说认为机构投资者凭借自身高水平的专业素质，能够以较低的成本对公司管理层的行为进行监督，从而获得更高的监督收益。因此，机构投资者的参股行为会有效缓解小股东之间的"搭便车"问题，起到保护中小投资者利益和提升公司价值的作用。二是利益冲突假说。该假说认为机构投资者可能与持股公司存在其他业务往来，这使得机构投资者对管理层的行为不满时不敢投反对票予以制止。三是战略联盟假说。该假说认为机构投资者和上市公司管理层之间存在互惠互利的关系，很可能引发双方互相勾结，从而无法有效监督管理层的行为。该假说与利益冲突假说均表明机构投资者并不能起到保护中小投资者利益的作用，对公司价值的提升存在负面效应。这三种假说有相应的实证研究做支撑。就机构投资者对公司价值提升的积极面而言，机构大股东的存在可以减少在公司并购中超额支付的现象，机构投资者持股比例与公司的托宾 q 值的大小成正比，机构投资者持股比例与公司业绩成正比。众多实证研究也证实了机构投资者积极参与公司治理有助于提高公司的业绩。另一些实证研究则表明机构投资者对于公司价值的提升有负面影响。有学者研究发现，机构投资者没有管理企业的相关技能与经验，不太可能改进企业的决策。机构投资者的目标与企业价值最大化的目标并不一致，机构投资者的目标常常包含了社会性或政治性的因素。机构大股东不但无益于改善公司治理，同时还会给公司治理带来不利的影响。

其次从机构投资者投资理念与公司治理看。机构投资者除了作为所有权结构的重要组成部分会对公司治理产生影响外，其自身的投资理念也会对公司治理状况产生影响，主要体现在机构投资者持股与公司盈余管理行为和信息披露特征的关系研究两个方面。就前者而言，机构投资者持股与公司盈余管理行为的关系存在着两种竞争性的解释：其一，机构投资者基于受托责任的考虑，很可能存在重视短期收益的现象，它们会以公司的盈利状况作为决策的标准，卖出盈利下降公司的股票，从而向公司大股东施加压力，增大企业进行盈余管理的可能性和程度（更多地以研发费用投入的增减变化、可操控性应计项目的大小为着眼点），以获取高额的回报。公司管理层往往会据此采取避免公司盈利下降的策略，如进行盈余管理，或进行盈利能力高、实现速度快的投资，加剧了公司的短视投资行为。其二，由于人们普遍认为机构投资者具有信息优势，它们代表着更为精明的投资者，不会被企业管理层盈余管理的行为所迷惑，它们能够洞悉真正的盈余信息，发挥机构投资者的积极监管角色。因此，关于机构投资者持股高低与公司大股东盈余管理的可能性和程度的研究结论不尽相同。

（二）机构投资者持股与股价内涵

具有信息优势的机构投资者将在市场上进行交易，而这些行为最终会体现到股价之中。那么，这些优势信息会怎样释放到市场当中去（一次性释放抑或逐步释放）？对其他投资者的投资行为和股价会产生怎样的影响？假设市场上存在一项风险资产，该项资产的交易存在三方当事人：一个风险中性的知情交易者，他清楚地知道该项资产价值；众多不知情的噪声交易者，他们没有该项资产价值的准确信息，而且他们与知情交易者之间互不知晓对方的交易信息；做市商，他能够看到资产交易的总体信息，但是不能区分各条交易信息分属哪类交易者，根据综合的交易信息做市商最终确定资产的交易价格，从而达到市场出清。

由此可以发现：经过一阶段的均衡过程，知情交易者有一半的私人信息被反映到价格中去，知情交易者的私人信息最终会被完全反映到价格中去。人们在决策时往往存在着隔离效应和保守主义的影响。前者是指人们在决策时存在的这样一种倾向：即使将要披露的信息对于决策并没有太大关系，或者在不知道该信息时也可以做出相同的决策，但其还是愿意等到信息披露后才做出决策。后者是指人们思想一般存在着惰性，不愿意改变个人原有信念，因此新的信念对原有信念的修正往往不足。特别是当新的信息出现并显而易见时，人们也常常不会给它足够的重视，也不会按照贝叶斯法则修正自己的信念。根据这些行为金融理论，作为拥有私人信息的机构投资者一次释放其所拥有的全部信息的可能性就非常小，信息很可能会被逐步释放到股价中去。

（三）机构投资者持股与证券市场稳定

人们通常认为机构投资者具有稳定证券市场的作用。因为相对于个人投资者而言，机构投资者一般具有一定的规模，资金实力雄厚，有利于增加市场的资金供给，有效地避免供需失衡；机构投资者作为专业性的投资者，在专业知识、信息获取、分析手段、投资经验等方面占有优势，它们能够对国家的宏观经济、行业发展和公司研究进行比较全面、长远和准确的分析与判断，有效地减少或避免非理性操作造成的股市大幅波动；机构投资者一般具有长远的投资目标，与个人投资者短期逐利行为形成鲜明对比，会对中小投资者起到无声的示范和导向作用，有利于形成理性的投资风气，可避免股价大涨大跌，起到稳定器的作用；机构投资者更有动力和能力参与公司治理，从而完善公司治理结构，提高上市公司的整体质量，服务于证券市场发展的需要等。但是，机构投资者的程序交易和大额交易、机构投资者的噪声交易、有些基金经理寻找"黑马股"的努力与机构投资者的羊群效应等又可能会造成市场更大的波动。因此，机构投资者对证券市场稳定性的影响涉及面相当广泛，很难通过一个或几个理论或实证研究结论来得出。正如前面笔者所提到的，机构投资者对于微观公司治理的影响结论一样，事实的复杂性常常使得研究结论难以达到空前的一致性，即使在国外发达的证券市场也不例外。

就我国的实际情况而言，从长期看，证券投资基金对证券市场的发展有着积极的意义，是证券市场稳定发展的重要力量；证券投资基金的短期行为对证券市场的稳定发展有一定的负面影响，但随着证券市场的规范化和正确投资理念的逐步形成，这种负面影响将会日渐弱化。个人投资者表现出明显的羊群效应，而机构投资者却不存在羊群效应。从这方面来说机构投资者不会增加市场波动性，反而有可能对市场稳定起到积极的作用。中国资本市场中机构投资者与股市波动性之间存在显著的负相关关系，表明机构投资者在降低股票波动性中的积极作用，支持了机构投资者具有稳定市场功能的观点。另外一些学者认为机构投资者的发展对于稳定股市不仅不能起到积极的作用，相反会在一定程度上增加市场的波动性。机构投资者并不必然具有稳定股市、提高证券市场运行效率的功效。有学者从我国证券投资基金的投资期限分析中发现，中国的证券基金以中线投资为主，市场的不规范和其狭窄的投资渠道决定了基金很难进行理性投资，进而使得基金稳定市场的功能失效。我国证券市场上存在严重的羊群效应，这加剧了我国股市的波动性。从表面上来看，国内关于发展机构投资者的观点是截然相反的；但是从本质来看，这两种相反的观点又有趋同的一面，即众多学者对于发展机构投资者并不具有坚决反对的态度，只是在发展速度、发展规模等细节问题方面产生了分歧，机构投资者与股市稳定发展存在辩证关系。因为机构投资者的作用不可能一蹴而就，它需要一个长期的过程，在这个过程中，出现一些负面的影响在所难免。但是，很可能正是这些经验教训的出现才使得机构投资者的作用得到淋漓尽致的发挥。

四 小结

信息是不确定性的减少或消除。因此，在资本市场中，能否有效地进行投资取决于对信息的吸收和处理能力。本章从理论分析的视角对机构投资者信息收集的必要性、存在信息优势的可能性，以及对证券市场的影响三个方面进行了详细阐述。

首先，财务报告是企业大股东与外部投资者交流信息的一种很有帮助的工具。然而，由于现实中存在着企业大股东和外部股东的利益冲突、财务报告编制规则的不完善和大股东的信息优势等因素，使得单纯依靠现行财务报告进行投资决策会存在信息供给不足的缺陷，投资者有必要收集更多的与投资决策有关的信息。但是，并非所有的投资者都需要进行信息的再收集。比如，就财务报告的内容而言，按照现有财务报告模式提供的会计信息，对于个人投资者而言，属于信息过载；而对于机构投资者而言，则属于信息不足，使得机构投资者存在进行信息收集的必要性。

其次，机构投资者所拥有的规模优势和范围经济、机构投资者与公司管理层的密切沟通，以及根据费希纳定律所得出的机构投资者凭借在专业知识和实践经验等方面的优势使其认知偏误相对较少等原因，使得机构投资者存在更高的主动收集信息的可能性，从而具有一定的信息优势。

最后，机构投资者的交易行为加快了私人信息在股价中的反映，使得交易对象的价值更快趋于其真实价值。

　　本章通过理论模型论证了机构投资者有助于丰富股价的内涵，但是该结论还需要经验证据予以验证。有关机构投资者对公司治理和对整个证券市场的影响，现有的研究结论还存在很大的不一致性，仍是一个需要结合不同制度背景进行检验的实证话题。

第四章
股权结构优化与
机构投资者制衡

中国上市公司治理的问题伴随着中国证券市场的诞生而逐渐显现出来。中国上市公司在治理方面所涉及的问题除了世界范围内广泛涉及的以外，还出现了很多具有中国特色的公司治理问题，这些问题很多是中国证券市场设立过程中制度性依赖所导致，也有很多是年轻的中国证券市场本身机制不尽完善所致。这其中股权机构所导致的中国上市公司治理问题最为突出，通过剖析中国证券市场中上市公司股权结构的问题，从不同所有制背景企业的股权结构特点着眼，可以对中国上市公司治理中存在的突出问题进行分析，也为机构投资者参与中国上市公司治理问题的研究奠定理论和现实基础。

一　中国上市公司股权结构特征

股权结构是指企业剩余控制权和剩余索取权状况和方式。在现代企业制度中，企业实际控制人根据其拥有股份比例来决定其实际的控制权。企业实际控制人根据自身持股比例多少在一股一票的决策机制下，通过优化股权结构实现自身资产和实际控制权的优化。企业实际控制人通过证券市场的正常买卖和交易确保其所占股票份额能够对企业产生实际控制能力，而其他股东无法或者较弱地对其控制权发生任何实质威胁，使得企业的实际控制地位不发生任何动摇。从现实情况来看，往往通过第一大股东持股比例、持股稳定性，以及前五位或者前十位大股东持股比例、持股集中度、持股稳定性等指标来考量股权结构的特点和股权结构对其他公司治理问题的影响。从中国上市公司的实际情况来看，中国上市公司股权结构的突出特征表现为突出的"一股独大"问题。

（一）基于所有制结构差异的上市公司股权结构特征

从国有控股上市公司的角度看，国有股份比例较高。通过历年统计数据，可以清楚地看到，中国上市公司中属于国有控股的公司其国有股比重一直较高。虽然股权分置改革以来，国有股可以上市交易，但一直没有出现大规模国有股减持的现象。国有股所占比例并没有随着股市"全流通"时代的到来而出现稀释的趋势，国有股在国有控股上市公司中持股比例过高的状况没有根本改变。而且从整个中国证券市场的角度来看，国有控股上市公司无论从数量还是从市值规模角度看，都具有绝对的优势。从民营上市公司的视角来看，大量民营上市公司的大股东往往为个人或者家族持股，虽然在创业板和中小市值股票，以及部分业绩较差的民营上市公司中存在着大股东不断减持的现象，但从整体上看，民营上市公司的实际控制人仍然为个人或家族。所以，从整个中国证券市场的角度来看，"一股独大"的现象仍是中国上市公司股权结构中最为突出的特征。

（二）基于公司治理机制的上市公司股权结构特征

股权结构是公司治理制度的基础，中国上市公司中突出的"一股独大"问题必然导致公司内部人成为公司实际控制人，而这种内部人控制必然导致中国上市公司治理的核心问题集中在权力制衡和内部人约束方面。现行的股东大会制度、董事会制度、监事会制度和外部董事制度的设置都是围绕着这一核心问题展开。但结合中国上市公司治理的实际状况来看，现有的制度都不能有效地对公司大股东行为进行监督和约束。大股东利用股权结构中的优势不断侵害中小股东权益的现象屡见不鲜。

从股东大会的角度看，无论是国有控股上市公司还是家族控制的上市公司，大股东一旦形成了绝对控制权，股东大会的机制就很难对大股东的控制权发起挑战。一方面，大股东往往存在绝对控股的现象，使得股东大会被大股东操纵；另一方面，中小股东往往由于持股比例过低而存在"搭便车"的心理，导致大股东的行为不能通过股东大会进行约束。此外，中小股东持股分散，导致形成统一决议的成本较高，以至于中小股东往往采取"用脚投票"的方法，不能形成有效的约束机制。

从董事会和监事会的角度看，上市公司大股东往往利用自身股权结构方面的优势，操纵董事会和监事会的形成，导致董事会和监事会成为大股东控制上市公司的形式，董事和监事的选择往往由控制性大股东提名和表决。因而公司法设置的公司董事会和监事会往往不能对大股东行为进行有效监督。

从独立董事制度的角度看，上市公司聘请外部独立董事对上市公司的公司治理机制进行强化，加强外部人对公司内部实际控制人的监督和管理。这种制度在英美国家较为有效，但在中国上市公司中，由于股权结构的独有特征以及缺乏行之有效的行业自律和征信体制，独立董事往往沦为"花瓶"董事，不能对公司大股东的行为进行必要的约束和规劝，独立董事制度的功能弱化。

二　中国上市公司股权结构问题成因

导致中国上市公司股权结构的问题原因主要集中在历史变迁和企业制度两个方面。从历史变迁的角度来看，中国上市公司最初为国有企业脱困和融资而推进，同时保证国有资产不流失、不贱卖而保留非流通股的方法，导致国有控股上市公司股权结构中的国有股"一股独大"的局面。从企业制度角度看，无论是国有控股企业还是民营企业，在现代企业制度的构建方面仍然不够理想，通过内部人控制的方法往往比股权分散情况带来的管理成本要小，所以形成了中国上市公司中突出的股权结构问题。

（一）股权结构问题的历史原因

一方面，导致中国上市公司股权结构问题的历史原因在于国有企业的脱困。中国股票市场设立之初，大量的中国国有企业存在大面积的亏损。国有企业需要通过大量融资获得企业改制的资本。而通过银行系统的间接融资，往往导致国有银行体系坏账比例较高，政府承担了大量国有企业脱困所需成本。于是选择一种融资成本较低的方式是推动中国股票市场创立和发展的重要动因。由于历史原因，大多数国有企业都存在人员数量庞大、经营能力不强、社会负担过重等问题导致通过上市融资的国有企业仍然存在着巨大的资金压力。为了防止国有企业改制过程中因短期资金压力而实施国有股份减持导致国有资产流失的问题，中国股票市场设立之初就通过设立流通股和非流通股的办法，保持国有股比重，防止国有股减持。这种机制不仅推动了中国股票市场的发展，同时也为后来股权分置改革和上市公司股权结构畸形留下了隐患。

另一个导致中国上市公司股权结构问题的历史原因在于，直接融资成本明显低于间接融资。无论是国有企业还是民营企业，当资金不足时，首先考虑到的是通过股票市场融资，而非银行贷款。这是因为，中国企业制度仍然不够健全：企业信息披露和公司治理机制都不健全。在这种情况下，当企业需要融资时，往往会选择通过发行股票的方式募集资金。但由于制度方面的缺陷，企业往往可以规避上市后带来的风险和所需承担的企业责任，这就导致了中国股权结构当中的"一股独大"问题，即公司通过上市融资来解决企业资金问题而不必承担责任，并利用自身在股权结构中的控制性地位不断侵害中小股东利益而无所顾忌。因为在现行的证券市场规则、公司法规定和法律法规要求下，大股东只要保持控制性股东的地位，就可以保持获取低成本融资的好处而不必承担风险。这就导致了中国上市公司中普遍存在的股权结构问题，进而引发一系列公司治理问题。

（二）股权结构问题的制度原因

一是中国现代企业制度没有有效建立导致的控制性股东的内部人控制。中国企业改革伊始，改革的侧重点往往集中在政府对企业自主经营权的放开和政府财政包袱的下放方面，而没有把现在企业制度和产权制度的完善作为首要目标。虽然通过简政放权和减少政府对企业预算软约束方面的改革，使国有企业获得了一定的自由，但由于国有资产没有来自政府的有效控制而产生了内部人控制问题。国有资产的管理权实际落到企业内部人手中，通过企业财务状况的监督和管理无法对企业内部人进行行之有效的约束和管理。为了防止内部人通过国有股减持导致国有资产流失，必须设定相应股权分置的制度。这样的制度虽然可以保证国有资产不会大规模流失，却导致了企业内部人对企业的绝对控制。再加上中国干部制度的缺陷，导致厂长、经理以国有资产经营者的名义代为行使国有股份的处置权，使国有股"一股独大"的同时，国有资产却没有形成有效的保值增值，反而成为内部控制人获取高额薪酬和在职消费的工具。同样在民营企业也存在内部人控制问题，家族资本往往形成对上市公司的实际控制。家族企业通过上市融资获取低成本资金，但没有相应的企业制度和产权制度进行约束，导致民营企业形成家族控制的局面，出现了中国特色的股权结构问题。

二是中国证券市场发展滞后导致控制性股东缺乏外部约束。中国证券市场的发展不同于西方证券市场。西方市场往往是通过自发形成，并经过长时间的发展和完善。通过长时间的发展，其相应的法律法规体系较为完备，通过发达的证券市场对上市公司进行外部约束，使企业实际控制人接受较为有效的监督。而中国证券市场是由政府主导形成的，加上政府发展证券市场的初衷是为国有企业脱困提供充足资金，这就导致中国证券市场相应的法律法规和行业规范十分欠缺，也导致上市公司控制性股东利用自身股权结构上的优势不断侵占中小股东利益，更导致企业经营绩效和公司治理水平低下。同时，中国证券市场是一个由政府主导的新型市场，发展速度很快。这就导致政府首先发展证券市场、然后进行管理和规范的思路，使得相应的法律法规出台相对滞后，问题不断暴露之后才开始寻求解决途径。

此外，中国还是一个经济体制转型的国家，原来政府对企业进行直接管理的传统仍有残留，政府官员和企业负责人往往通过行政级别的对应而进行调整，导致企业受政府的干预过多，很难焕发充分的活力。于是出现了大量依赖行政性垄断获利的上市公司，它们为了长期保持行业的垄断，往往采用国有控股的方式实现本企业长期享有垄断利润，而不是通过自身增强竞争能力获得企业的发展。同样，民营上市公司也存在类似问题，由于传统文化的影响和经理人市场的缺乏，民营上市公司的治理层和管理层重合，产生了企业内部人控制的问题。

三　中国上市公司股权结构引发的公司治理问题

在中国上市公司中，无论国有控股上市公司还是家族控股上市公司，由于其"一股独大"的股权结构导致了诸多上市公司治理问题。可以说，上市公司治理问题的根源就是中国突出的股权结构问题：控制性股东可以运用相对有限的股份控制公司的经营，并将控制性股东的目标强加给上市公司。控制性股东通过其操纵的董事会和监事会，形成具有超强控制能力的内部控制人，并利用自身优势和证券市场法律法规的缺陷不断损害中小股东的利益。

（一）股权结构问题导致董事会和监事会结构问题

中国上市公司存在的"一股独大"问题导致公司董事会和监事会成员的来源较为单一。由于大股东持股比重过高，董事会和监事会成员的人员提名名单受大股东影响较强。大股东会凭借自身股权优势提名与控制性股东利益较为一致的人员进入董事会和监事会，并尽量排斥与大股东利益冲突的其他人员进入董事会和监事会。这样的结果就是，原本用于权力制衡的董事会和监事会制度虽然名义上符合公司法和证监会相关法律法规的要求，实质上保持了大股东对公司事务的绝对控制权，形成了所谓内部人控制问题。从上市公司实际运行的情况来看，无论是国有控股上市公司还是民营上市公司，在这个问题上的表现都十分突出。从国有控股上市公司角度来看，国有法人股和国有股比重较高，形成绝对控制权。董事会和监事会成员往往选择公司内部人员和对公司经营没有较大约束力的国有资产管理部门人员，而国有资产管理部门人员作为国有股的监管人员无论从专业知识还是治理才能方面都不能满足上市公司治理真正所需具备的能力，使得监督和约束权力虚置。外部治理所需的独立董事往往也受公司控制性股东操纵，出现独立董事不独立的现象。这种情况在民营上市公司当中也十分普遍。

（二）股权结构问题导致公司高管激励错位问题

由于控制性股东控制权集中导致的内部人控制，引发了上市公司高管激励错位的问题。一方面表现在公司高管薪酬过度。由于控制性股东在高管薪酬方面存在着绝对控制权，所以高管薪酬一般来说都是较高的。高管薪酬制度是一项重要的公司治理机制。通过这项机制保证公司为上市公司高管提供较为合理的薪酬，激励公司高管正常工作。但由于股权结构中的控制性股东权力过大，公司高管会通过现行的机制形成过度激励。另一方面表现为公司管理层成为大股东的附庸。由于控制性股东在管理层的人员提名和工作安排中处于绝对优势地位，同时由于国内经理人市场没有全面形成，公司管理层人员往往由控制性股东从公司内部人员中根据控制性股东偏好进行提名。这就导致公司管理层的矮化，成为控制性股东的附庸，在公司具体管理和运行方面听命于大股东，使公司管理层的地位不独立，进而使公司整体运行效率下降。

（三）股权结构问题导致公司长期经营绩效不稳定问题

公司治理机制本身是为了解决现代公司制度下出现的委托－代理问题，保持公司实际控制人不过度偏离公司所有者的目标。由于中国上市公司中存在的股权结构问题，公司实际控制人偏离了公司所有人的目标，导致了公司经营绩效的下降。公司股权所有者希望从公司长期增长的价值中获得收益，而现实情况是控制性股东控制的管理层往往追求公司的快速发展、高管薪酬的提升和高管在职消费的增长。这就使得公司运营中发展路径受到控制性股东的影响选择高成长、高风险和高收益的目标，从而使公司经营绩效短期内不稳定。

（四）股权结构问题导致过度股权融资问题

从现代企业制度的角度来看，传统的上市公司融资方式有股权融资和债权融资两种方式。股权融资方式包括首次股票发行、公司利润转增资本金、配股和增发新股等方式。债权融资方式包括发行公司债券和向银行等金融机构贷款方式。从公司财务角度来看，合理的负债程度是保持公司正常运营和持续发展的重要条件。这就要求负债程度具备合理避税和财务杠杆作用。同时，合理的负债规模可以保持上市公司资本结构的优化，实现上市公司长期价值的最大化。根据现代企业制度融资理论分析，企业融资顺序一般是内部融资、债权融资和股权融资。在较为成熟的资本市场中，上市公司进行股权融资通常被认为是公司经营出现不良状况而被迫采取的行动。从美国证券市场的经验来看，上市公司通过股权融资的平均周期为18年。从中国证券市场的情况看，上市公司采取股权融资过于频繁。这是因为，中国在股权结构中存在明显的"一股独大"问题，控制性股东往往倾向于股权融资。首先，控制性股东由于持股比例过高，导致其对债权融资的压力感觉过大。为了减少债权融资带来的利息压力，以及在极端情况下出现资不抵债情况，他们往往尽可能避免采取债权融资的路径。同时，由于控制性股东对上市公司具有绝对控制能力，他们可以通过股权融资适当稀释持股比重，同样达到对上市公司的实际控股能力。而且融资规模越大，他们实际控制的资产规模就越大，只要不影响其对上市公司股权的控制地位就会不断推动大规模的股权融资。此外，通过股权融资而不是债权融资使上市公司实际经营情况不被银行等金融机构知晓，可以更好地实现控制性股东主导的内部人控制。因此，中国上市公司股权结构问题引发了中国上市公司在融资路径上偏向股权融资的问题。

（五）股权结构问题导致公司违规操作问题

中国上市公司违规操作现象屡见不鲜，股权结构问题起到了十分重要的作用。控制性股东在公司运营中处于绝对地位，而来自公司内部和公司外部的约束相对有限，这就导致控制性股东依托自身股权的优势地位和公司管理层串谋，伤害上市公司自身利益进而损害中小投资者利益。从中国上市公司和证券市场的实际情况来看，控制性股东往往操纵上市公司经营和财务工作，违规运用关联交易、大规模融资担保、利益输送、不披露或不及时披露上市公司信息，甚至财务造假等。从关联交易的角度来看，众多上市公司特别是国有控股上市公司往往会采取密切的关联交易的手段，操纵上市公司商品价格，通过高价买入关联公司的商品、低价为关联公司提供商品的方式，使上市公司收益受损。从融资担保角度看，上市公司经常违规为其母公司和其他关联公司提供大规模融资担保，让上市公司无故承担不必要的融资担保风险。从利益输送角度看，主要是国有控股公司受到政企不分的影响不断向其母公司、关联公司和政府部门提供利益输送管道。从财务造假角度看，很多上市公司为了实现账目财务的优良，而通过财务造假、伪造经营业绩的方式实现股权融资和公司股价的稳定。从信息披露角度看，控制性股东操纵上市公司对必须及时披露的上市公司信息进行选择性隐瞒和拖延披露，实现控制性股东自身利益的最大化。在家族控股的民营企业同样存在以上问题。特别是一些家族控股上市公司实际控制人通过不同上市公司和非上市公司的资本控制，实现资本控制"系"，并在"系"中实施关联交易和利益输送。因此，中国上市公司违规操作的问题来自中国上市公司股权结构的不合理。

（六）股权结构问题导致中小股东权益侵害问题

股权结构问题导致股权集中度过高，控制性大股东可以利用公司实际控制权侵害其他中小股东的利益，不利于公司绩效的提高和公司治理水平的改进。同时，由于中小股东持股过于分散，且整体持股比例不高，往往导致"搭便车"行为，造成中小股东对公司管理层的监督和管理缺位。控制性股东利用自身在股权结构中的优势选择自身偏好的发展路径，形成对中小股东权益的实质性侵害。从中国上市公司现实的情况看，这种现象是十分普遍的，突出表现在利润分配和发展路径方面。从利润分配角度看，上市公司中的控制性股东为了追求公司的高成长性，往往利用自身控制性权力强行将公司利润转增为公司资本金，而不是以分红的方式回报中小投资人。中小投资人在这种情况出现时，由于缺乏实质性的手段进行干预，使整个证券市场中不分红或者少分红的现象成为一种普遍现象。从公司发展路径角度来看，上市公司往往选择快速成长的发展路径，追求上市公司的高速增长和公司营业额的大幅增加，而对公司业绩的考虑不足。这就导致公司运营风险由全部股东承担、公司发展的收益被控制性股东占有的局面。从整体来看，中国股权结构问题就是控制性股东"一股独大"的问题；从结果来看，最为突出的问题就是股权结构的不合理导致的中小投资者权益受侵害问题。

四　中国上市公司股权结构的优化和机构投资者制衡作用

结合公司治理理论和中国上市公司实践，优化的股权结构应当做到股东身份的明确和股权集中度最小代理成本两个原则。从明确股东身份角度看，股东产权必须在法律和经济层面实现明确。从法律层面讲，产权必须有较为完整的法律地位，其股东身份必须得到法律的保障。从经济层面讲，产权能够实现股东对其资产具有强有力的约束和监督，要求责权利实质上的一致性。从股权集中度最小代理成本角度看，股权集中度过高，虽然可以降低交易成本，但会导致公司经营风险的积累。股权集中度过低，虽然可以降低经营风险，但治理成本必然增加。必须实行股权集中度的适度，即公司运营中的经营风险成本和公司治理成本之和的最小化原则。

（一）上市公司股权结构优化路径

一是消除股东的行政类别，避免不同类型股东激励目标的冲突。国有控股上市公司很多仍具有行政级别，这是中国改革特殊情况下的产物，但从市场经济运行原理上讲是不合时宜的。控制性股东与政府之间的关系没有完全割断，导致上市公司承担了大量不必要的行政性负担，其独立性受到影响。作为补偿，政府赋予了上市公司控制性股东过多的权力，从而导致诸多公司治理和企业管理方面的问题。要实现上市公司股权的优化,首先就是要明确企业和政府责任,消除上市公司行政性负担,从根本上消除国有股"一股独大"带来的公司股权结构问题。

二是明确股东身份,塑造人格化大股东。从中国上市公司治理的实践来看,现行的国有股和国有法人股大股东在公司治理中,明显存在治理效率低下的问题。究其原因,就是国有股和国有法人股虽然名义上具有大股东地位,但上市公司实际控制人并没有真正行使股东权益。由于存在政企责权不明和委托－代理问题,上市公司实际控制人滥用大股东地位,形成内部人控制问题。解决问题的途径就是通过国有股减持的方法,稀释国有股在上市公司股权结构中"一股独大"的地位。同时通过完善经理人市场和公司高管持股计划实现大股东人格化,进而发挥上市公司各项公司治理机制的作用,保障国有股在内的所有股东权益。

三是推进股权结构的多元化,保持适度的股权集中度。中国上市公司股权结构中普遍存在的"一股独大"问题导致股权集中度过高,这就使公司控制权市场无法发挥作用,同时也使中小投资者无法正常参与公司治理。通过适度调整,使上市公司股权集中度得以优化,保证公司经营风险成本和公司治理成本之和最小化,既符合上市公司的长期健康发展要求,也能保证中小投资者权益得到保护。具体而言,对于国有控股上市公司可以通过国有股减持的方式将国有股比重降低,同时增加国有持股法人数量,通过公司控制权市场的有序竞争提高公司治理水平。也可以通过上市公司高管持股的方式将股东身份做实,激发上市公司高管提高公司治理水平和经营绩效的热情。同时引入战略投资者和机构投资者,使上市公司股权结构多元化,降低股权集中度,削弱上市公司内部人控制的程度,形成有序的市场机制,推动上市公司治理水平的提高。

(二) 机构投资者制衡与股权结构优化

在实施股权结构优化过程中,机构投资者可以发挥举足轻重的作用。作为重要的金融机构,机构投资者可以通过专家理财的方法吸引社会资金有序投资证券市场。同时,机构投资者可以发挥自身规模和信息方面的优势,为中小投资者权益的保障和公司治理水平的提升发挥推动作用。机构投资者对于证券市场的投资存在明显的示范效应,通过机构投资者的投资,中小投资者可以根据机构投资者的选择,有序选择目标公司进行投资。这样也可以约束上市公司行为。如果上市公司存在侵害投资者权益、违法违规操作和经营不当的情况，机构投资者可以"用脚投票"，继而引发证券市场的羊群效应，打压上市公司股价，给上市公司控制性股东带来巨大压力。机构投资者根据自身实际，也可以选择稳健持股和"用手投票"的方法，通过先行的公司治理机制推进公司治理水平的提高和对中小投资者的保护。结合中国经济发展和金融证券市场完善的实际来看，未来证券基金、社保基金、企业年金和保险金规模不断壮大，我们迫切希望有一个能够实现资金保值增值的平台。机构投资者可以不断增加投资股票市场的规模，提高上市公司的持股比例，运用合理有效的方法保护机构投资者和其他中小投资者的权益，推动中国证券市场和中国上市公司长期健康发展。

五　小结

中国上市公司存在着明显的"一股独大"问题，这一股权结构中的问题导致了中国证券市场和上市公司治理中一系列相关问题的产生。西方股票市场中扮演重要角色的机构投资者能否在中国发挥相关的作用十分令人期待。本章内容就是基于以上思维逻辑，分别介绍了中国上市公司中股权结构的特征、中国上市公司股权结构形成的原因、相关股权结构导致的公司治理问题，并对机构投资者是否能够对上市公司股权结构进行优化进而改善上市公司治理水平进行了探讨。根据公司治理相关理论以及多年以来中国上市公司治理实践，笔者认为，优化的股权结构应当实现股东身份的明确和股权集中度适度。明确股东身份，股东产权必须在法律和经济层面实现明确。产权法律明晰，产权必须有较为完整的法律地位，其股东身份必须得到法律的保障。通过有效的公司治理机制，产权能够实现股东对其资产具有强有力的约束和监督，产权要求责权利实质上的一致性。股权集中度过高，虽然可以降低交易成本，但会导致公司经营风险的积累。股权集中度过低，虽然可以降低经营运行风险，但治理成本必然增加。必须实行股权集中度的适度，即经营风险成本和公司治理成本之和的最小化。

第五章
机构投资者与控制性
股东序贯博弈

从本章开始，本书将对机构投资者参与中国上市公司治理问题进行理论研究。本书的理论研究主要是采用博弈论的方法，结合已有文献的相关理论模型，构建机构投资者参与中国上市公司治理有效性问题的分析框架。在理论分析中，本书将在拉伯塔、洛佩兹－蒂－塞伦斯、施莱弗和维斯尼（La Porta, Lopez-de-Silanes, Shleifer & Vishny, 2002）的原有理论假设和理论分析的基础上，结合中国上市公司治理的实际情况，引入机构投资者收益函数，从而形成控制性股东和机构投资者之间的博弈关系。在此基础上，逐次构建单一机构投资者与控制性股东之间的序贯博弈模型、单一机构投资者与控制性股东之间的重复博弈模型以及多个机构投资者与控制性股东之间的重复博弈模型。在理论分析中，本书考虑到中国上市公司的实际情况，将上市公司治理水平和公司绩效同时纳入模型分析当中，并在多个机构投资者与控制性股东之间的重复博弈模型中将更加符合中国上市公司实际情况的机构投资者股权集中度和机构投资者持股年度变化率变量纳入分析模型。此外，本书还在理论分析的结尾处进行了更加详细的说明，即本书的理论分析模型通过对分析变量的一定调整便可以对股权分散条件下的机构投资者参与公司治理的情况进行解释，提升了本书理论分析的实用性和解释力。

一　引言

关于机构投资者参与公司治理有效性问题的研究起点应当是公司所有权结构及其引发的委托－代理问题。伯力和米恩斯（Berle & Means, 1932）最早关注到这个问题。之后的学者［如法玛和詹森（Fama & Jensen, 1983）；拉伯塔、洛佩兹－蒂－塞伦斯、施莱弗和维斯尼（La Porta, Lopez-de-Silanes, Shleifer & Vishny, 1998, 1999, 2002）等］也都对这一问题进行了卓有成效的研究。如何有效解决公司所有权和控制权分离而引发的委托－代理问题一直都是困扰学术界和上市公司的一个重要课题。随着 20 世纪 80 年代机构投资者积极股东主义的兴起，许多学者［德林克（Drunker, 1974）；施莱弗和维斯尼（Shleifer & Vishny, 1986）；布兰卡托（Brancato, 1998）；卡波兰（Kaplan, 1998）；齐兰、哈特泽尔和斯塔克斯（Gillan, Hartzell & Starks, 2003）］从机构投资者身上看到了解决委托－代理问题的希望。他们通过各自的研究发现，机构投资者的发展及其参与上市公司治理的实践，确实可以有效改善公司治理水平，进而提高公司绩效。然而，把解决委托－代理问题的重大责任放在机构投资者身上的想法还为时过早。许多学者［如米特切尔（Mitchell, 1983）；墨菲和范诺伊斯（Murphy & Van Nuys, 1994）；多噶尔和米莱尔（Duggal & Millar, 1999）；罗斯（Rose, 2002）等］都对机构投资者能够有效参与公司治理的看法提出了质疑。本书正是在分析正反两方面的观点的情况下对该问题展开研究的。

　　本章以下部分的结构安排如下：第二部分介绍控制性股东与机构投资者的利益冲突；第三部分在拉伯塔、洛佩兹－蒂－塞伦斯、施莱弗和维斯尼（La Porta, Lopez-de-Silanes, Shleifer & Vishny, 1998, 1999, 2002）的理论模型基础上构建单一机构投资者与控制性股东的序贯博弈模型；第四部分对此模型中存在的需要进一步讨论的问题进行讨论；第五部分对本章进行小结；最后是本章中需要详细推导进行说明的附录部分。

二　控制性股东与机构投资者的利益冲突

　　为什么控制性股东愿意代替其他股东来行使治理公司的权力？原因在于控制权的两类收益，即控制权共享收益和控制权私人收益。通过对两种控制权收益的分析可以看出，即使是以同股同权为基础的控制权共享收益，也仅仅是形式上的平等，由于控制性股东与机构投资者的持股成本明显不同，控制权共享收益实质也是对以机构投资者为代表的流通股股东的盘剥。相比控制权共享收益的形式上的平等而言，控制权私人收益则是形式上不平等，表现形式也是多种多样的，但归结为一点，就是控制性股东对其他股东利益的侵占。

基于对控制性股东代理动机的分析，再研究机构投资者的利益困境就很好理解了。由于金融管制和投资约束，机构投资者在上市公司中不可能获得控制权，在控制权被控制性股东掌握的情况下，机构投资者的资金投入公司后能否获得投资回报，往往很难自己控制，从而陷入自身投资利益难以保障的困境之中，这也是造成机构投资者追求短期利益、换手率的根本原因。控制性股东过分利用控制权获取私人收益的行为可能会引起机构投资者的"用脚投票"行为，造成其未来融资困难，对其获得更多长期控制权收益不利。公司内部控制性股东与机构投资者产生利益冲突的原因，为找到两者利益协调的内部条件打下基础。

（一）控制性股东代理问题产生的原因及其表现

一般来说，控制性股东持有较多股权，在公司中拥有较多的决策权、管理权。但真正促使其具有强烈代理意愿的动机，还是来源于控制性股东集中控制股权的两类收益。

一是控制权共享收益。指控制性股东按照持股比例所享有的收益，这一收益其他股东也能按照持股比例分享，能够满足其他股东的委托意愿。比如，按持股比例进行现金分红。但是，由于我国的股权分置问题，使控制性股东的持股成本相对低廉，控制性股东的股份一般是从一级市场获得，而机构投资者的股份一般是从二级市场获得，两者持股成本差异很大，同股不同价的股权享有"同股同权、同股同利"的待遇实质上构成了非流通股控制性股东对流通股机构股东利益的盘剥。以光大证券为例，该公司于 2009 年 8 月 18 日上市，2009 年 8 月 25 日公布了 2009 年半年报，该半年报最令投资者注目的是其每 10 股派现 5.80 元的分红方案。仅仅上市 5 个交易日后就推出了如此丰厚的高派现方案，按该公司总股本 341800 万股计算，此次分红共计派发现金红利 19.82 亿元。刚刚上市筹集了 109 亿元资金就抛出近 20 亿元的巨额分红方案，光大证券可谓出手大方。显然，光大证券的高派现是为了满足公司控制性股东对现金的渴求。中国光大（集团）总公司、中国光大控股有限公司两控制性股东分别持有光大证券 33.92% 和 33.33% 的股权，合计持有光大证券约 22.99 亿股。该分红方案可使两控制性股东获得高达 13.33 亿元的红利，14 位原始股东总计可分得此次 19.82 亿元分红中的 16.81 亿元，占比达到 85%。而机构投资者即使以申购价 20.18 元来算，也仅仅是获得了每股投资额 2.87% 的现金红利。由此可见，即使是上市公司巨额分红，以机构投资者为代表的流通股股东所得也是极为有限的。

二是控制权私人收益。是指控制性股东利用控制权以侵害其他股东利益、使上市公司利益受损为代价而使个人获得的好处。也就是说，持有较多股权的控制性股东往往会得到与他所持有股份比例不相称、比一般股东多的额外收益。主要表现为：首先，通过资本市场进行股权融资。我国上市公司热衷于股权融资的问题一直是学术界研究的热点话题。上市公司控制性股东为何这么热衷于股权融资呢？究其原因在于对控制性股东来说，利用股票发行价格与每股净资产的价差，既能提升公司的每股净资产，又能实现控制性股东实际占有财富的增长，可谓多重好处。反观机构投资者，若想获得上市公司 IPO 或配股增发的流通股份，除了少量通过申购获得中签率极低的一级市场股票以外，大部分是从二级市场购入的经过炒作、市盈率已经很高的高风险股票。控制性股东在这个过程中，除了得到大量现金流及股票的超额溢价外，还可以顺理成章把风险转移给二级市场的机构投资者。其次，通过少分红而长期占有剩余利润以获取个人私利。控制性股东不分红，可以把本应分配给机构投资者的投资回报长期占用支配。即使是在广大流通股股东的强烈要求和证监会等监管部门的政策、法规的指导下，2003~2012 年，我国上市公司也仅有半数左右支付了现金股利，但每股现金股利平均水平仅为 8 分钱左右。最让人惊讶的是，我国上市公司每年给二级流通市场的股东支付的现金股利，按现金分红与股价比来看，仅为 1 分钱左右。这意味着从二级市场购买股票，要长期持有并通过现金分红收回本金需要 100 年。再次，利用控制性股东的信息不对称优势以及所控制的决策权和信息披露权，通过隐瞒事实、披露虚假财务信息误导机构投资者，甚至直接或间接参与二级市场的操作，通过多种方式操纵股价，从二级市场获取暴利。2000~2012 年，从上市公司违规处理数据库的分类整理数据来看，在 13 年的时间里，共发生上千起上市公司受到处理的违规事件，其中与信息披露有关的占总数的 60% 以上，平均每年发生 60 起以上。反映出我国上市公司控制性股东利用与机构投资者等流通股东对公司信息掌握的不对称性来攫取私人收益的现象比较普遍。最后，通过抵押担保、资金占用、违规购买、出售和置换资产、关联交易等方式掏空上市公司，将全部股东的资产变为控制性股东的资产。控制性股东违规担保、占用上市公司资产、改变资金用途等问题较为常见。以大股东占用上市公司资金为例，中国证监会与国家经贸委联合召开的"上市公司现代企业制度建设经验交流暨总结大会"发现一半以上的上市公司存在控制性股东占用巨额资金现象，1/4 的公司存在控制性股东及关联方违规占用其资金或资产的行为，1/5 的上市公司为控制性股东及关联方提供担保。从占用资金的主体上看，主要是控制性股东直接占用，此外还有控制性股东的附属企业和其他关联方占用等。从资金占用的方式上看，多数上市公司资金占用是在控制性股东和其他关联方与上市公司发生的经营性资金往来过程中形成的，即属于有交易背景的经营性占用。同时，也有部分是由于控制性股东自身资金紧张而要求上市公司为其开具承兑汇票、提供委托贷款、拆借资金或偿还债务等，都是没有交易背景的占用资金，属于典型的违规占用。上市公司资金被占用，主要体现为财务报表中的应收账款、其他应收款、应收款净额三项数字居高不下。

通过以上分析可以看出，在控制性股东代理的两类收益之中，控制权共享收益是既能得到其他股东认可，又能使自己得到投资回报的收益种类；而在控制权私人收益中，由于少分红、虚假信息以及关联交易等会受到其他投资者和监管层的谴责甚至法律制裁，通过股权融资而获得低成本的现金流，从而获得更大的控制权，往往成为控制性股东控制权私人收益行为最常见的手段。

（二）　机构投资者的利益困境

与控制性股东代理取得超额收益的众多渠道相比，由于投资限制、金融管制、股权分置制度等原因，机构投资者丧失了对公司的管理权、决策权，其获得投资利益只有两种途径：一是所持的流通股的股价上涨；二是通过现金分红获取公司的经营收益。另外，由于大部分上市公司决策层被控制性股东控制，机构投资者一旦投资，其资本使用权及收益分配的决定权将被控制性股东代理，要想获得最大的回报，只能取决于控制性股东的自律、能够公正客观地对待机构投资者的投资利益。手握大量资本的机构投资者受投资约束和金融管制的影响，在与控制性股东的不对称较量中，处于明显劣势，陷于自身投资利益难以保障的困境之中，主要表现为以下几点。

一是当控制性股东采取股权融资方式增加财富时，机构投资者的股权价值与每股净资产的增长无直接关系，因而不会增长，反而可能因为市场对控制性股东圈钱行为的反感而承受由于股票价格下跌所带来的损失。

二是当控制性股东采用分红方式增加财富时，控制性股东的总体收益率体现为每股净资产收益率，而机构投资者的总体收益率体现为每股市盈率。在考虑货币的时间价值、机会成本以及投资风险的情况下，现金分红方式实际造成机构投资者财富的负增长。因此，我国流通股股东甚至机构投资者在资本市场上表现出明显的短期行为，即换手率明显高于国际主要资本市场。

三是当控制性股东用掏空上市公司资产方式增加财富时，机构投资者将承受双重损失：一方面是所持股权对应的上市公司资产的损失；另一方面是二级市场"用脚投票"造成公司股价下跌所带来的损失。

四是当控制性股东采取直接或间接参与二级市场的操作来增加财富时，机构投资者才在理论上具有由于股票价格上涨所引起的财富增加的可能性。但是，证券市场血的教训表明，机构投资者在与控制性股东及其联手的庄家的不对称博弈中，其最终结果是绝大多数机构投资者被高位套牢，其财富受到巨大损失。

（三）控制性股东代理与机构投资者利益冲突的原因

尽管控制性股东代理行为与机构投资者利益冲突表现形式多种多样，但冲突产生的原因无外乎两个层面：一是外部环境层面（包括制度环境、经济环境等）；二是公司内部环境层面（包括治理结构安排和角色关系等）。而公司内部环境层面的原因是本书分析的重点。

第一，控制权与所有权分离。一家公司的股东之间也会存在着潜在的不和。这种情况在一个人或一些紧密的股东联合拥有公司的控股比例的股份时很可能发生。此时，在占主导地位的股东和其他剩余股东之间会存在潜在的不和。争议的一个可能来源是少数股东担心占主导地位的股东把公司看作"他自己的"。产生这种担心的行为的原因可能是占主导地位的股东和公司之间可疑的资产转让和改变业务，从而将业务转向占主导地位的股东直接或间接拥有的企业。

对于控制性股东来说，由于持有超过其所有权的控制力，其表现出的决策权必然大于其持有股份份额对应的股权，从而使自己的利益最大化，造成对机构投资者利益的侵占。从具体行为来看，体现在资本来源和使用的选择权上。从资本运作阶段来看，具体表现为：首先，决策机构大股东化、决策大股东化。在我国大多数上市公司中，公司的核心决策机构，如董事会、管理层被控制性股东控制，机构投资者只能通过股东大会来表达自己的意愿，但由于核心决策机构没有机构投资者的席位，其很难使自己的意愿在最后的表决中得到体现。其次，资产支配权大股东化。控制性股东在进行相关决策时，所面对的资产是全体股东共同所有的资产，但由于决策权在控制性股东手里，资产支配权实质上完全由控制性股东掌握，即公司资产变成了控制性股东的"私人财产"，他们完全可以根据自己的喜好、主观判断和私利之心把全体股东的资产进行私人处理，如担保、改变投资意图、违规出售，等等。由于控制权与所有权的分离，控制性股东代理必然会造成控制性股东对机构投资者利益的侵占，进而引发与机构投资者的利益冲突。

第二，控制权与剩余索取权的分离。基于股东财富最大化的观点来看，企业的价值是由未来现金流决定的，股东的剩余索取权实际上是对未来现金流的要求权，因此剩余索取权又称为现金流量权。从形式上看，现代公司中的现金流量权和控制权是对应的。在典型的公司治理结构中，股东是剩余索取者，拥有每股一票的投票权来参与公司的决策和分享公司的收益。但实际上，在控制性股东控制的股权结构中，通常存在实质上的现金流量权与控制权相分离，二者的分离是控制性股东与机构投资者产生利益冲突的根本原因。当控制性股东拥有对公司的控制能力，并且其拥有的控制权超过其现金流量权的时候，其就有利用控制权追求自身利益最大化的动机，从而有可能转移公司资源，侵害机构投资者利益。具体表现在：盈余管理行为、现金股利政策等。通常对公司利润进行盈余管理，是控制性股东侵占包括机构投资者在内的公司相关利益群体利益的常用手段。首先，在公司内部，会计盈余是管理层订立薪酬计划和管理决策的基础，在控制性股东代理情况下，经理人员是由控制性股东来决定，经理人员为了博得控制性股东的奖励，往往利用平滑收益的盈余管理行为使公司的赢利能力趋向预定目标。其次，在资本市场，上市筹资资格直接涉及控制性股东的根本利益，会计盈余在股票计价中发挥着重要的作用，为了取得上市资格、提高配股价格以及保住上市公司的"壳"资源，控制性股东会要求相关人员对财务报告中有关盈余信息披露及其相关辅助信息进行管理表现得最为突出，以期进一步通过融资，获得更多的剩余索取权收益。在现金股利政策方面，控制性股东通过少分现金股利，可以长期占有其他股东的剩余索取权，为自己谋求个人私利。当然长期不分红或少分红，必然引起机构投资者等股东的强烈不满，由此引起的"用脚投票"行为会造成公司股价下降和进一步融资困难。

第三，信息不对称。相对于控制性股东作为"内部管理人"代理中小股东控制公司的生产经营，机构投资者受制度的限制，在公司董事会、监事会、管理层没有自己的席位，属于被代理的"外部委托人"，机构投资者无法像控制性股东那样掌握公司的投资、筹资、日常经营业务，常常处于"信息蒙蔽"状态。而控制性股东则由于掌握更为完备的内部信息可以从中攫取信息收益，由此产生控制性股东侵占行为。具体表现在：虚假报表、隐瞒行动意图等。如2001年引起股市地震的银广夏事件，控制性股东通过伪造购销合同、伪造出口报关单、虚开增值税专用发票、伪造免税文件和伪造金融票据等手段，虚构主营业务收入，虚构巨额利润7.45亿元。其中，1999年1.78亿元；2000年5.67亿元。又如2007年初的杭萧钢构与中国国际基金有限公司签订了300多亿元的安哥拉安居房工程，杭萧钢构的管理层只将公司重大消息在内部会议而不及时在证监会指定的媒体予以披露，且当上证所问询时公司还称没有异常情况，并同时在相关项目的建设周期上以"担心合同尚未有实质性的履行"为由大玩文字游戏，严重误导其他投资者。

当然，利用信息不对称来蒙蔽以机构投资者为代表的流通股股东，只能是一种不明智的短视行为，因为它会引起机构投资者的"用脚投票"行为，对未来公司进一步吸引投资人投资非常不利，极大地影响了控制性股东自身的长期控制权收益。更为严重的是，由此造成的诉讼事件和行政处罚可能直接导致公司退市，甚至破产、倒闭。因此，真正明智的控制性股东会通过减少信息不对称、提高信息披露水平，来博得其他股东的好感，为自己获得更多控制权收益服务。

三　单一机构投资者与控制性股东之间的序贯博弈

机构投资者参与公司治理模型的构建相当复杂，因此，本书首先将问题进行简化处理，即假设只存在一个机构投资者的情况。在分析过程中，将拉伯塔、洛佩兹－蒂－塞伦斯、施莱弗和维斯尼（La Porta, Lopez-de-Silanes, Shleifer & Vishny, 2002）的理论模型作为基准模型，采用原有模型的基本假定和分析框架，并在此基础上构建了机构投资者收益函数，进而将原模型中的控制性股东利润函数和新构建的机构投资者收益函数联立起来，构造两者之间的博弈关系，从而展开对机构投资者参与公司治理有效性问题的研究。

（一）模型假设

拉伯塔、洛佩兹－蒂－塞伦斯、施莱弗和维斯尼（La Porta, Lopez-de-Silanes, Shleifer & Vishny, 2002）的研究发现：多数国家的证券市场中，上市公司的实际控制权都是比较集中的。因此，本书在假设中沿用拉伯塔、洛佩兹－蒂－塞伦斯、施莱弗和维斯尼（La Porta, Lopez-de-Silanes, Shleifer & Vishny, 2002）模型的基本假设，即公司中存在一个且只存在一个控制性股东。

根据拉伯塔、洛佩兹－蒂－塞伦斯、施莱弗和维斯尼（La Porta, Lopez-de-Silanes, Shleifer & Vishny, 2002）模型的假设，公司中存在唯一的控制性股东，其持有公司股权比例为 α。公司拥有的资金总额假定为 I，且均投入到某一特定项目中，该项目的投资收益率为 R。假定公司投资该项目没有任何经营成本，因而公司通过该项目获取的利润总额为 RI。但公司并没有将所有利润按持股比例分配给公司其他股东。由于控制性股东对公司拥有实际控制权，因此引发了第二类委托－代理问题（即投资者之间的利益冲突所产生的委托－代理问题），即控制性股东在进行利润分配前，首先利用自己的控制性地位从利润中转移了 s 比例留给自己。但在控制性股东转移 s 比例利润时，必然会采取一系列隐蔽的措施来对其他股东隐瞒其转移利润的行为，必须支付一定成本，因此，最终只得到 $sRI - c(k,s)RI$ 的收益。在这里需要指出：$c(k,s)$ 是控制性股东转移 s 比例利润时所支出的成本占所有利润 I 的比例，拉伯塔、洛佩兹－蒂－塞伦斯、施莱弗和维斯尼（La Porta, Lopez-de-Silanes, Shleifer & Vishny, 2002）将 $c(k,s)$ 称为利益侵占成本函数（the Cost-of-Theft Function）。$c(k,s)$ 是一个关于公司治理水平 k 和利益侵占程度 s 的函数。本书沿用拉伯塔、洛佩兹－蒂－塞伦斯、施莱弗和维斯尼（La Porta, Lopez-de-Silanes, Shleifer & Vishny, 2002）对 $c(k, s)$ 做出的假设，基本内容如下：

（1）$c_k > 0$[①]，其含义表示为：随着公司治理水平 k 的提高，控制性股东转移利润的难度越大，因而转移利润的成本越高；

（2）$c_s > 0$，其含义表示为：随着控制性股东的利益侵占程度 s 的提高，控制性股东转移利润的难度越大，因而需要花费的成本就越多；

（3）$c_{ss} > 0$，其含义表示为：控制性股东转移利润 s 的边际成本逐渐递增；

（4）$c_{ks} > 0$，其含义表示为：随着公司治理水平 k 的提高，控制性股东转移利润的边际成本递增。

需要指出的是，出于问题分析简化的目的，假设利益侵占成本 $c(k,s)$ 完全由控制性股东承担，其他股东不予承担。这样的假定条件既符合实际情况，也不会对本书的主要结论产生实质的影响。

（二）模型分析

沿用拉伯塔、洛佩兹－蒂－塞伦斯、施莱弗和维斯尼（La Porta, Lopez-de-Silanes, Shleifer & Vishny, 2002）模型的基本假设，并沿着该模型的分析思路分别讨论公司中不存在机构投资者的情况和仅存在一个机构投资者的情况。

1. 不存在机构投资者的情况

首先讨论不存在机构投资者的情况。根据假设条件，本书进一步假定公司中只存在唯一的控制性股东，不存在机构投资者，其他小股东采取"搭便车"的行为，不会对控制性股东的行为产生制衡。笔者发现，对于控制性股东来说，其目标是最大化其收益，即最大化 5－1 式：

$$\alpha(1-s)RI + sRI - c(k,s)RI \qquad (5-1)$$

在里需要对 5－1 式进行一下详细说明：式中的第一部分 $\alpha(1-s)RI$ 为控制性股东在转移利润比例 s 之后，按其持股比例再分配到的利润额，中间部分 sRI 为控制性股东通过利益侵占而获取的利润额，最后一部分 $c(k,s)RI$ 为控制性股东在利益侵占过程中需要支付的成本。从 5－1 式可

---

① c_k 为利益侵占成本函数对公司治理水平的一阶偏导，定义 $c_k = \dfrac{dc}{dk}$，其他符号以此类推，行文中将不再说明。

以看出，带来公司控制性股东的最大化收益的利益侵占比例 s 是独立于企业整体利润 RI 的，因此控制性股东最大化其利润等同于最大化 5 - 2 式，因此，将 5 - 2 式设定为控制性股东的利润函数：

$$\Pi = (1 - s)\alpha + s - c(k,s) \qquad\qquad (5 - 2)$$

对于控制性股东来说，其目标是 $\max\limits_{s \geq 0}\left[(1 - s)\alpha + s - c(k,s)\right]$。由于只存在唯一的控制性股东，不存在机构投资者和其他股东的制衡，因此，公司治理水平主要由国家的制度背景和法律环境予以提供。可以将公司治理水平 k 看作一个外生变量，当公司治理水平为 $\underline{k}$ 时，可以通过对 5 - 2 式求一阶导数方法来得出控制性股东的最佳利益侵占程度 s。

5 - 2 式的一阶导数条件由 5 - 3 式给出：

$$\Pi_s = -\alpha + 1 - c_s(\underline{k},s) = 0 \qquad\qquad (5 - 3)$$

5 - 3 式可以改写成：

$$c_s(\underline{k},s) = 1 - \alpha \qquad\qquad (5 - 4)$$

根据前提假设，利益侵占函数 $c(k,s)$ 的二阶导数 $c_{ss} > 0$，所以控制性股东的利润函数 $\Pi = (1 - s)\alpha + s - c(k,s)$ 的二阶导数为：

$$\Pi_{ss} = -c_{ss}(k,s) < 0 \qquad\qquad (5 - 5)$$

通过 5 - 4 式和 5 - 5 式的计算，可以得出 s 的最大值。也就是当公司治理水平为国家制度背景和法律环境决定的公司治理水平最小值为 $\underline{k}$ 时，控制性股东最优利益侵占比例为 $\bar{s}$。[①]

这一过程可以通过图 5 - 1（a）来表示。

这一求解过程也可以通过坐标系的变化来实现，具体情况如图 5 - 1（b）所示。

首先绘制纵坐标为公司治理水平 k、横坐标为控制性股东利益侵占比例 s 的直角坐标系。在此坐标系中绘出控制性股东利润函数 $\Pi = (1 - s)\alpha +$

①　在求出 $c_s(\underline{k},s) = 1 - \alpha$ 之后，拉伯塔、洛佩兹 - 蒂 - 塞伦斯、施莱弗和维斯尼（La Porta, Lopez - de - Silanes, Shleifer & Vishny, 2002）模型为了自身研究目的，令该式分别对公司治理水平 k、控制性股东持股比例 α 求导，得出相关假设，这里不再累述，详细内容请参见 La Porta, Lopez - de - Silanes, Shleifer and Vishny, "Investor Protection and Corporate Valuation," *The Journal of Finance*, Vol. 57, No. 3, 2002, pp. 471 - 517。

（a）

（b）

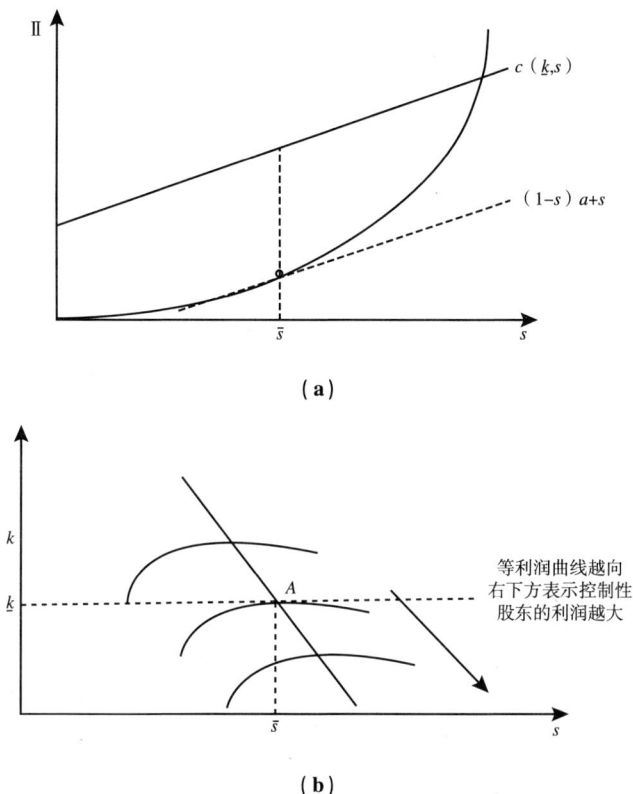

图 5 - 1 公司治理水平为 $\underline{k}$ 对应的控制性股东最优利益侵占比例

$s - c(k, s)$ 的等利润曲线①，而且可以通过这种方式在图 5 - 1 （b）中绘制
出控制性股东利润函数等利润曲线簇。这里需要指出，越往右下方的控制
性股东利润函数的等利润曲线，表示控制性股东的利润越大。② 当公司治

---

① 绘制控制性股东等利润曲线的方法是：令 $\Pi = (1 - s)\alpha + s - c(k, s)$ 中的 Π 为定值，等式
两边分别对 s 求导，得出 $\dfrac{dk}{ds}$ 的表达式。然后对 $\dfrac{dk}{ds}$ 进行不定积分，得出 k 关于 s 的表达
式，具体过程见本章附录 1。本书为了更加清晰地说明所有研究问题，同时又不影响行文
流畅，将所要重点说明的问题做成附录放在各章结尾，并在正文中加上脚注说明，后面
出现的情况与此处所注相同，不再赘述。

② 控制性股东的等利润曲线越向右下方，就表示其利润越大。这是因为，通过横坐标上任
意一点 s 做一条平行于 k 轴的直线，这条直线会与一系列等利润曲线相交。由于利益侵占
水平不变，公司治理水平 k 越低，控制性股东的利润就越大，因此等利润曲线越向下方越
大，至于等利润曲线越来越大的方向为什么除了向下方还要向右方，在本章附录 2 中将
进一步说明。

理水平为 $\underline{k}$ 时，过纵坐标 $\underline{k}$ 点，并且平行于横坐标的、表示公司治理水平的直线必然会与等利润曲线簇中若干等利润曲线相交，而且必然会与某条等利润曲线相切于最高点 A 点①，此 A 点就是对应的控制性股东利益最优侵占水平 $\bar{s}$。

2. 存在单一机构投资者的情况

在只存在一个控制性股东的情况下，加入一个机构投资者，原有假设条件保持不变。这里假设这个机构投资者的持股比例为 β，机构投资者可以积极参与公司治理，从而使公司治理水平在国家制度背景和法律环境决定的公司治理水平 $\underline{k}$ 的基础上进一步提升，即 $k \geqslant \underline{k}$。假设由于机构积极参与公司治理，必然会产生成本，且将公司治理水平提高的程度越高，所付出的成本就越高。基于以上假设，可以构建机构投资者防止利益侵占而参与公司治理的成本函数 $c^{II}(k)$。这里对 $c^{II}(k)$ 做如下假定：

（1）$c_k^{II} > 0$，表示随着机构投资者提高公司治理水平，其参与治理的成本提高；

（2）$c_{kk}^{II} > 0$，表示随着机构投资者提高公司治理水平，其参与治理的边际成本提高。

可以看出，机构投资者的目标是使 $\beta(1-s)RI - c^{II}(k)RI$ 最大化，公司总利润额 RI 仍然独立于其他各变量。因此，可以构建机构投资者的收益函数：

$$U^{II} = \beta(1-s) - c^{II}(k) \tag{5-6}$$

下面可以在横坐标为控制性股东利益侵占程度 s、纵坐标为公司治理

---

① 通过纵坐标中的 $\underline{k}$ 点，画一条平行于 s 轴的直线，这条直线会与一系列等利润曲线相交。但由于越往下方的等利润曲线表示的控制性股东的利益越大，与经过 $\underline{k}$ 且与 s 轴平行的直线相切的等利润曲线为控制性股东利润最大的等利润曲线。如果将所有的切点相连，就形成了函数 $s^* = s^*(k)$，为了方便与后面研究进行比较，将坐标系进行了选择。$s^* = s^*(k)$ 函数的图像和表达形式的推导方法是：由于对于任何在定义域中的 k 来说，$s^* = s^*(k)$，即一定相切控制性股东某条等利润曲线的最高点，因此令 $\Pi = (1-s)\alpha + s - c(k,s)$ 对 s 取一阶导数，当一阶导数为 0 时，$c_s(k,s) = 1-\alpha$。再令 $c_s(k,s) = 1-\alpha$ 对 s 取一阶导数，得出 $\dfrac{dk}{ds} < 0$，即随着 k 增加，s 变小，因此可以绘出函数 $s^* = s^*(k)$ 的图像。具体过程见本章附录 2。

水平 k 的直角坐标系中绘出机构投资者的等收益曲线簇（图5－2）。[①] 机构投资者的等收益曲线越往左下方，就表示机构投资者收益越大。[②]

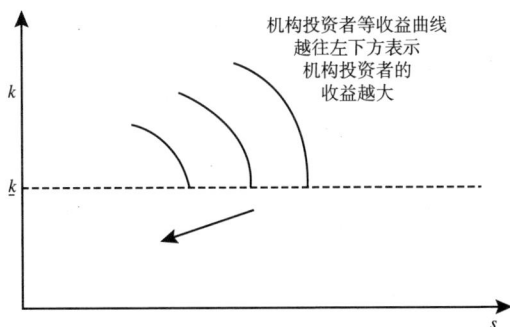

图 5－2　机构投资者的等收益曲线簇

当存在一个机构投资者时，机构投资者有动机通过参与公司治理来提高公司治理水平，进而限制控制性股东的利益侵占行为。在图5－2中 $\underline{k}$ 表示国家制度背景和法律环境提供的公司治理水平，$\underline{k}$ 以上的部分，则是由机构投资者提供的。也就是说，在平均公司治理水平的基础上，由于机构投资者的参与，使公司治理水平进一步提升。因此，机构投资者对公司治理水平的供给曲线如图5－3[③]。

在图5－3中，可以看到，随着公司治理水平的提高，平行于横坐标的

---

① 在相同的坐标系（横坐标为 s，纵坐标为 k）中可以绘出机构投资者等收益曲线。绘制方法类似于控制性股东的等利润曲线。即首先使 $U^{II} = \beta(1-s) - c^{II}(k)$ 对 s 求导，令 U^{II} 为常数，得出关于 $\dfrac{dk}{ds}$ 的表达式后再进行不定积分，求出无差异曲线。具体说明见本章附录式 A5－3。

② 判断机构投资者等收益曲线越向左下方表示机构投资者收益越大的方法，类似于判断控制性股东等利润曲线的方法。通过任意 k 点，画一条平行于 s 轴的直线，直线必然交于一系列无差异曲线，由于机构投资者的收益函数为 $U^{II} = \beta(1-s) - c^{II}(k)$，当 k 不变时，s 越小，机构投资者的收益越大；同样也可以通过任意一点 s，画一条平行于 k 轴的直线，直线必然交于一系列无差异曲线，对于机构投资者的收益函数，当 s 不变时，k 越小，机构投资者的收益越大。因此得出，无差异曲线越向左下方，表示机构投资者的收益越大。

③ 由于平均的公司治理水平为 $\underline{k}$，机构投资者如果积极参与公司治理，希望提高公司治理水平，必然会使公司治理在原有 $\underline{k}$ 的基础上有所提高，因此机构投资者公司治理水平的供给曲线应该是大于或等于 $\underline{k}$ 以上的部分，即 $k \geqslant \underline{k}$。

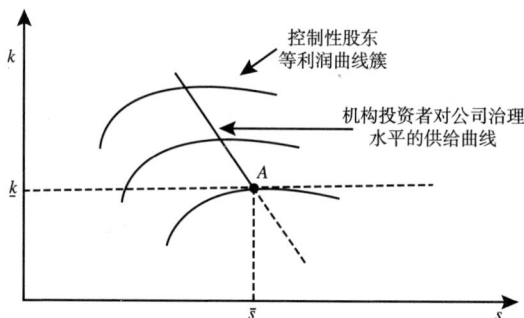

图 5 - 3　机构投资者对公司治理水平的供给曲线

一系列公司治理水平平行线会与控制性股东等利润曲线簇中的一系列曲线相切，将这些切点连接就得到了机构投资者对公司治理水平的供给曲线。由于由国家制度背景和法律环境决定的最低公司治理水平为 $\underline{k}$，因此机构投资者对公司治理水平的供给曲线不包括 $\underline{k}$ 以下的部分。

通过以上的假设和分析，我们得到了控制性股东的利润函数 $\Pi = (1 - s)\alpha + s - c(k,s)$ 和机构投资者的收益函数 $U^{II} = \beta(1 - s) - c^{II}(k)$。

假设在完全信息条件下，控制性股东和机构投资者均掌握彼此之间的信息。于是机构投资者和控制性股东之间便构成了一组序贯博弈关系。在完全信息条件下，序贯博弈过程如下：第一阶段由机构投资者决定公司治理水平 k，第二阶段控制性股东观察到 k 并决定其利益侵占程度 s。

根据里昂惕夫（Leontief，1946）序贯博弈的分析方法，首先使控制性股东的期望利润最大化（$\max\limits_{s \geqslant 0}[(1 - s)\alpha + s - c(k,s)]$），即控制性股东的利润函数 $\Pi = (1 - s)\alpha + s - c(k,s)$ 对 s 求一阶导数，并令一阶导数为 0，即：

$$\Pi_s = -\alpha + 1 - c_s(k,s) = 0 \tag{5 - 7}$$

5 - 7 式可以改写为：

$$c_s(k,s) = 1 - \alpha \tag{5 - 8}$$

5 - 8 式表示控制性股东对公司治理水平 k 的最优反应函数，也就是图 5 - 3 中的机构投资者公司治理水平供给曲线。因此可进一步改写为：

$$s^* = s^*(k) \tag{5 - 9}$$

接下来，使机构投资者期望收益最大化（即 $\max\limits_{k \geq \underline{k}} U^{II} = \beta(1 - s^*) - c^{II}(k)$）。首先将 5 – 9 式代入机构投资者的收益函数 $U^{II} = \beta(1 - s) - c^{II}(k)$ 中，得：

$$U^{II}(k, s^*) = \beta(1 - s^*) - c^{II}(k) \qquad (5 - 10)$$

接下来，令 5 – 10 式对 k 求一阶导数并使其为 0，即：

$$U_k^{II}(k, s^*) + U_{s^*}^{II}(k, s^*) \frac{ds^*}{dk} = 0 \qquad (5 - 11)$$

经过整理，得：

$$\beta \frac{ds^*}{dk} + c_k^{II} = 0 \qquad (5 - 12)$$

通过对 5 – 12 式进行计算，便得出机构投资者决定的最佳公司治理水平 k^*，再将 k^* 代入 5 – 9 式，便得出控制性股东的最佳利益侵占程度 s^*。因此，(k^*, s^*) 为机构投资者与控制性股东之间序贯博弈的反向归纳解，同时也是双方博弈的纳什均衡解。这一过程可以通过图 5 – 4 直观表现出来。[①]

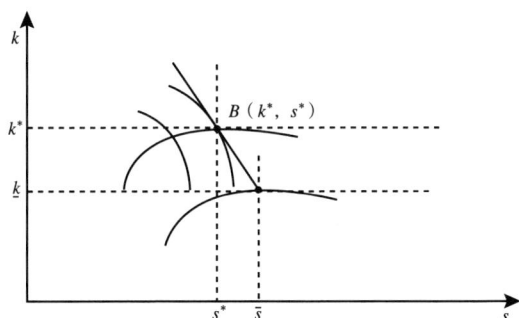

图 5 – 4　机构投资者与控制性股东序贯博弈的反向归纳解

从图 5 – 4 中可以更加直观地看出，机构投资者的等收益曲线，与函数 $s^* = s^*(k)$ 相切于 B 点，同时经过控制性股东一条等利润曲线的顶点，此时对应的 (k^*, s^*) 为机构投资者与控制性股东序贯博弈的反向归纳解，也

---

① 图 5 – 4 中各条曲线形态的推导过程见本章附录 1、附录 2 和附录 3。

就是博弈双方一次序贯博弈的纳什均衡解。从图 5-4 中可以看到,博弈双方的纳什均衡解 (k^*, s^*) 与没有单一机构投资者参与的情况下的控制性股东最优解(图 5-3 中的 A 点)的情况相比较,公司治理水平显著提高,$k^* > \underline{k}$;同时,控制性股东的利益侵占行为有所遏制,$s^* < \bar{s}$。此外,由于反映公司绩效的托宾 q 值,可以表示为 $q = (1-s)R$ [1],因此,随着机构投资者参与公司治理,托宾 q 值由原来的 $(1-\bar{s})R$ 变为 $(1-s^*)R$。因为 $(1-s^*)R > (1-\bar{s})R$,所以可以得出如下结论:由于公司中存在一个机构投资者,使得公司治理水平显著提高,控制性股东的利益侵占程度降低,同时使得公司绩效显著增加。

四 机构投资者持股比例对纳什均衡解的影响

在前面的假设条件中,假设机构投资者持股比例为 β,那么机构投资者的持股比例会对机构投资者与控制性股东之间序贯博弈的纳什均衡解产生什么影响呢?本部分将分机构投资者持股比例过低和机构投资者持股比较较高两种情况进行讨论。

(一)机构投资者持股比例过低的情况

由于机构投资者的收益函数为 $U^{II} = \beta(1-s) - c^{II}(k)$,如果机构投资者的持股比例 β 过低的话,机构投资者参与公司治理后的收益可能会低于不参与公司治理的收益。也就是说,如果机构投资者试图提高公司治理水平(即 $k > \underline{k}$),可能会得不偿失,从而放弃积极参与公司治理,机构投资者可能会选择像普通投资者一样消极参与公司治理。因此,机构投资者的持股比例必须保证其参与公司治理后的收益大于其不参与公司治理的收益,即

$$\beta(1-s^*) - c^{II}(k^*) \geqslant \beta(1-\bar{s}) \qquad (5-13)$$

对 5-13 式整理后得到:

$$\beta \geqslant \underline{\beta} = \frac{c^{II}(k^*)}{(\bar{s} - s^*)} \qquad (5-14)$$

---

[1] La Porta, Lopez-de-Silanes, Shleifer and Vishny, "Investor Protection and Corporate Valuation," *The Journal of Finance*, Vol. 57, No. 3, 2002, pp. 471–517.

也就是说，当机构投资者的持股比例 β 高于 $\underline{\beta}$ 时，机构投资者就有动机去积极参与公司治理，并将公司治理水平提高。反过来说，如果机构投资者的持股比例 β 不高于 $\underline{\beta}$ 时，机构投资者就可能选择像普通投资者一样消极参与公司治理。这一分析过程可以通过图 5 – 5 和图 5 – 6 更加直观地看到。

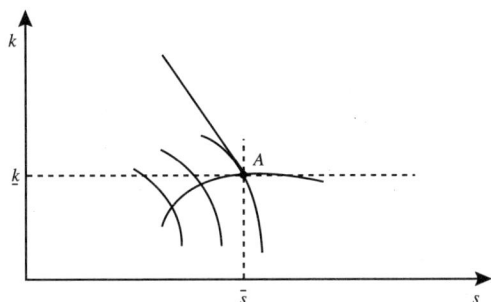

图 5 – 5　机构投资者持股比例过低的情况 I：$\beta = \underline{\beta}$

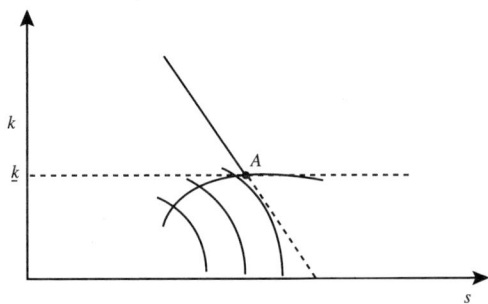

图 5 – 6　机构投资者持股比例过低的情况 II：$\beta < \underline{\beta}$

从图 5 – 5 和图 5 – 6 中可以看到：机构投资者持股比例过低，导致机构投资者等收益曲线向左下方移动，从而导致曲线与控制性股东最佳反应函数曲线在 A 相切，甚至导致会在 A 点下方相切。在这种情况下，机构投资者没有动机参与公司治理，机构投资者成为一般的普通投资者，公司治理水平仍然为无机构投资者参与公司情况下的 $\underline{k}$，控制性股东的利益侵占程度仍然为 $\bar{s}$。

因此，可以得出机构投资者持股比例过低情况下的结论：如果机构投资者持股比例过低，机构投资者将不会积极参与公司治理，机构投资者与控制性股东之间的博弈关系消失，双方的纳什均衡解更无从谈起，最终的结果又回到不存在机构投资者的情况，控制性股东的最优解仍为 $A(\overline{k},\overline{s})$ 点。基于以上分析，可以得出如下命题：

命题 5 - 1：当单一机构投资者持股比例 $\beta \leqslant \underline{\beta}$ 时，机构投资者的持股比例 β 与公司治理水平 k 之间的相关关系无法确定。

命题 5 - 2：当单一机构投资者持股比例 $\beta \leqslant \underline{\beta}$ 时，机构投资者的持股比例 β 与控制性股东利益侵占程度 s 之间的相关关系无法确定。

命题 5 - 3：当单一机构投资者持股比例 $\beta \leqslant \underline{\beta}$ 时，机构投资者的持股比例 β 与反映公司绩效的托宾 q 值之间的相关关系无法确定。

结合前面的分析并综合命题 5 - 1、命题 5 - 2 和命题 5 - 3 的结论，可以得出的研究结论是：当机构投资者持股比例过低时，机构投资者的持股比例与公司的治理水平、控制性股东的利益侵占程度和公司绩效之间不存在必然的相关关系。

（二）机构投资者持股比例较高的情况

当机构投资者持股比例满足 5 - 14 式的条件时（即 $\beta \geqslant \underline{\beta} = \dfrac{c''(k^*)}{(s - s^*)}$ 时），机构投资者有动机积极参与公司治理，并愿意将公司治理水平提高到 $k > \overline{k}$ 的水平。此时，机构投资者持股比例 β 的变动对机构投资者与控制性股东序贯博弈的纳什均衡解产生的影响如何呢？下面笔者将进行详细分析。

根据前面的序贯博弈分析已经得知，博弈双方的序贯博弈纳什均衡为 (k^*, s^*)。如果希望了解机构投资者持股比例 β 的变动对机构投资者与控制性股东序贯博弈的纳什均衡解产生的影响，就需要围绕构成双方纳什均衡解的条件式，也就是 5 - 12 式（$\beta \dfrac{ds^*}{dk} + c''_k = 0$）进行分析。

首先，令确定纳什均衡解的条件式 $\beta \dfrac{ds^*}{dk} + c''_k = 0$ 对于 β 求一阶导数得：

$$\frac{ds^*}{dk} + \beta \frac{d^2 s^*}{dk^2} \frac{dk}{d\beta} + c''_{kk} \frac{dk}{d\beta} = 0 \qquad (5 - 15)$$

经整理得：

$$\frac{dk}{d\beta} = -\frac{\dfrac{ds^*}{dk}}{\beta \dfrac{d^2 s^*}{dk^2} + c_{kk}^{\prime\prime}} \tag{5-16}$$

在 5-16 式中，$\dfrac{ds^*}{dk} = -\dfrac{c_k^{\prime\prime}}{\beta}$，$\dfrac{d^2 s^*}{dk^2} = -\dfrac{c_{kk}^{\prime\prime}}{\beta}\dfrac{ds^*}{dk}$。根据前面的假设条件，$c_k^{\prime\prime} > 0$，$c_{kk}^{\prime\prime} > 0$，因此，$\dfrac{ds^*}{dk} = -\dfrac{c_k^{\prime\prime}}{\beta} < 0$，$\dfrac{d^2 s^*}{dk^2} = -\dfrac{c_{kk}^{\prime\prime}}{\beta}\dfrac{ds^*}{dk} > 0$，从而得出下式：

$$\frac{dk}{d\beta} = -\frac{\dfrac{ds^*}{dk}}{\beta \dfrac{d^2 s^*}{dk^2} + c_{kk}^{\prime\prime}} > 0 \tag{5-17}$$

进而得出 5-18 式：

$$\frac{ds^*}{d\beta} = \frac{ds^*}{dk}\frac{dk}{d\beta} < 0 \tag{5-18}$$

此外，根据拉伯塔、洛佩兹-蒂-塞伦斯、施莱弗和维斯尼（La Porta, Lopez-de-Silanes, Shleifer & Vishny, 2002）的模型分析，反映公司绩效的托宾 q 值，可以表示为 $q = (1-s)R$。因此，可以进一步研究机构投资者持股比例 β 的变化对衡量公司绩效的托宾 q 值所产生的影响。令 $q = (1-s)R$ 对 β 求一阶导数得：

$$\frac{dq}{d\beta} = [(1-s^*)R]_\beta = -\frac{ds^*}{dk}\frac{dk}{d\beta}R \tag{5-19}$$

根据前面的分析得知，$\dfrac{ds^*}{dk} = -\dfrac{c_k^{\prime\prime}}{\beta} < 0$，$\dfrac{dk}{d\beta} = -\dfrac{\dfrac{ds^*}{dk}}{\beta \dfrac{d^2 s^*}{dk^2} + c_{kk}^{\prime\prime}} > 0$，因此可

判断 5-19 式：

$$\frac{dq}{d\beta} = [(1-s^*)R]_\beta = -\frac{ds^*}{dk}\frac{dk}{d\beta}R > 0 \tag{5-20}$$

根据 5-17 式、5-18 式和 5-20 式的结论得出如下命题：

命题 5-4：当单一机构投资者持股比例 $\beta > \underline{\beta}$ 时，机构投资者的持股

比例 β 与公司治理水平 k 呈正相关关系。

命题 5 – 5：当单一机构投资者持股比例 $\beta > \underline{\beta}$ 时，机构投资者的持股比例 β 与控制性股东利益侵占程度 s 呈负相关关系。

命题 5 – 6：当单一机构投资者持股比例 $\beta > \underline{\beta}$ 时，机构投资者的持股比例 β 与反映公司绩效的托宾 q 值呈正相关关系。

结合前面的结论并结合命题 5 – 4、命题 5 – 5 和命题 5 – 6 的结论，可以得出相关结论如下：随着机构投资者持股比例 β 的上升，公司治理水平上升，控制性股东利益侵占程度下降，体现公司绩效的托宾 q 值上升。

五 关于纳什均衡解的进一步改善

通过运用里昂惕夫（Leontief，1946）序贯博弈的分析方法，结合控制性股东和机构投资者的目标函数得出了当机构投资者持股比例 $\beta > \underline{\beta}$ 时，博弈双方的反向归纳解，也是纳什均衡解（k^*, s^*）。同时，笔者也发现双方纳什均衡解并非为博弈双方的最优解，双方的收益仍然存在改善的区间，具体情况详见图 5 – 7：

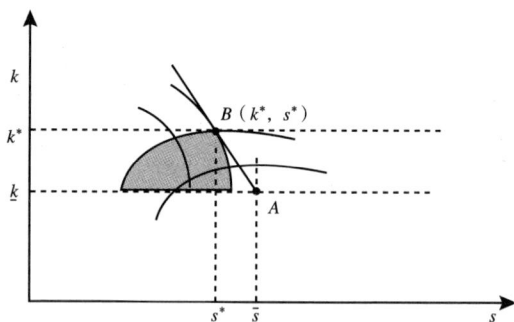

图 5 – 7　机构投资者与控制性股东序贯博弈纳什均衡解的改善区间

在图 5 – 7 中可以看到，由于机构投资者与控制性股东之间的序贯博弈过程仅为一期，因此，纳什均衡解并非为双方目标函数的最优解。可以看到图 5 – 7 的阴影部分是博弈双方的帕累托改进区间，也就是说在这个阴影区间内双方的收益都可以改善。但是本书的博弈过程假设是一期的，在这种情况下，博弈双方只能得到纳什均衡解，并不能得到最优解。如果博弈过程为一期的条件进一步放松为多期，那么，对于机构投资者和控制性股东双方就都有动机来对双方的纳什均衡解进行改善。对于博弈双方在多期条件下对纳什均衡解的改善分析将在下一章进行。

六 小结

本章在拉伯塔、洛佩兹－蒂－塞伦斯、施莱弗和维斯尼（La Porta, Lopez－de－Silanes, Shleifer & Vishny, 2002）模型原有假设和分析的基础上，引入了机构投资者收益函数，从而构造了单一机构投资者与控制性股东之间的序贯博弈模型。在博弈双方的纳什均衡解求解过程中，本书运用了里昂惕夫（Leontief, 1946）序贯博弈的分析方法，最终解出了双方博弈的反向归纳解，同时也是此博弈过程的纳什均衡解。此外，本书还分析了机构投资者持股比例对公司治理水平、控制性股东利益侵占程度以及公司绩效的影响。本章最后对机构投资者与控制性股东之间序贯博弈纳什均衡解的进一步改善问题进行了初步分析，也寻找到了下一章所要进行研究的方向。

附 录

1 控制性股东的等利润曲线

为了绘制出控制性股东的利润曲线，首先假设 5－2 式 $\Pi = (1-s)\alpha + s - c(k,s)$ 中等式左边的部分为常数，然后令 5－2 式 $\Pi = (1-s)\alpha + s - c(k,s)$ 对 s 求一阶导数，得：

$$0 = (1-\alpha) - c_s - c_k \frac{dk}{ds} \tag{A5-1}$$

即：

$$\frac{dk}{ds} = \frac{(1-\alpha) - c_s}{c_k} \tag{A5-2}$$

A5－2 式的不定积分式为：

$$k = \int \frac{(1 - \alpha) - c_s}{c_k} ds + C_1 \qquad (A5 - 3)$$

A5 - 3 式中 C_1 取不同常数时会得到一组等利润函数，其图像就是等利润曲线。可是由于不知道 $c(k, s)$ 的具体形式，因而无法得到等利润曲线的具体形式。所以需要转换思路：

A5 - 2 式对 s 再次求导，得：

$$\frac{d^2 k}{ds^2} = \frac{- c_{ss} c_k - [(1 - \alpha) - c_k] c_{ks} \dfrac{dk}{ds}}{c_k^2} \qquad (A5 - 4)$$

将 A5 - 2 式代入 A5 - 4 式得：

$$\frac{d^2 k}{ds^2} = \frac{- c_{ss} c_k - \dfrac{[(1 - \alpha) - c_k]^2 c_{ks}}{c_k}}{c_k^2} \qquad (A5 - 5)$$

因为，$c_s > 0$，且 $c_k > 0$，所以在 A5 - 2 式中，当 $c_s = (1 - \alpha)$ 时，$\dfrac{dk}{ds} = 0$；当 $c_s > (1 - \alpha)$ 时，$\dfrac{dk}{ds} < 0$；当 $c_s < (1 - \alpha)$ 时，$\dfrac{dk}{ds} > 0$。

又因为 c_s、c_{ss}、c_k、c_{ks} 均大于 0，因此 A5 - 5 式：

$$\frac{d^2 k}{ds^2} = \frac{- c_{ss} c_k - \dfrac{[(1 - \alpha) - c_k]^2 c_{ks}}{c_k}}{c_k^2} < 0 \qquad (A5 - 6)$$

A5 - 3 式的图像为凹的，得出图中控制性股东等利润曲线的图像是凹的，且当 $c_s < (1 - \alpha)$ 时是增函数，当 $c_s > (1 - \alpha)$ 时是减函数。由于 A5 - 3 式是不定积分后的函数，所以由一系列曲线构成。

2　控制性股东的等利润曲线簇的形态及其对机构投资者的最佳反应函数 $s^* = s^*(k)$ 曲线

5 - 2 式 $\Pi = (1 - s)\alpha + s - c(k, s)$ 对 s 求导，得：

$$c_s(k, s) = 1 - \alpha \qquad (A5 - 7)$$

A5 - 7 式的形式与 5 - 9 式 $s^* = s^*(k)$ 的形式所表示的内容相同。为了明确 5 - 9 式图像的形态，笔者的思路如下：

首先令 A5 - 7 式 $c_s(k,s) = 1 - \alpha$ 对 s 求一阶导数，并使其为 0，得：

$$c_{ss}(k,s) + c_{ks}(k,s) \frac{dk}{ds} = 0 \qquad (A5 - 8)$$

即：

$$\frac{dk}{ds} = -\frac{c_{ss}(k,s)}{c_{ks}(k,s)} \qquad (A5 - 9)$$

因为 c_{ss}、c_{ks} 均大于 0，所以：

$$\frac{dk}{ds} = -\frac{c_{ss}(k,s)}{c_{ks}(k,s)} < 0 \qquad (A5 - 10)$$

因此，函数 $s^* = s^*(k)$ 是减函数。

但 $s^* = s^*(k)$ 图像是凹的还是凸的，需要对 A5 - 10 式进一步求导，得：

$$\frac{d^2 k}{ds^2} = -\frac{(c_{sss} + c_{ssk}\frac{dk}{ds})c_{ks} - (c_{kss} + c_{ksk}\frac{dk}{ds})c_{ss}}{c_{ks}^2} \qquad (A5 - 11)$$

即：

$$\frac{d^2 k}{ds^2} = -\frac{(c_{sss} - c_{ssk}\frac{c_{ss}(k,s)}{c_{ks}(k,s)})c_{ks} - (c_{kss} - c_{ksk}\frac{c_{ss}(k,s)}{c_{ks}(k,s)})c_{ss}}{c_{ks}^2}$$

化简为：

$$= -\frac{c_{sss}c_{ks} - c_{ssk}c_{ss} - c_{kss}c_{ss} + c_{ksk}\frac{c_{ss}^2}{c_{ks}}}{c_{ks}^2} \qquad (A5 - 12)$$

$$= -\frac{c_{sss}}{c_{ks}} + \frac{c_{ssk}c_{ss}}{c_{ks}^2} + \frac{c_{kss}c_{ss}}{c_{ks}^2} - \frac{c_{ksk}c_{ss}^2}{c_{ks}^3}$$

由于对 c_{sss}、c_{kss}、c_{kks} 均未作定义，因此 A5 - 12 式的符号不能确定。

拉伯塔、洛佩兹 - 蒂 - 塞伦斯、施莱弗和维斯尼（La Porta，Lopez - de - Silanes，Shleifer & Vishny，2002）模型提供的一个假定情况为 $c(k,s) = \frac{1}{2}ks^2$，

那么，$c_s = ks$，$c_{ss} = k$，$c_{sss} = 0$；$c_k = \frac{1}{2}s^2$，$c_{ks} = s$，$c_{kss} = 1$，$c_{kks} = 0$。

于是：

$$\frac{d^2k}{ds^{*2}} = -\frac{c_{sss}}{c_{ks}} + \frac{c_{ssk}c_{ss}}{c_{ks}^2} + \frac{c_{kss}c_{ss}}{c_{ks}^2} - \frac{c_{ksk}c_{ss}^2}{c_{ks}^3} = \frac{2k}{s^2} > 0 \qquad (A5-13)$$

因此，在拉伯塔、洛佩兹 - 蒂 - 塞伦斯、施莱弗和维斯尼（La Porta, Lopez - de - Silanes, Shleifer & Vishny, 2002）模型提供的假设条件下，控制性股东对机构投资者的最佳反应函数 $s^* = s^*(k)$ 为减函数，且为凸。

不过，A5 - 10 式（$\frac{dk}{ds} = -\frac{c_{ss}(k,s)}{c_{ks}(k,s)} < 0$）证明函数 $s^* = s^*(k)$ 为减函数这一点就已经足够了。因为研究进入无限重复博弈阶段后，$s^* = s^*(k)$ 是否为凸，并不会产生重大影响。

3 机构投资者的等收益曲线

机构投资者的收益曲线绘制方法与控制性股东利润曲线的绘制方法类似。首先将正文中 5 - 6 式 $U^{II} = \beta(1-s) - c^{II}(k)$ 中等号左边部分看作常数，然后令其对 s 求一阶导数，得：

$$0 = -\beta - c_k^{II}\frac{dk}{ds} \qquad (A5-14)$$

对 A5 - 14 式整理后得到：

$$\frac{dk}{ds} = \frac{-\beta}{c_k^{II}} \qquad (A5-15)$$

因为 $c_k^{II} > 0$，所以可以判断 A5 - 15 式的符号为：

$$\frac{dk}{ds} = \frac{-\beta}{c_k^{II}} < 0 \qquad (A5-16)$$

对 A5 - 15 式求不定积分得：

$$k = \int \frac{-\beta}{c_k^{II}}ds + C_2 \qquad (A5-17)$$

当 A5 - 16 式中 C_2 取不同常数时，便得出一组机构投资者的等收益曲线。同样，由于 $c^{II}(k)$ 表达式的具体形式没有确定，所以也需转换思路。

A5 - 15 式对 s 再次求导，并将 A5 - 10 式（$\frac{dk}{ds} = \frac{-\beta}{c_k^{II}}$）代入结果，得：

$$\frac{d^2k}{ds^2} = \frac{\beta c_{kk}^{\prime\prime} \dfrac{dk}{ds}}{(c_k^{\prime\prime})^2} = -\frac{\beta^2 c_{kk}^{\prime\prime}}{(c_k^{\prime\prime})^3} \qquad\qquad (A5-18)$$

因为 $c_k^{\prime\prime} > 0, c_{kk}^{\prime\prime} > 0$，所以对 A5 - 18 式的符号判断为：

$$\frac{d^2k}{ds^2} < 0 \qquad\qquad (A5-19)$$

所以，可以通过 A5 - 16 式（$\dfrac{dk}{ds} = \dfrac{-\beta}{c_k^{\prime\prime}} < 0$）和 A5 - 19 式（$\dfrac{d^2k}{ds^2} < 0$）判断出机构投资者的等收益曲线为凹的减函数。因此，可以在所绘制的坐标系中将其曲线簇绘制出来。

第六章
机构投资者与控制性
股东重复序贯博弈

上一章分析了单一机构投资者与控制性股东之间的序贯博弈模型。在分析过程中发现，当机构投资者持股比例 $\beta > \underline{\beta}$ 时，博弈双方存在纳什均衡解。但由于本书的前提条件是双方的序贯博弈过程为一期，因此，博弈的纳什均衡解并不是双方的最优解，双方的收益都存在进一步改善的区间。如果放松一期博弈的条件，把博弈过程扩展到多期，那么，机构投资者和控制性股东就都有动机对一期博弈纳什均衡解进行帕累托改进。本章就是沿着这一思路将双方的博弈过程扩展到多期来进行进一步的研究。

一　引言

在上一章的图 5 - 7 中可以看到，$B(k^*, s^*)$ 点虽然为双方一期序贯博弈的纳什均衡解，但很明显这一点不是双方的最优解。由图 5 - 7 可以清楚地看到，阴影部分的所有点都是纳什均衡的帕累托优化解，可以使双方的收益得以改进。为什么这些优于纳什均衡的点没有在双方的序贯博弈中得以实现呢？究其原因，是假定的条件为一次序贯博弈，双方出于理性考虑，不会偏离自己的收益曲线，因而，得出的并非博弈双方的最优解，而仅仅是纳什均衡解。如果机构投资者和控制性股东之间的博弈可以重复进行的话，双方因为相互之间不合作而导致偏离合作解的状况就可以得到改善。双方不合作而导致的损失使得双方都产生强有力的动机来达成协议，从而使一次博弈纳什均衡解得到帕累托改进。本书运用贴现因子的方法将双方无限重复博弈条件下纳什均衡解的可改善区域进一步缩小，然后再构建双方完全合作条件下的讨价还价模型，并将其与双方无限重复博弈模型联系起来，从而得出双方最终可能达成的最优解。

二　机构投资者与控制性股东之间的无限重复博弈分析

笔者首先讨论机构投资者和控制性股东之间进行有限重复博弈的情况。这里必须明确单独靠博弈的重复并不足以保证一定能够消除一次博弈中非合作静态均衡，因为一次博弈的纳什均衡解也可能是重复博弈所产生的结果。[①] 因此，必须选择可行的机制，使得双方达成协议，从而得出对一次博弈纳什均衡实现帕累托改进的合作解。而且，控制性股东和机构投资者之间确实希望通过一种机制保证双方实现合作均衡解，同时也希望通过这个行之有效的机制保证双方都不会在下一期偏离这个合作均衡解。

一种可能的机制是使用惩罚手段，对敢于违反协议、偏离合作均衡解的一方予以制裁。如果惩罚足够严厉，使得违反协议所获收益变得得不偿失的话，那么从一次博弈中得不到的合作均衡解便可以通过惩罚机制而获得。需要指出的是，我们必须去掉不可信的威胁，即在完全信息的情况下，博弈双方都是理性的，在任何条件下，都会保证使自身的利益最大化。这就排除了其他的虽然能够得出子博弈均衡但是不可置信的惩罚机制。本书采用一种比较简单但又是经常使用的惩罚机制。[②] 通过这种惩罚机制，控制性股东和机构投资者任何一方胆敢偏离合作解，则合作终止，以后各阶段博弈都将是一次博弈的纳什均衡解。"一旦有一方偏离合作解就永远回到纳什均衡解"这种惩罚机制是完全可信的。所以对于任何一方都希望最大化自身收益，不会单方面破坏合作解，因为永远回到纳什均衡对于双方都是不利的。

---

① 根据 Gibbons, Robert, "Game Theory for Applied Economists," Prentice Hall Europe, Simon & Schuster Company, 1992, p. 65 的定义和定理。如果阶段博弈 G 有唯一的纳什均衡，则对任意有限的 T，重复博弈 $G(T)$ 有唯一的子博弈精炼解，即 G 的纳什均衡结果在每一阶段都重复进行。

② 这种惩罚机制不一定是最优的，可能会存在付出较低的情况，却是双方都更加受益的合作解。具体方式见 Abreu (1984, 1986)。本书之所以采用这个机制，主要是其更加简便易行，而且可以通过这种惩罚机制来强调本书的结论。

（一） 模型假设

下面考虑将机构投资者与控制性股东之间的序贯博弈从一期扩展到无限期。当博弈过程重复进行时，t 表示序贯博弈进行的阶段，控制性股东利润函数和机构投资者的目标函数改写如下：

控制性股东的利润函数为：

$$\Pi(k_t, s_t) = \alpha(1 - s) + s - c(k_t, s_t) \tag{6 - 1}$$

机构投资者的收益函数为：

$$U^{II}(k_t, s_t) = \beta(1 - s_t) - c^{II}(k_t) \tag{6 - 2}$$

δ 和 δ_u 分别表示控制性股东利润函数和机构投资者收益函数的贴现因子，对于控制性股东的目标是最大化贴现后的无限期收益，即 $\sum\limits_{t}^{\infty} \delta^t \Pi(k_t, s_t)$；而机构投资者的目标是最大化贴现后的无限期收益，即 $\sum\limits_{t}^{\infty} \delta_u^t U^{II}(k_t, s_t)$。

（二） 模型分析

为了能够简明地将问题阐述清楚，笔者首先限定路径是稳定的，即对于任意时期 t，都有 $(k_t, s_t) = (k, s)$。

1. 序贯博弈纳什均衡解在无限重复条件下的帕累托改进

在假定稳定路径的条件下，通过满足如下条件来找到博弈双方的子博弈完美解 (k, s)：

$$U^{II}(k, s) - U^{II}(k^*, s^*) \geqslant 0 \tag{6 - 3}$$

$$\Pi[k, s^*(k)] - \Pi(k, s) \leqslant [\Pi(k, s) - \Pi(k^*, s^*)][\delta/(1 - \delta)] \tag{6 - 4}$$

如前所述，(k^*, s^*) 是一次序贯博弈的纳什均衡解，而 $s^*(k)$ 是当公司治理水平为给定的 k 值时所对应的 s 值。

第一个不等式（6 - 3 式）表明：一个控制性股东与机构投资者之间形成的合作解能够使得机构投资者的收益得到改善；第二个不等式（6 - 4 式）表明：控制性股东也没有动机偏离合作解，因为一旦偏离合作解，即采用触发战略，将导致合作永远终止，以后各期均为一次博弈纳什均衡解。在第二个不等式（6-4式）中，不等式左边部分表示某一期控制性股东偏离合作解获得的收益，而不等号右边部分表示在控制性股东偏离合作解后，以后各期永远为一次博弈纳什均衡解而造成的损失。因为 δ 为控制性股东利润函数的贴现因子，所以，偏离合作解之后的各期损失表示为：

$$[\Pi(k,s) - \Pi(k^*,s^*)](\delta + \delta^2 + \delta^3 + \cdots) = [\Pi(k,s) - \Pi(k^*,s^*)][\delta/(1-\delta)]$$

$$(6-5)$$

　　这里需要指出：在这一分析框架中，机构投资者没有动机主动偏离一次博弈纳什均衡解以获得比 (k^*,s^*) 更高的收益。这是因为一次博弈过程是序贯博弈，也就是说，机构投资者首先决定 k_t，控制性股东观察到 k_t 之后，选择 s_t，这就表明机构投资者在某一期中，通过偏离合作解而获得的收益为 0。只有当机构投资者认为控制性股东偏离合作解之后才会选择偏离。还需要指出无名氏定理[①]在这里的应用，当贴现因子足够接近 1 时，无限重复博弈存在一个子博弈精炼解，使得控制性股东的利润函数和机构投资者的收益函数都比一次博弈纳什均衡解时帕累托改进。通过对 $\Pi[k,s^*(k)] - \Pi(k, s) \leqslant [\Pi(k,s) - \Pi(k^*,s^*)][\delta/(1-\delta)]$ 的运算很容易得到：

$$\delta \geqslant \frac{\Pi[k,s^*(k)] - \Pi(k,s)}{\Pi[k,s^*(k)] - \Pi(k^*,s^*)} \qquad (6-6)$$

　　本书强调贴现因子 δ 是事先给定的。结合本书的实际情况，影响控制性股东利润函数贴现因子 δ 的主要因素是利率水平。贴现因子 $\delta \in [0,1]$，不同的贴现因子水平，导致双方收益可改善的区域不同（见图6-1~图6-4）。

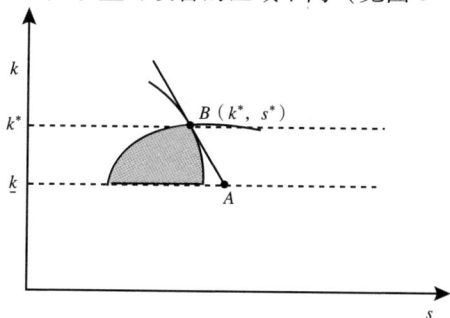

图6-1　贴现因子 $\delta = 1$ 时，博弈双方纳什均衡解的改善区域

[①]　参见费尔德曼（Friedman，1971，1977），以及弗登勃格和马斯金（Fudenberg & Maskin，1986）。

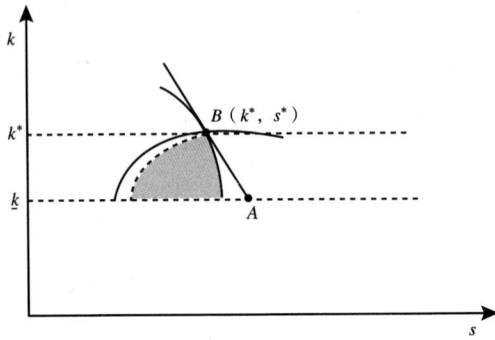

图 6 - 2　贴现因子 $\delta < 1$ 但接近 1 时，博弈双方纳什均衡解的改善区域

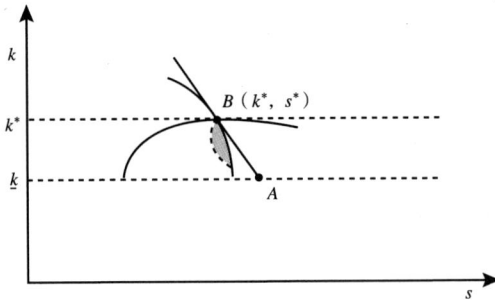

图 6 - 3　贴现因子 $\delta > 0$ 但接近 0 时，博弈双方纳什均衡解的改善区域

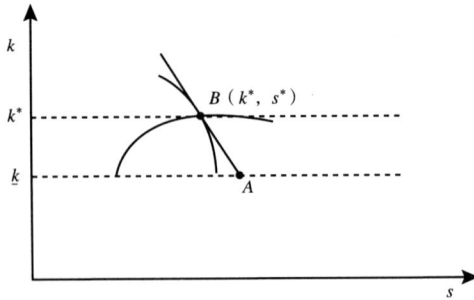

图 6 - 4　贴现因子 $\delta = 0$ 时，博弈双方纳什均衡解的改善区域

这里需要指出，根据里昂惕夫（Leontief，1946）序贯博弈的分析方法以及前面博弈过程的假定，在博弈第一阶段机构投资者首先采取行动决定公司治理水平，而在博弈的第二阶段控制性股东在观察到机构投资者的行为之后才采取行动确定利益侵占的程度 s，因此，在整个博弈过程中，控制性股东很明显在序贯博弈中占有优势。

2. 博弈双方在完全合作条件下的契约线和合作解

到现在为止，本书已经限定了研究方式是在给定 δ 的情况下得到一个合作解。为了能够选择一条最佳路径，我们必须搞清楚不同的 (k,s) 是如何在博弈双方形成的。因此，我们必须假定一个讨价还价的过程，使博弈双方选择一条可以得到好的议价路径方法，并通过这一方法，得到一条稳定的路径使博弈双方能够形成一个合作解，使双方能够在这一合作解下，最大化自身的收益。

为了能够更加清晰地说明，笔者将这一过程表现为解决如下问题：

$$\max_{(k,s)} J(k,s) \tag{6-7}$$

其中：

$$J(k,s) = \left[\Pi(k,s) - \Pi(k^*,s^*) \right]^\rho \left[U(k,s) - U(k^*,s^*) \right]^{1-\rho} \tag{6-8}$$

在 6-8 式中，在前面 6-3 式和 6-4 式两个不等式限定的条件下，博弈双方可以通过讨价还价来使自身的收益最大化。参数 ρ 和 $1-\rho$ 分别表示控制性股东和机构投资者在讨价还价中的力量：控制性股东通过提高 ρ 来最大化自己的利润函数，机构投资者则通过提高 $1-\rho$ 来最大化自己的收益函数。在这样的假设前提下，就形成了如下观点：控制性股东与机构投资者之间的博弈关系在无限期的情况下，可以通过讨价还价来形成一种稳定的机制，而不是简单一方强加的结果。可以通过图 6-5 来更加直观地进行分析。在图 6-5 中，可以看到，由于控制性股东的利润函数和机构投资者的收益函数均为变量 k 的减函数，因此，双方达成的协议一定是在线段 CD 之间，即机构投资者不主动提高公司治理水平，使得 $k = \underline{k}$。所以得到了契约线，显示为图 6-5 中标示的线段 CD。

在机构投资者和控制性股东一期序贯博弈纳什均衡解的改善区域内，任意作一点 F，F 点是某条机构投资者等收益曲线和某条控制性股东等利润曲线的交点，在图 6-5 的阴影部分中任何一点，都会使博弈双方的收益相对于 F 点得到改善。如果双方完全合作，首先假定控制性股东的收益不变，那么 F 点会沿着控制性股东的等利润曲线向左下方移动，一直到 F'

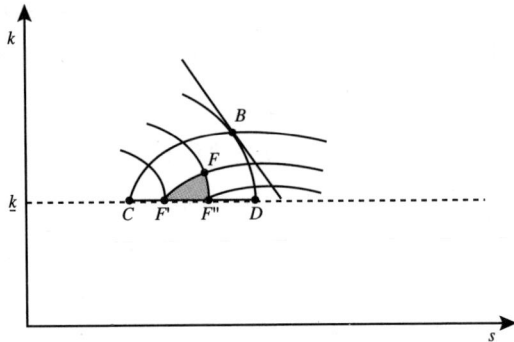

图 6-5 博弈双方完全合作契约线

点；再假定机构投资者的收益不变，那么 F 点会沿着机构投资者的等收益曲线向右下方移动，一直到 F″ 点。如果双方的收益同时改善，那么 F 点必然会落在线段 F′F″ 内。运用以上方法，可以发现一次博弈纳什均衡解 B(k*,s*)，通过双方的完全合作，必然会改善到线段 CD 之间。也就是说，如果机构投资者与控制性股东完全合作的话，机构投资者会完全放弃提高公司治理水平，至于控制性股东的利益侵占程度，完全靠双方的讨价还价参数 ρ 决定。

现在求出当 ρ 确定时，双方能够达成什么样的协议使得 J(k,s) 函数最大化，即 $\max_{(k,s)} J(k,s)$，也就是找到契约线上能够使双方收益都最大化的点。将博弈双方的各种目标函数代入得：

$$J(\underline{k},s) = \{[\alpha(1-s) + s - c(\underline{k},s)] - \Pi(k^*,s^*)\}^\rho$$
$$\{[\beta(1-s) - c''(\underline{k})] - U(k^*,s^*)\}^{1-\rho} \tag{6-9}$$

由于 $k = \underline{k}$，所以 $c''(k) = 0$。因此：

$$\max_{(k,s)} J(k,s) = \max_{(s)} J(s) \tag{6-10}$$

也就是：

$$\max_{(s)} J(s) = \{[\alpha(1-s) + s - c(\bar{k},s)] - \Pi(k^*,s^*)\}^\rho$$
$$[\beta(1-s) - U(k^*,s^*)]^{1-\rho} \tag{6-11}$$

为了找到双方讨价还价过程的最优解，首先对 J(s) 取对数，然后对其求一阶导数，并令一阶导数为 0。得：

$$\rho \frac{1 - \alpha - c_s(\underline{k},s)}{[(\alpha(1-s) + s - c(\underline{k},s)] - \Pi(k^*,s^*)} + (1-\rho) \frac{-\beta}{\beta(1-s) - U(k^*,s^*)} = 0$$

$$(6-12)$$

通过 6 - 12 式便可以求出双方进行讨价还价之后的、令双方总收益最大的解 $E(\underline{k},\overline{\overline{s}})$，如图 6 - 6。

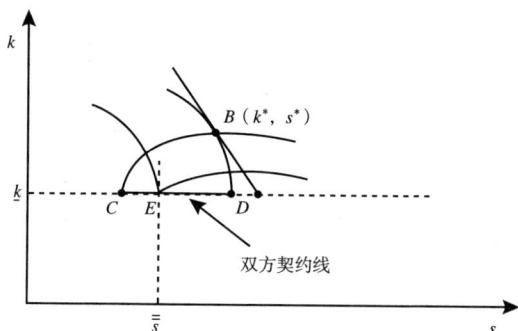

图 6 - 6　机构投资者和控制性股东无限重复博弈条件下的双方讨价还价合作解

3. 无限重复博弈条件下博弈双方最优解的确定

埃斯皮诺萨和瑞伊（Espinosa & Rhee，1989）定理[1]表现的是解决机构投资者和控制性股东无限重复序贯博弈双方收益最大化问题的方法。根据该定理，存在一个 $\delta^* \in [0,1]$ [2]，对于所有 $\delta \in [\delta^*,1]$，在重复博弈的子博弈完美均衡中获得一个完全效率解；对于所有 $\delta \in (0,\delta^*)$，最优解位于一期博弈纳什均衡解和完全效率解之间；$\delta = 0$，仅能得到一期博弈纳什均衡解。

这一定理表明：为了能够进行充分的合作，贴现因子应当很高，而且合作成功的概率随着贴现因子的增加而增加。贴现因子 δ 不仅影响博弈参与者的时间偏好，而且还影响着博弈过程结束的客观概率。即使在未来某一时期，重复博弈结束，但控制性股东和机构投资者每一方都相信未来博

---

① Espinosa, Maria Paz, Changyong Rhee, 1989, "Efficient Bargaining as a Repeated Game," *The Quarterly Journal of Economics*, Vol. 104, No. 3, 1998, pp. 565 - 588.

② 关于 δ 和 δ^* 的取值范围，详见本章附录 1。

弈会继续下去的概率仍会很高的话，那么双方就仍达成某种默契，形成一个近乎最有效率解。这就暗示着我们可以放松无限重复这个条件，改为有限重复。对于导致未来博弈过程结束的不确定性足够大时，我们也清楚了如何通过博弈双方和市场变化对贴现因子的影响来进一步影响博弈控制性股东和机构投资者之间的相互关系。当然，很多决定控制性股东和机构投资者之间相互关系的影响因素并没有被纳入以上分析的框架中，但本书已经将两者之间最为重要的关系反映出来了。

当 $\delta \geqslant \delta^*$ 时，机构投资者与控制性股东讨价还价的最优解 E 点在阴影部分反映的无限重复博弈最优解的可行集中，因此，$E(\underline{k}, \overline{\overline{s}})$ 为机构投资者与控制性股东无限重复博弈子博弈完美解（见图 6 - 7、图 6 - 8）。

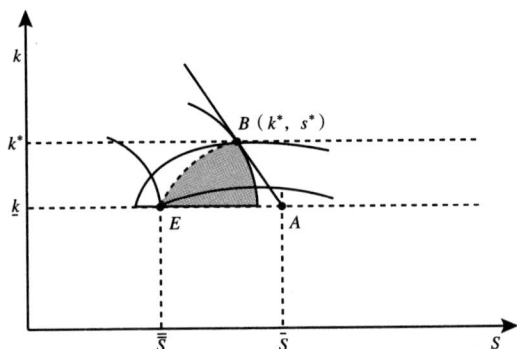

图 6 - 7　当 $\delta = \delta^*$ 时，无限重复博弈条件下博弈双方的最优解

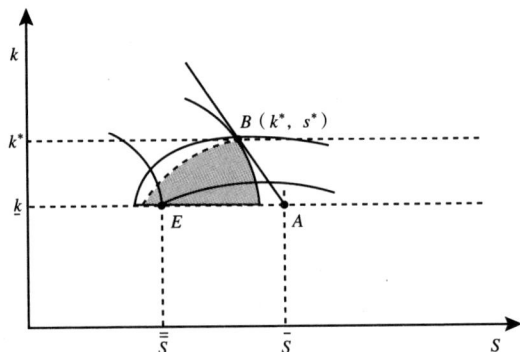

图 6 - 8　当 $\delta > \delta^*$ 时，无限重复博弈条件下博弈双方的最优解

当 $\delta < \delta^*$ 时，机构投资者与控制性股东讨价还价的最优解 E 点在阴影部分之外，即机构投资者的谈判能力较强，最有效率解 $E(\underline{k}, \bar{s})$ 未能进入无限重复博弈最优解的可行集中，因此，$E(\underline{k}, \bar{s})$ 不是最终的子博弈完美解。双方只能够从可行集中重新选择一点作为子博弈的完美解（例如图 6-9 中显示的 $E'(\bar{\bar{k}}', \bar{s}')$）。

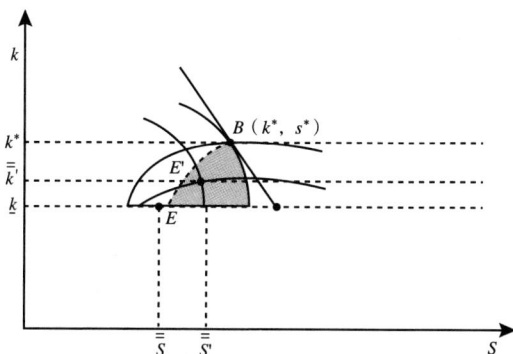

图 6-9 当 $\delta < \delta^*$ 时，无限重复博弈条件下博弈双方的最优解

到目前为止，本书希望结合贴现因子来解决上面说到的最大化方法。当贴现因子接近 0 时，很容易看到，只有一次博弈纳什均衡解能够满足前面的两个约束条件，这时无限重复博弈的解和前面分析的关于控制性股东和机构投资者之间的序贯博弈没有什么差别。当贴现因子无限接近 1 时，可行集便与图 6-9 阴影部分完全吻合，所得的和讨价还价模型一致。

三 一期序贯博弈和无限重复博弈的结论比较及进一步分析

由于博弈过程由原来的一期博弈变成了无限重复博弈，因此，一期序贯博弈中的结论就发生了变化。一期序贯博弈能够得出纳什均衡解。通过本书的研究发现，由于把研究的范围从一期序贯博弈扩展到无限重复博弈，原来一期序贯博弈的纳什均衡解便得到相应的改善。

笔者已经分析了在完全理性和信息完全重复的前提下，控制性股东与机构投资者之间有效的惩罚机制，使双方都感受到置信的威胁，从而保证了双方通过十分稳定的路径实现各自的帕累托改进。然而，惩罚机制不一定都是十分平稳的，最有可能出现的是通过所谓"胡萝卜＋大棒"的机制来得以实现的。比如双方可能通过这样的路径来进行惩罚：一旦控制性股东偏离了帕累托改进解，机构投资者就会采取惩罚措施，如集中抛售股票来打压股价，或者将公司评级水平降低等，而且这种状态会持续几个周期；之后双方重新回到合作状态，连续保持一段时间的合作期。

在完全理性和完全信息的条件下，如果贴现因子不是很低的话，博弈的双方中任何一方单方面都不会偏离合作状态。因为，一旦双方进入相互惩罚的不合作状态，任何一方单方面偏离合作状态都是会损害自身利益的，也就是说，对偏离合作状态的威胁是可信的。因此，集中抛售股票打压股价和降低公司评级水平的方式只是一种威胁而已，不会真的付诸实施。那么对于现实经济生活中出现的惩罚手段予以实施的解释只能是，控制性股东与机构投资者之间出现了信息的不确定性或信息的不对称。如果控制性股东掌握的信息多于机构投资者，那么机构投资者可能通过惩罚措施来获得更多的信息。因此，结合不对称信息的因素，笔者对于机构投资者采用惩罚措施的解释表明这些惩罚措施有惩罚和信息搜寻机制的双重作用。

上一章和本章都是考察单一机构投资者与控制性股东之间的博弈过程，并分析出相应的结果。但考虑到现实情况下，一般不会仅仅存在一家机构投资者。往往同一家上市公司的股东中存在多家机构投资者，那么多家机构投资者如何影响控制性股东的行为，进而影响公司治理水平和公司治理绩效呢？这个问题将留到下一章进行讨论。

四　小结

本章将单一机构投资者和控制性股东的序贯博弈过程从一期扩展到无限期。首先通过引入贴现因子使双方在一期条件下形成的纳什均衡解的改善区间缩小，进而引入双方完全合作模型并将其与原有模型相联系，通过事先对双方博弈的过程假定成稳定状态，得出了博弈双方的最优解。通过本章的分析并在前一章分析的基础上，构建了单一机构投资者与控制性股东之间的无限重复序贯博弈模型，不但为序贯博弈纳什均衡解的改善找到了研究方向，同时也为下一章在考虑多个机构投资者的行为以及将机构投资者持股集中度和机构投资者年度变动率纳入分析模型中奠定了充足的理论基础。

附　录

贴现因子 δ 和 δ^* 取值范围及其对无限重复博弈最优解的影响

根据 6-6 式的条件 $\dfrac{\Pi[k,s^*(k)] - \Pi(k,s)}{\Pi[k,s^*(k)] - \Pi(k^*,s^*)} \leqslant \delta$：当博弈双方完全合作，参数 ρ 给定，$k = \underline{k}$，$s = \overline{\overline{s}}$，所以：

$$\delta^* = \frac{\Pi(\underline{k},\overline{s}) - \Pi(\underline{k},\overline{\overline{s}})}{\Pi(\underline{k},s) - \Pi(k^*,s^*)} \tag{A6 - 1}$$

以上对于 δ^* 的分析是对参数 ρ 确定的情况下得出的。因为参数 ρ 是反映控制性股东和机构投资者之间的讨价还价能力的，$\rho \in [0,1]$。当 ρ 趋近 0 时，表示机构投资者相对控制性股东的讨价还价能力极强，最优点 E 沿着契约线左移动到 C 点（见图 A6-1）。

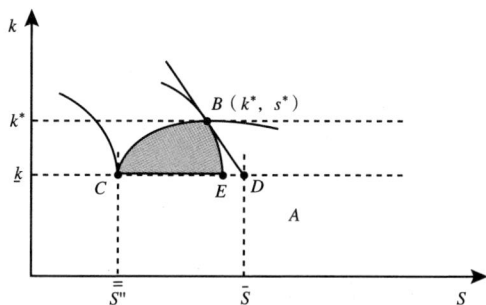

图 A6 - 1　当 ρ 趋近 0 时，贴现因子 δ^* 的取值及其
对博弈双方最优解的影响

此时 δ^* 的取值为：

$$\delta^* = \overline{\delta} = \frac{\Pi(\underline{k},\overline{s}) - \Pi(\underline{k},\overline{\overline{s}}'')}{\Pi(\underline{k}',s) - \Pi(k^*,s^*)} = 1 \tag{A6 - 2}$$

$\delta^* = 1$ 时，机构投资者相对控制性股东的讨价还价能力极强。也就是说，必须满足 $\delta = \delta^* = 1$ 的情况，完全效率解才能进入可行集，双方才能实现完全合作。结合双方纳什均衡解的改善条件，可以得出如下结论：当

$\delta^* = 1$ 时，机构投资者和控制性股东无限重复博弈的最优解为图 A6 - 1 中的 E 点。

当 ρ 趋近 1 时，即控制性股东相对机构投资者的讨价还价能力极强，那么完全效率解就会沿着契约线右移至 D 点（见图 A6 - 2），此时的 δ^* 的取值为：

$$\delta^* = \underline{\delta} = \frac{\Pi(\underline{k},\bar{s}) - \Pi(\underline{k},\bar{\bar{s}'''})}{\Pi(\underline{k},\bar{s}) - \Pi(k^*,s^*)} \qquad (A6 - 3)$$

δ^* 在此取值范围内，双方的无限重复博弈才有可能得到完全效率解。当：

$$\delta^* \in \left[0, \frac{\Pi(\underline{k},\bar{s}) - \Pi(\underline{k},\bar{\bar{s}''})}{\Pi(\underline{k},\bar{s}) - \Pi(k^*,s^*)}\right] \qquad (A6 - 4)$$

虽然如图 A6 - 2 中，博弈双方序贯博弈纳什均衡解的改善区域得到有效改善，但双方无法达成完全效率解，仅仅可以从图 A6 - 2 的阴影部分重新寻找一点来达成协议。也就是说，博弈双方合作博弈的前提已经失去。最终博弈双方仅能通过非合作博弈达成双方的最终解。

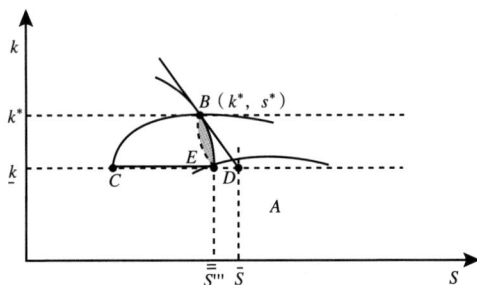

图 A6 - 2　当 ρ 趋近 1 时，贴现因子 δ^* 的取值及其
对博弈双方最优解的影响

通过以上的讨论，可以明确 δ^* 的取值范围为：

$$\delta^* \in \left[\frac{\Pi(\underline{k},\bar{s}) - \Pi(\underline{k},\bar{\bar{s}''})}{\Pi(\underline{k},\bar{s}) - \Pi(k^*,s^*)}, 1\right] \qquad (A6 - 5)$$

也就是说，在 A6 - 5 式限定的条件下，博弈双方才会有动机进行合作博弈，从而最终达成双方的完全效率解。

第七章
多家机构投资者与控制性
股东重复序贯博弈

本书第五章、第六章已经考察了单一机构投资者与控制性股东之间的博弈关系，通过建立单一机构投资者与控制性股东之间的序贯博弈模型以及单一机构投资者和控制性股东之间的无限重复博弈模型，已经得出了相关的分析结论。但考虑到中国证券市场的实际情况，也就是一家上市公司的股东中往往会有多家机构投资者的情况，且在一定时期内多家机构投资者的持股比例会发生很大变化，本章将在上两章分析的基础上，分析多家机构投资者的情况，进而得出相关结论。

一　引言

由于一家上市公司的股票往往会被多个机构投资者共同持有，面对控制性股东的利益侵占，多个机构投资者将如何与之博弈呢？本章将沿用上两章使用的模型框架，对多个机构投资者与控制性股东之间的序贯博弈，以及无限期重复博弈进行分析。

考虑到机构投资者的数量多于一家，整个博弈过程将是一个多参与人的博弈过程，而且过程将会十分复杂，以至于无法进行有效的分析。但是，由于这个博弈过程中，除了控制性股东，多个机构投资者的行为有很多的相似性，为了能够对问题进行有效分析，在本书的分析中，将多个机构投资者看成一个机构投资者联盟。这样，就仍然可以在前面两章的分析框架下进行分析。与之前不同的是，仅仅是将多个机构投资者看作一个可以进行沟通协商的整体，并将能够反映机构投资者联盟性质的因素在机构投资者联盟的收益函数中予以反映即可。

二 多家机构投资者与控制性股东的博弈模型分析

本部分将建立模型考察多家机构投资者与控制性股东之间的博弈关系。首先在上两章分析的前提下，分别考察多家机构投资者与控制性股东之间的一期序贯博弈和多家机构投资者与控制性股东之间的无限重复博弈模型。

（一）模型假设

为了研究多个机构投资者与控制性股东的一期序贯博弈过程，首先将多家机构投资者看成一个整体，即机构投资者联盟，并结合多家机构投资者的状况，给予机构投资者联盟一些新的假定，使多家机构投资者与控制性股东之间的博弈模型沿袭前两章的分析框架，同时也对模型赋予新的内涵。

首先给出博弈双方的相关函数。由于控制性股东与前面两章的研究无明显变化，因此，继续假设控制性股东的利润函数为：

$$\tilde{\Pi} = (1-s)\alpha + s - c(k,s) \qquad (7-1)$$

机构投资者由一个变成了多个，为了能够继续在原有的框架下进行分析，假定多个机构投资者共同构成一个机构投资者联盟。考虑到机构投资者之间的协调和监督成本的分摊，在原来一个机构投资者收益函数的基础上，对机构投资者联盟的收益函数重新进行了设定。机构投资者联盟的收益函数为：

$$\tilde{U}'' = \beta(1-s) - \tilde{c}''(\beta,\lambda,\mu,k) \qquad (7-2)$$

其中，λ 表示机构投资者联盟对整个联盟持有股份的控制力，μ 表示整个机构投资者联盟中持有股份的流动性。根据科菲（Coffee，1991）、霍尔姆斯通和泰勒（Holmstrom & Tirole，1993）、海德（Bhide，1994）、莫格（Maug，1998）、卡恩和温顿（Kahn & Winton，1998）等人的观点，股权流动性的增强，必然导致委托－代理成本的升高。同时，结合德姆塞茨和莱恩（Demsetz & Lehn，1985）、希尔和斯内尔（Hill & Snell，1989）及科菲（Coffee，1991）的分析，即随着股权控制力的减弱必然导致委托 – 代理成本的升高。因此，这里假定 λ 和 μ 满足如下条件。

（1）$\tilde{c}_k^{II} > 0$，表示为：随着机构投资者联盟推动参与公司治理的上升，机构投资者联盟的监督成本升高；

（2）$\tilde{c}_{kk}^{II} > 0$，表示为：随着机构投资者联盟推动公司治理水平程度提高，机构投资者联盟监督的边际成本升高；

（3）$\tilde{c}_\lambda^{II} < 0$，表示为：随着机构投资者联盟对持有股份的控制力增加，机构投资者联盟的监督成本下降；

（4）$\tilde{c}_\mu^{II} > 0$，表示为：随着机构投资者联盟中持股流动性的增强，机构投资者联盟的监督成本上升；

（5）$\tilde{c}_\beta^{II} < 0$，表示为：随着机构投资者联盟的持股比例下降，其提高同等治理水平所花费的成本增加；

（6）$\tilde{c}_{\lambda k}^{II} < 0$，表示为：随着机构投资者联盟对持有股份的控制力增强，机构投资者联盟用以提高公司治理水平的边际成本降低；

（7）$\tilde{c}_{\mu k}^{II} > 0$，表示为：随着机构投资者联盟中持股流动性的增加，机构投资者联盟用以提高公司治理水平的边际成本升高；

（8）$\tilde{c}_{\beta k}^{II} < 0$，表示为：随着机构投资者联盟持股比例的增加，机构投资者联盟提高治理水平的边际成本降低。

（二）多家机构投资者与控制性股东的序贯博弈分析

如果机构投资者联盟的控制力 λ 达到最大值（也就是相对于一个机构投资者控制全部持有的股份），同时机构投资者联盟的流动性 μ 达到最小值时（也就是所持股份完全不会在新老机构投资者之间流动），那么多家机构投资者与控制性股东博弈模型就回到了单一机构投资者与控制性股东博弈的模型状态。这里需要强调多家机构投资者的持股比例要满足 $\beta > \underline{\beta}$ 的条件。因为只有满足这个条件，博弈过程才能够存在；如果不满足这个条件博弈过程将会消失。

1. 博弈分析

机构投资者联盟和控制性股东之间进行序贯博弈，同第五章机构投资者与控制性股东序贯博弈的分析过程完全相同。首先由机构投资者联盟决定公司治理水平 k，控制性股东观察到公司治理水平 k 后，决定利益侵占

程度 s 。这一过程的解法类似于第五章的情况①。对控制性股东的利润函数 $\tilde{\Pi} = (1-s)\alpha + s - c(k,s)$ 求一阶导数，并令一阶导数为 0 ，即得到 $c_s(k,s) = 1-\alpha$ ，并得到 $s^* = s^*(k)$ 。然后将函数 $s^* = s^*(k)$ 代入机构投资者联盟的收益函数 $\tilde{U}^{II} = \beta(1-s) - \tilde{c}^{II}(\beta,\lambda,\mu,k)$ 中，对机构投资者联盟的收益函数求一阶导数，并令一阶导数为 0 ，最终得到纳什均衡解 $(\tilde{k}^*, \tilde{s}^*)$ ，得出相应的结果这一过程和前面完全相同。因此，这里只做简单介绍，具体过程可完全参照第五章内容，这里不再赘述。②

2. 机构投资者联盟的持股比例、股权控制力和持股流动性对纳什均衡解的影响

通过博弈分析，可以很容易地得到决定机构投资者联盟和控制性股东序贯博弈纳什均衡解的条件式：

$$\beta \frac{ds^*}{dk} + \tilde{c}_k^{II}(\beta,\lambda,\mu,k) = 0 \qquad (7-3)$$

7-3 式分别对 β 、λ 和 μ 求一阶导数，得：

$$\frac{dk}{d\beta} = \frac{-\tilde{c}_{\beta k}^{II} - \dfrac{ds^*}{dk}}{\tilde{c}_{kk}^{II} + \beta \dfrac{d^2 s^*}{dk^2}} \qquad (7-4)$$

$$\frac{dk}{d\lambda} = \frac{-\tilde{c}_{\lambda k}^{II}}{\tilde{c}_{kk}^{II} + \beta \dfrac{d^2 s^*}{dk^2}} \qquad (7-5)$$

$$\frac{dk}{d\mu} = \frac{-\tilde{c}_{\mu k}^{II}}{\tilde{c}_{kk}^{II} + \beta \dfrac{d^2 s^*}{dk^2}} \qquad (7-6)$$

已知 $\tilde{c}_{kk}^{II} > 0, \tilde{c}_{\beta k}^{II} < 0, \tilde{c}_{\lambda k}^{II} < 0, \tilde{c}_{\mu k}^{II} > 0$ ；因为 A5-10 式（$\dfrac{dk}{ds} = -\dfrac{c_{ss}(k,s)}{c_{ks}(k,s)} < 0$）成立，所以 $\dfrac{ds^*}{dk} < 0$ ；因为 A5-13 式（$\dfrac{d^2 k}{ds^{*2}} = -\dfrac{c_{sss}}{c_{ks}} + \dfrac{c_{ssk}c_{ss}}{c_{ks}^2} + \dfrac{c_{kss}c_{ss}}{c_{ks}^2} - \dfrac{c_{ksk}c_{ss}^2}{c_{ks}^3} = \dfrac{2k}{s^2} > 0$）成立，所以 $\dfrac{d^2 s^*}{dk^2} > 0$ 。

---

① 这里的分析是假设机构投资者联盟持股比例较高的情况，即 $\beta > \underline{\beta}$ 。至于 $\beta \leq \underline{\beta}$ 的情况，本书相关部分将会进行专门分析。

② 详见本章附录 1 。

将以上各式代入 7 - 4 式、7 - 5 式和 7 - 6 式，便得出：

$$\frac{dk}{d\beta} = \frac{- \tilde{c}_{\beta k}^{II} - \frac{ds^*}{dk}}{\tilde{c}_{kk}^{II} + \beta \frac{d^2 s^*}{dk^2}} > 0 \qquad (7-7)$$

$$\frac{dk}{d\lambda} = \frac{- \tilde{c}_{\lambda k}^{II}}{\tilde{c}_{kk}^{II} + \beta \frac{d^2 s^*}{dk^2}} > 0 \qquad (7-8)$$

$$\frac{dk}{d\mu} = \frac{- \tilde{c}_{\mu k}^{II}}{\tilde{c}_{kk}^{II} + \beta \frac{d^2 s^*}{dk^2}} < 0 \qquad (7-9)$$

进而可以得到如下各式：

$$\frac{ds^*}{d\beta} = \frac{ds^*}{dk} \frac{dk}{d\beta} < 0 \qquad (7-10)$$

$$\frac{ds^*}{d\lambda} = \frac{ds^*}{dk} \frac{dk}{d\lambda} < 0 \qquad (7-11)$$

$$\frac{ds^*}{d\mu} = \frac{ds^*}{dk} \frac{dk}{d\mu} > 0 \qquad (7-12)$$

以及如下各式：

$$\frac{dq}{d\beta} = [(1 - s^*)R]_\beta = - \frac{ds^*}{dk} \frac{dk}{d\beta} R > 0 \qquad (7-13)$$

$$\frac{dq}{d\lambda} = [(1 - s^*)R]_\lambda = - \frac{ds^*}{dk} \frac{dk}{d\lambda} R > 0 \qquad (7-14)$$

$$\frac{dq}{d\mu} = [(1 - s^*)R]_\mu = - \frac{ds^*}{dk} \frac{dk}{d\mu} R < 0 \qquad (7-15)$$

通过以上各式可以看出，机构投资者联盟的控制力增强，会导致公司治理水平的提高，控制性股东利益侵占的程度降低；机构投资者联盟持股的流动性增强，则导致公司治理水平的下降，控制性股东利益侵占程度的提高，公司绩效降低。

以上讨论的过程也可以通过图 7 - 1 来反映。由于控制性股东的函数与单一机构投资者模型完全相同，机构投资者联盟的收益函数考虑联盟整体的控制力和流动性，因而发生了变化。

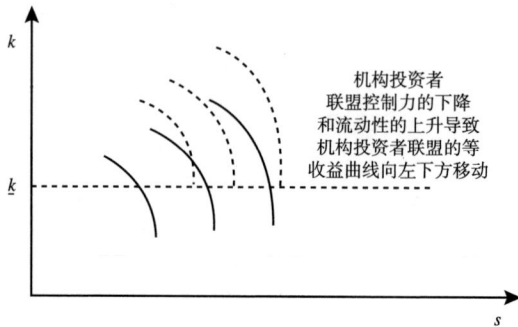

**图 7 – 1 持股控制力和持股流动性的变化对机构投资者
联盟等收益曲线簇的影响**

通过图 7 – 1 可以看出，机构投资者联盟对所持股份的控制力的减弱和流动性的增强，导致联盟的等收益曲线向左下方移动。

将控制性股东的等利润曲线和机构投资者联盟的等收益曲线放入同一坐标系中（见图 7 – 2），可以发现，机构投资者联盟移动后的一条等收益曲线与控制性股东一条等利润曲线的顶点相交，形成新的纳什均衡 $\tilde{B}(\tilde{k}^*, \tilde{s}^*)$。

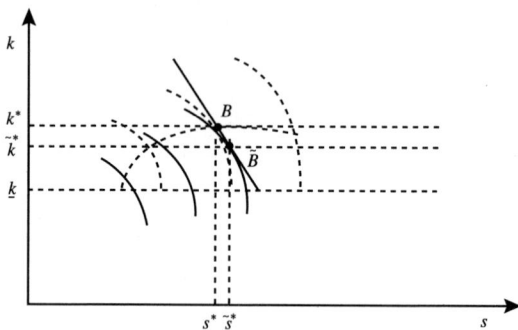

图 7 – 2 机构投资者联盟与控制性股东序贯博弈的纳什均衡解

观察机构投资者联盟对持股控制力减弱、持股流动性增强的情况，可以发现，与未发生变化的情况（图 7 – 2 中的 B 点）相比，新的纳什均衡解位于函数 $s^* = s^*(k)$ 曲线更向下方的 $\tilde{B}$ 点。比较 B 和 $\tilde{B}$ 可知，$\tilde{k}^* < k^*$，而 $\tilde{s}^* > s^*$，即随着机构投资者联盟持股控制力的减弱和持股流动性的增强，公司治理水平下降、利益侵占程度提高。这一结果与前面 7 – 7 式、7 – 8 式和 7 – 9 式的数量分析结果完全一致。

（三）多家机构投资者与控制性股东的无限重复博弈分析

如果机构投资者联盟与控制性股东之间的博弈过程无限重复下去的话，那么和前面分析的过程一致，仍然可以找到一个对于双方收益都能改善的区域，如图 7-3 中的阴影部分。

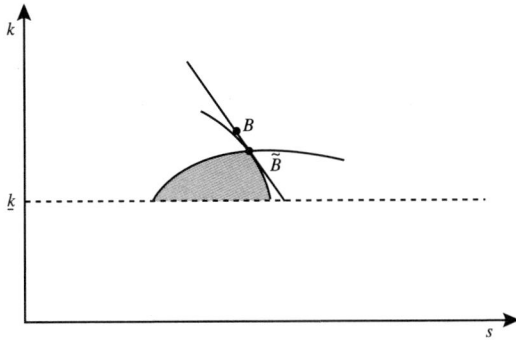

图 7-3 机构投资者联盟与控制性股东序贯博弈纳什均衡解的可改善区域

在稳定路径的条件下，可以通过满足如下条件来寻找到子博弈完美解 $(\bar{k}, \tilde{s})$：

$$\tilde{U}^{II}(\bar{k}, \tilde{s}) - U^{II}(\tilde{k}^*, \tilde{s}^*) \geqslant 0 \tag{7-16}$$

$$\tilde{\Pi}[\bar{k}, s^*(\bar{k})] - \Pi(\bar{k}, \tilde{s}) \leqslant [\Pi(\bar{k}, \tilde{s}) - \Pi(\tilde{k}^*, \tilde{s}^*)][\tilde{\delta}/(1-\tilde{\delta})] \tag{7-17}$$

当 $\tilde{\delta} \geqslant \dfrac{\Pi[\bar{k}, s^*(\bar{k})] - \Pi(\bar{k}, \tilde{s})}{\Pi[\bar{k}, s^*(\bar{k})] - \Pi(\tilde{k}^*, \tilde{s}^*)}$ 时，就会在稳定的路径下找到子博弈完美解。

仍然按照第六章的办法，假定机构投资者联盟和控制性股东之间存在一个讨价还价的过程，使博弈双方可以选择一条得到好的议价路径，并且这条稳定的路径使博弈双方能够形成一个合作解，使双方能够在这一合作解下最大化自身的收益。为了能够更加清晰地说明，本书将这一过程表现为解决如下问题：

$$\max_{(\bar{k}, \tilde{s})} \tilde{J}(\bar{k}, \tilde{s}) \tag{7-18}$$

其中：

$$\tilde{J}(k,s) = [\tilde{\Pi}(k,s) - \tilde{\Pi}(\tilde{k}^*, \tilde{s}^*)]^{\rho(\beta,\lambda,\mu)} [\tilde{U}(k,s) - U(\tilde{k}^*, \tilde{s}^*)]^{1-\rho(\beta,\lambda,\mu)}$$

$$(7-19)$$

和单一机构投资者与控制性股东的讨价还价模型相比，在机构投资者联盟与控制性股东讨价还价模型中，将博弈双方讨价还价的参数设为 ρ，写出函数 $\rho = \rho(\beta,\lambda,\mu)$，可简写为 $\rho = \rho(\lambda,\mu)$。对这一函数的定义：

（1）$\rho_\lambda < 0$，表示随着机构投资者联盟对持股控制力的增强，控制性股东的谈判能力下降，而机构投资者联盟的谈判能力增强；

（2）$\rho_\mu > 0$，表示随着机构投资者联盟持股流动性的增强，控制性股东的谈判能力上升，而机构投资者联盟的谈判能力下降；

（3）$\rho_\beta < 0$，表示随着机构投资者联盟持股比例增加，控制性股东相对机构投资者联盟的谈判能力减弱。

得出满足完全效率解为 $\tilde{E}(\underline{k},\hat{s})$。[①] 接下来，得出完全效率解的条件式，再对 β、λ 和 μ 求一阶导数[②]，便可能得出如下结论：

$$\frac{ds}{d\beta} < 0, \frac{ds}{d\lambda} < 0, \frac{ds}{d\mu} > 0$$

对于托宾 q 值的影响如下：

$$\frac{dq}{d\beta} > 0, \frac{dq}{d\lambda} > 0, \frac{dq}{d\mu} < 0$$

现在求出当 ρ 确定时，双方能够达成的协议使得 $\max_{(k,s)}\tilde{J}(k,s)$ 成立，从而找到契约线上能够使双方收益都最大化的点。将博弈双方的各种目标函数代入得：

$$\tilde{J}(\underline{k},s) = \{[\alpha(1-s) + s - c(\underline{k},s)] - \tilde{\Pi}(k^*,s^*)\}^{\rho(\beta,\lambda,\mu)}$$
$$\{[\beta(1-s) - \tilde{c}''(\lambda,\mu,\bar{k})] - \tilde{U}(\tilde{k}^*,\tilde{s}^*)\}^{1-\rho(\beta,\lambda,\mu)}$$

$$(7-20)$$

由于 $k = \underline{k}$，所以 $c''(k) = 0$，因此，$\max_{(k,s)}\tilde{J}(k,s) = \max_{(s)}\tilde{J}(s)$，即：

$$\max_{(s)}\tilde{J}(s) = \{[\alpha(1-s) + s - c(\underline{k},s)] - \tilde{\Pi}(\tilde{k}^*,\tilde{s}^*)\}^{\rho(\beta,\lambda,\mu)}$$
$$\{\beta(1-s) - \tilde{U}(\tilde{k}^*,\tilde{s}^*)\}^{1-\rho(\beta,\lambda,\mu)}$$

$$(7-21)$$

对 $\tilde{J}(s)$ 取对数，求一阶导数，并令一阶导数为 0，得：

---

① 关于完全效率解的计算过程详见本章附录 2。
② 关于各式的推导详见本章附录 2。

$$\rho(\beta,\lambda,\mu)\frac{1-\alpha-c_s(\underline{k},s)}{[\alpha(1-s)+s-c(\underline{k},s)]-\widetilde{\Pi}(\check{k}^*,\check{s}^*)}+$$

$$[1-\rho(\beta,\lambda,\mu)]\frac{-\beta}{\beta(1-s)-\widetilde{U}(\check{k}^*,\check{s}^*)}=0 \qquad (7-22)$$

令 7 - 22 式对 β 求导, 得:

$$\frac{ds}{d\beta}=$$

$$\frac{\rho_\beta\left\{\dfrac{1-\alpha-c_s(\bar{k},s)}{[\alpha(1-s)+s-c(\bar{k},s)]-\widetilde{\Pi}(\check{k}^*,\check{s}^*)}+\dfrac{\beta}{\beta(1-s)-\widetilde{U}(\check{k}^*,\check{s}^*)}\right\}+}{\dfrac{c_{ss}[1-\alpha-c_s(\bar{k},s)]+[\alpha(1-s)+s-c(\bar{k},s)]^2}{\{[\alpha(1-s)+s-c(\bar{k},s)]-\widetilde{\Pi}(\check{k}^*,\check{s}^*)\}^2}+}$$

$$\frac{[1-\rho(\beta,\lambda,\mu)]\dfrac{\widetilde{U}(\check{k}^*,\check{s}^*)}{[\beta(1-s)-\widetilde{U}(\check{k}^*,\check{s}^*)]^2}}{(1-\rho)\dfrac{\beta}{[\beta(1-s)-\widetilde{U}(\check{k}^*,\check{s}^*)]^2}}$$

$$(7-23)$$

$$\frac{ds}{d\lambda}=\frac{\rho_\lambda}{\rho^2(\lambda,\mu)}\cdot$$

$$\cfrac{1}{\cfrac{1-\alpha-c_s(\underline{k},s)}{\alpha(1-s)+s-c(\underline{k},s)-\widetilde{\Pi}(\check{k}^*,\check{k}^*)}+}{\cfrac{\beta(1-s)-\widetilde{U}(\check{k}^*,\check{s}^*)}{\beta}\cfrac{c_{ss}+[1-\alpha-c_s(\underline{k},s)]^2}{[\alpha(1-s)+s-c(\underline{k},s)-\widetilde{\Pi}(\check{k}^*,\check{s}^*)]^2}} \qquad (7-24)$$

$$<0$$

同理, 7 - 22 式对 μ 求导, 得:

$$\frac{ds}{d\mu}=\frac{\rho_\mu}{\rho^2(\lambda,\mu)}$$

$$\cfrac{1}{\cfrac{1-\alpha-c_s(\bar{k},s)}{\alpha(1-s)+s-c(\bar{k},s)-\widetilde{\Pi}(\check{k}^*,\check{s}^*)}+}{\cfrac{\beta(1-s)-\widetilde{U}(\check{k}^*,\check{s}^*)}{\beta}\cfrac{c_{ss}+[1-\alpha-c_s(\bar{k},s)]^2}{[\alpha(1-s)+s-c(\bar{k},s)-\widetilde{\Pi}(\check{k}^*,\check{s}^*)]^2}} \qquad (7-25)$$

$$>0$$

很明显, 7 - 24 式和 7 - 25 式的符号很容易确定。但 7 - 23 式中

$\dfrac{\widetilde{U}(\check{k}^*,\check{s}^*)}{[\beta(1-s)-\widetilde{U}(\check{k}^*,\check{s}^*)]^2}$ 一项大于 0, 不能直接判断 7 - 23 式的符号。对

7 - 23 式求反函数便可以得到 β 的临界值 $\underline{\beta}$。当 $\underline{\beta} > \beta$ ①时，便可以确定：

当 $\beta > \underline{\beta}$ 时：

$$\frac{ds}{d\beta} < 0 \qquad\qquad (7 - 26)$$

当 $\beta < \underline{\beta}$ 时：

$$\frac{ds}{d\beta} > 0 \qquad\qquad (7 - 27)$$

进而令衡量公司绩效的托宾 q 值表达式 $q = (1 - s)R$ 分别对 λ、μ 和 β 求导，得：

$$\frac{dq}{d\lambda} = [(1 - s)R]_\lambda = -\frac{ds}{d\lambda}R > 0 \qquad\qquad (7 - 28)$$

$$\frac{dq}{d\mu} = [(1 - s)R]_\mu = -\frac{ds}{d\mu}R < 0 \qquad\qquad (7 - 29)$$

当 $\beta > \underline{\beta}$ 时：

$$\frac{dq}{d\beta} = [(1 - s)R]_\beta = -\frac{ds}{d\beta}R < 0 \qquad\qquad (7 - 30)$$

当 $\beta < \underline{\beta}$ 时：

$$\frac{dq}{d\beta} = [(1 - s)R]_\beta = -\frac{ds}{d\beta}R > 0 \qquad\qquad (7 - 31)$$

通过以上计算，可以看到，机构投资者联盟对股权控制力的减弱、流动性的增强，最终导致利益侵占水平增加。这一过程可以通过图 7 - 4 来表示。

从图 7 - 4 可以看到，由于机构投资者联盟对持股控制力 λ 的下降和持股流动性 μ 的增强，机构投资者联盟的谈判能力下降，控制性股东的谈判能力增强，函数 $\bar{J}(k,s)$ 的解在双方契约线上向右方移动。

当结合贴现因子因素考虑时，发现：如果贴现因子一定，随着机构投资者联盟对持股控制力 λ 的下降和持股流动性 μ 的增强，机构投资者联盟

---

① 当 $\underline{\beta} < \beta$ 时，机构投资者联盟的持股比例阈值 $\underline{\beta}$ 便失去意义，本书后面部分章节会专门讨论 $\beta < \underline{\beta}$ 的情况，$\underline{\beta} < \beta$ 的情况已经纳入其研究范围。

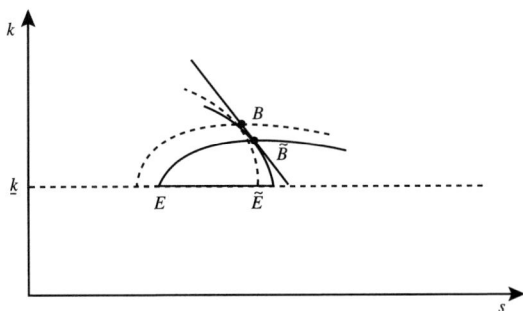

图 7 - 4　机构投资者联盟股权控制力和持股流动性
对博弈双方合作解的影响

和控制性股东之间的最优解更有可能进入可行集。也就是说，机构投资者联盟和控制性股东之间更容易达成协议，使双方讨价还价的最优解成为子博弈的完美解。这一过程，可以通过图 7 - 5、图 7 - 6 直观地进行观察。

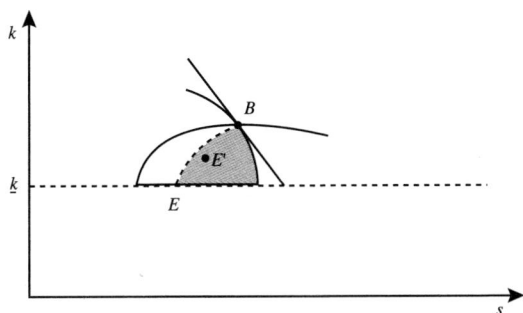

图 7 - 5　机构投资者联盟股权控制力较强且持股流动性
较弱时博弈双方的子博弈完美解

在控制性股东持股比例 α 和机构投资者联盟持股比例 β 一定的前提下，当机构投资者联盟对持股的控制力很强、持股流动性很弱时（极端的例子就是机构投资者为唯一一家），可以看到体现双方讨价还价最优解的点在图 7 - 5 中的双方契约线上的 E 点。在特定的贴现因子下，E 点没有进入可行集，从而使双方不可能达成一致。双方只有从图 7 - 5 中阴影部分中重新选择 E' 点作为子博弈完美解。E 点与 E' 点相比较，公司治理水平提高，利益侵占水平也有所提高。当机构投资者联盟的股权控制力减弱、持股流动

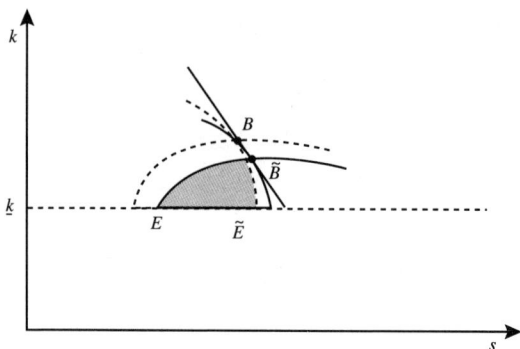

图 7 - 6　机构投资者联盟股权控制力较弱且持股流动性
较强时博弈双方的子博弈完美解

性增强时，机构投资者联盟对控制性股东的谈判能力开始下降，导致体现
双方讨价还价最优解的点在双方契约线上向右方移动。在贴现因子不变的
情况下，最优解进入可行集，成为双方无限博弈的子博弈完美解。也就是
说，随着机构投资者联盟对持股控制力减弱以及持股流动性增强，机构投
资者联盟更容易与控制性股东达成协议并使协议解成为路径平稳的状态，
导致机构投资者联盟放弃提高公司治理水平的可能性增加了。

　　当然还有一种情况，就是机构投资者联盟本身谈判能力不强，导致在
机构投资者联盟股权控制力较高且持股流动性较弱时的讨价还价最优解已
经进入到可行集中。在这种情况下，当机构投资者联盟的股权控制力下降
且持股流动性增强时，博弈双方的合作解只会在可行集内沿着双方契约线
向右移动，使公司治理水平没有上升，控制性股东的利益侵占程度进一步
增加，公司绩效进一步下降。这种情况的详细分析过程比较简单，因此本
书只做简要说明，不再进行理论推导。

　　至于机构投资者联盟的持股比例对公司治理水平、控制性股东利益侵
占程度和公司绩效的影响则比较复杂。根据 7 - 26 式、7 - 27 式和 7 - 30
式、7 - 31 式，当机构投资者联盟持股比例较高时，随着机构投资者联盟
持股比例提高，公司治理水平提高，控制性股东的利益侵占程度降低，公
司绩效提高。当机构投资者联盟持股比例一般时，随着机构投资者联盟持
股比例的提高，公司治理水平降低，控制性股东的利益侵占程度提高，公
司绩效下降。

（四）机构投资者联盟持股比例、股权控制力和持股流动性的影响

前面分析的过程是机构投资者联盟持股比例较高（$\beta > \underline{\beta}$）的情况。当机构投资者联盟持股比例过低（$\beta \leqslant \underline{\beta}$），或者持股比例较高（$\beta > \underline{\beta}$）但股权控制力过低以及持股流动性过大时，就可能影响机构投资者联盟和控制性股东之间的博弈关系。下面分别予以讨论。

1. 机构投资者联盟的持股比例过低的情况

前面分析了机构投资者联盟持股比例较高（$\beta > \underline{\beta}$）的情况。当机构投资者联盟持股比例过低（即 $\beta \leqslant \underline{\beta}$）时，机构投资者联盟和控制性股东之间的博弈过程将发生变化。具体情况如图 7-7 和图 7-8 所示。

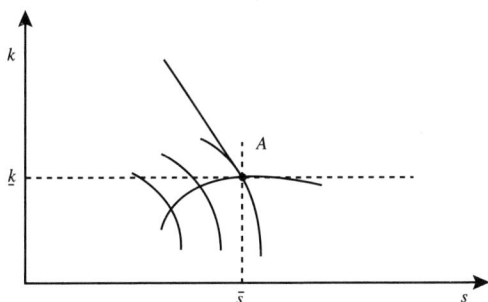

图7-7 机构投资者联盟持股比例 $\beta = \underline{\beta}$ 时股权集中度

极高且无流动性时的情况

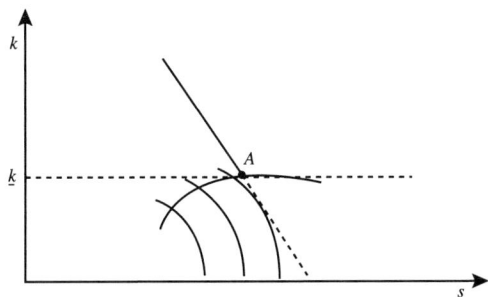

图7-8 机构投资者联盟持股比例 $\beta < \underline{\beta}$ 时股权集中度

极高且无流动性时的情况

通过图 7 - 7 和图 7 - 8，可以看到当机构投资者联盟持股比例过低时，便会与第五章分析的情况一样，机构投资者联盟的等收益曲线簇整体向下移动，使曲线簇中某一条曲线和控制性股东反应曲线 $s^* = s^*(k)$ 的切点在 A 点，甚至在 A 点右下方。在这种情况下，就会导致机构投资者联盟没有动机参与公司治理，进而导致机构投资者联盟和控制性股东之间的博弈过程消失。

2. 机构投资者联盟持股比例较高，但控制力较弱、流动性较强的情况

当机构投资者联盟持股比例较高 ($\beta > \underline{\beta}$)，但机构投资者联盟对持股的控制力 λ 很小以及持股的流动性 μ 很大时，机构投资者联盟与控制性股东之间的博弈关系可能终止。这里的情况与机构投资者联盟持股比例过低的情况类似，因此可以绘制出曲线形态类似于图 7 - 7 和图 7 - 8 的情况，不再赘述。当持股的控制力 λ 变小以及持股的流动性 μ 变大时，机构投资者联盟的等收益曲线会向左下方移动，导致与反应曲线 $s^* = s^*(k)$ 在 A 点甚至 A 点下方相切。在这样的情况下，博弈双方的契约线退化成 A 点，机构投资者联盟最终放弃参与公司治理，而控制性股东的利益侵占情况与没有机构投资者参与的情况完全一样，机构投资者联盟与控制性股东之间的博弈关系终止。

三 模型分析得出的相关命题

上一部分对机构投资者联盟与控制性股东之间的博弈模型进行了分析。本部分对分析过程中得出的相关命题总结如下：

命题 7 - 1：当机构投资者联盟持股比例 β 满足 $\beta > \underline{\beta} > \underline{\underline{\beta}}$ 条件时，随着机构投资者联盟持股比例的增加，控制性股东的利益侵占程度下降，公司绩效上升，而公司治理水平上升或者不变。

命题 7 - 2：当机构投资者联盟持股比例 β 满足 $\underline{\beta} < \beta < \underline{\underline{\beta}}$ 条件时，随着机构投资者联盟持股比例的增加，控制性股东的利益侵占程度上升，公司绩效下降，而公司治理水平下降或者不变。

命题 7 - 3：当机构投资者联盟持股比例 β 满足 $\beta < \underline{\beta} < \underline{\underline{\beta}}$ 条件时，机构投资者联盟持股比例、股权控制力和持股流动性与控制性股东的利益侵占程度、公司绩效和公司治理水平之间的相关关系不能确定。

命题 7 - 4：当机构投资者联盟持股比例 β 满足 $\beta > \underline{\beta}$ 条件，且机构投资者联盟股权控制力较高、持股流动性较弱时，随着机构投资者联盟股权控制力提高、持股流动性减弱会导致控制性股东利益侵占程度下降，公司绩效提高，公司治理水平上升或不变。

命题 7 - 5：当机构投资者联盟持股比例 β 满足 $\beta \leq \underline{\beta}$ 条件，但机构投资者联盟股权控制力过低、持股流动性过强时，机构投资者联盟股权控制力、持股流动性与控制性股东利益侵占程度、公司绩效和公司治理水平之间的相关关系不能确定。

四　模型的进一步说明

本模型建立在完全信息和不存在不确定性的条件下，博弈双方通过置信威胁保证双方通过稳定路径实现各自的帕累托改进。然而，现实往往不是完全信息且存在不确定性，因此惩罚机制不一定都是平稳的，最有可能出现的是通过所谓"胡萝卜 + 大棒"的机制来实现的（Abreu, 1986）。比如双方可能通过如下路径进行惩罚：一旦机构投资者感觉控制性股东偏离合作解就会采取惩罚措施，如集中抛售股票打压股价，或采取将公司评级水平降低等治理手段，并使这种状态持续若干周期；之后双方重新回到合作状态，保持若干周期的合作。在完全理性和完全信息条件下，如果贴现因子不是很低的话，博弈任何一方都不会单方面偏离合作状态。惩罚措施只是一种威胁，不会真的付诸实施。对于现实中惩罚付诸实施的解释只能是：控制性股东与机构投资者之间出现了不确定信息或不对称信息。如果机构投资者感觉控制性股东掌握的信息多于自己，就可能通过惩罚措施来体现自身的惩罚能力并获取对称信息。因此，这些惩罚措施具有体现置信威胁及信息搜寻的双重作用，而非一种常态化和制度化的行为。

本模型可用于解释不同性质的机构投资者参与公司治理的有效性。机构投资者的定义有广义和狭义之分。广义的机构投资者包括各种证券中介机构、证券投资基金、养老基金、社会保险基金、保险公司、QFII，以及各类企业、私人捐款基金会、社会慈善机构，甚至宗教组织等；而狭义的机构投资者则主要指各种证券中介机构、证券投资基金、养老基金、社会保险基金、保险公司及 QFII 等。不同性质的机构投资者的持股比例、监督控制能力和持股流动性均有明显差异，这些差异对其参与公司治理的有效性均会产生不同影响。因此，可在本模型基础上，通过对变量 β、λ 和 μ 的设定，对问题展开研究。

本模型可用于解释机构投资者对两类委托－代理问题的治理。本章研究针对的是第二类委托－代理问题的治理。如果将模型中控制性股东改为经理人，并将其持股比例 α 变为 0，那么本模型便成为对第一类委托－代理问题治理的模型。通过这样的改动，模型便可用于对股权十分分散的欧美公司（即机构投资者作为控制性股东参与公司治理的状况）的研究。

本书运用无限重复博弈的分析方法，综合考察了机构投资者的监督控制能力、持股流动性和持股比例等因素对机构投资者参与公司治理有效性的影响，并将已有的主要观点纳入分析框架中，从而得出更加全面的结论。

本书一个十分重要却很容易忽略的结论是：制度背景和法律环境的改善对公司治理水平的提升起了主导作用。已有文献一般将公司治理水平（以及对小股东保护水平）当作外生变量（由国家法律和国际通行的公司治理准则决定）。本模型将公司治理水平内生化，但经过重复博弈分析后发现，机构投资者在既有的公司治理水平 $\underline{k}$ 的基础上继续推动治理水平提升的空间十分有限，既有水平 $\underline{k}$ 对博弈过程最终的子博弈精炼解有着举足轻重的作用，因此，得出制度背景和法律环境的改善对公司治理水平提升起着主导作用的结论。

此外，本书的研究还是对于机构投资者股东积极主义的反思。机构投资者往往因受其持股比例、监督控制能力和持股流动性等因素的限制并不能担负起积极股东的责任。除了部分能够成为安定股东的机构投资者［如美国加利福尼亚公共退休基金（Smith，1996）］参与到公司治理外，众多机构投资者并没有将参与公司治理制度化、常态化。因此，机构投资者能够代替分散股东行使股东权利的观点显然过于乐观。

五　小结

本章是在前面两章分析的基础上，考虑多家机构投资者与控制性股东之间的博弈关系，进而将反映多家机构投资者特征的持股比例、股权控制力和持股流动性等变量纳入分析框架。通过本章的分析得出了多家机构投资者参与公司治理的相关结论，同时也为下一章的实证分析奠定了基础。本书下一章将把本章的分析结论构建成计量模型，并设计变量来对本章中的各个变量进行替代，从而进一步对本章所得出的结论进行论证。

附　录

1　控制性股东与机构投资者联盟的一期序贯博弈纳什均衡解

根据里昂惕夫（Leontief，1946）序贯博弈的分析方法，首先使控制性股东的期望收益最大化（$\max\limits_{s \geqslant 0}[(1 - s)\alpha + s - c(k,s)]$），即控制性股东的利润函数 $\widetilde{\Pi} = (1 - s)\alpha + s - c(k,s)$ 对 s 求一阶导数，并令一阶导数为 0，即：

$$\widetilde{\Pi}_s = -\alpha + 1 - c_s(k,s) = 0 \qquad (A7-1)$$

A7 - 1 式可以改写为：

$$c_s(k,s) = 1 - \alpha \qquad (A7-2)$$

A7 - 2 式表示控制性股东对公司治理水平 k 的最优反应函数，同时也是机构投资者联盟对公司治理水平的供给曲线。因此可进一步改写为：

$$s^* = s^*(k) \qquad (A7-3)$$

下面，使机构投资者联盟期望收益最大化（即 $\max\limits_{k \geqslant \underline{k}} \widetilde{U}^{II} = \beta(1 - s^*) - \tilde{c}^{II}(\beta,\lambda,\mu,k)$）。首先将 A7 - 3 式代入机构投资者的收益函数 $\widetilde{U}^{II} = \beta(1 - s^*) - \tilde{c}^{II}(\beta,\lambda,\mu,k)$ 中，得：

$$\widetilde{U}^{II}(k,s^*) = \beta(1 - s^*) - \tilde{c}^{II}(\beta,\lambda,\mu,k) \qquad (A7-4)$$

接下来，令 A7 - 4 式对 k 求一阶导数并使其为 0，即：

$$\widetilde{U}^{II}_k(k,s^*) + \widetilde{U}^{II}_{s^*}(k,s^*)\frac{ds^*}{dk} = 0 \qquad (A7-5)$$

经过整理，得：

$$\beta\frac{ds^*}{dk} + \tilde{c}^{II}_k(\beta,\lambda,\mu,k) = 0 \qquad (A7-6)$$

A7－6 为决定机构投资者联盟和控制性股东序贯博弈纳什均衡解的条件式。对 A7－6 式进行计算，便得出机构投资者联盟决定的最佳公司治理水平 $\check{k}^*$。再将 $\check{k}^*$ 代入 A7－3 式，便得出控制性股东的最佳利益侵占程度 $\tilde{s}^*$。因此，$(\check{k}^*,\tilde{s}^*)$ 为机构投资者联盟与控制性股东之间序贯博弈的反向归纳解，也是双方序贯博弈的纳什均衡解。

2　机构投资者联盟持股比例、股权控制力和持股流动性对控制性股东利益侵占程度的影响

正文 7－22 式中，除了 s，其他变量均为已知，因此可以求出 s 值。因为 $k = \underline{k}$，所以博弈双方的无限重复博弈讨价还价解（也是博弈双方的完全效率解）为 $\bar{E}(\underline{k},\hat{s})$。接下来，得出完全效率解的条件式 7－22 式，再对 β、λ 和 μ 求一阶导数，便能得出如下各式：

$$\frac{ds}{d\beta} =$$

$$\frac{\rho_\beta\left\{\dfrac{1-\alpha-c_s(\underline{k},s)}{[\alpha(1-s)+s-c(\underline{k},s)]-\tilde{\Pi}(\check{k}^*,\tilde{s}^*)}+\dfrac{\beta}{\beta(1-s)-\tilde{U}(\check{k}^*,\tilde{s}^*)}\right\}+(1-\rho(\beta,\lambda,\mu))\dfrac{\tilde{U}(\check{k}^*,\tilde{s}^*)}{[\beta(1-s)-\tilde{U}(\check{k}^*,\tilde{s}^*)]^2}}{\dfrac{c_{ss}[1-\alpha-c_s(\underline{k},s)]+[\alpha(1-s)+s-c(\underline{k},s)]^2}{\{[\alpha(1-s)+s-c(\underline{k},s)]-\tilde{\Pi}(\check{k}^*,\tilde{s}^*)\}^2}+(1-\rho)\dfrac{\beta}{[\beta(1-s)-\tilde{U}(\check{k}^*,\tilde{s}^*)]^2}}$$
(A7－7)

$$\frac{ds}{d\lambda} = \frac{\dfrac{\rho_\lambda}{\rho^2(\beta,\lambda,\mu)}}{\dfrac{1}{\dfrac{1-\alpha-c_s(\underline{k},s)}{\alpha(1-s)+s-c(\underline{k},s)-\tilde{\Pi}(\check{k}^*,\tilde{s}^*)}+\dfrac{\beta(1-s)-\tilde{U}(\check{k}^*,\tilde{s}^*)}{\beta}\dfrac{c_{ss}+[1-\alpha-c_s(\underline{k},s)]^2}{[\alpha(1-s)+s-c(\underline{k},s)-\tilde{\Pi}(\check{k}^*,\tilde{s}^*)]^2}}}$$
(A7－8)

$$\frac{ds}{d\mu} = \frac{\dfrac{\rho_\mu}{\rho^2(\beta,\lambda,\mu)}}{\dfrac{1}{\dfrac{1-\alpha-c_s(\underline{k},s)}{\alpha(1-s)+s-c(\underline{k},s)-\tilde{\Pi}(\check{k}^*,\tilde{s}^*)}+\dfrac{\beta(1-s)-\tilde{U}(\check{k}^*,\tilde{s}^*)}{\beta}\dfrac{c_{ss}+[1-\alpha-c_s(\underline{k},s)]^2}{[\alpha(1-s)+s-c(\underline{k},s)-\tilde{\Pi}(\check{k}^*,\tilde{s}^*)]^2}}}$$
(A7－9)

根据假设条件可以得出：

$$\frac{ds}{d\beta} < 0 \qquad\qquad (A7-10)$$

$$\frac{ds}{d\lambda} < 0 \qquad\qquad (A7-11)$$

$$\frac{ds}{d\mu} > 0 \qquad\qquad (A7-12)$$

第八章
机构投资者与中国
上市公司治理水平

前面三章分别构建了单一机构投资者与控制性股东的序贯博弈模型、单一机构投资者与控制性股东无限重复博弈模型和多家机构投资者与控制性股东的博弈模型，并在博弈模型分析的基础上，提出了相关研究命题。本章将对前三章博弈模型提出的命题进行实证研究，从而对相关博弈模型提出的研究命题予以检验。

一 引言

在进行实证研究之前，有必要先对已有的分析思路予以回顾。本书在研究过程中，构建了多个关于机构投资者与控制性股东之间的博弈模型，同时将公司治理水平和公司绩效纳入分析模型中。因此，本章的回归分析主要分为两个部分：第一，将机构投资者特征与公司治理水平进行回归，得出机构投资者与公司治理水平的关系；第二，将机构投资者特征与公司绩效进行回归，得出机构投资者与公司绩效的关系。对于公司治理水平的衡量，本章将借鉴白重恩等（2005）的研究运用主成分分析法将所有公司治理水平的指标综合成公司治理指数。对于公司绩效的衡量，指标有很多，如总资产收益率、净资产收益率和托宾 q 值。但是，由于中国证券市场的数据缺陷，中国的托宾 q 值并不准确。因此，本书将使用其他几个变量。至于反映机构投资者特征的持股比例、股权控制力和持股流动性也分别选取了相应的指标代表。至于回归分析的方法，本书借鉴了何自力（1998），仲继银（2000），张清和严清华（2005），邵颖红、朱哲晗和陈爱军（2006），王永海、王铁林和李青原（2007），李维安和李滨（2008）等人的相关分析。在数据方面，本书利用国泰安数据库提供的中国上市公司数据，深入分析，得出相应结论。

二　机构投资者对公司治理水平影响概述

如前所述，发达国家的投资机构化与上市公司股权向机构投资者集中是制度适应与市场博弈的结果，是投资者趋于成熟与理性的必然取向。值得注意的是，机构投资者的发展及其由消极主义向积极主义的转变并不是美国所独有的现象，而是世界范围内资本市场的共同发展趋势。除英美之外，其他发达国家和一些新兴国家以养老基金、共同基金以及保险公司为代表的机构投资者也在快速的发展之中。伴随着金融自由化与金融全球化的发展潮流，发源于美国的机构投资者股东积极主义已经开始超越国界和不同法律制度的限制，冲击着世界范围内各种传统的上市公司治理模式。当然，由于不同的治理模式所面临的主要问题不同，机构投资者股东积极主义的兴起对不同的治理模式的影响是不尽相同的。

（一）关于机构投资者对公司治理水平影响的不同观点

关于机构投资者对公司治理的影响，理论界还没有形成统一的定论。一些学者认为，机构投资者有利于增强约束机制，改善公司治理结构。如米歇尔·史密斯（Michael Smith，1996）认为，总体上来说，股东积极主义有利于公司治理结构的改进，可以增加股东的财富；斯特里克兰、怀尔斯和曾纳（Strickland，Wiles & Zenner，1996）通过实证研究，得出了这样的结论：机构投资者的监督有利于提高公司的绩效。持有类似观点的还有比齐亚克和马凯特（Bizjak & Marquette，1998），凯尔乐敦、尼尔森和维斯赫（Carleton，Nelson & Weisbach，1998），德尔、古尔奇奥和豪克金斯（Del Guercio & Hawkins，1999）以及欧珀勒尔和索科宾（Opler & Sokobin，1997）。他们从不同的方面肯定了机构投资者积极参与公司治理的作用。

也有不少学者通过实证研究发现，机构投资者股东积极主义对公司绩效没有显著的正面影响，甚至有些学者发现了机构投资者的股东提案与公司股票市值存在较弱负相关关系。瓦哈尔（Sunil Wahal，1996）在研究中发现养老基金积极参与公司治理的效果并不明显，即实证的结果没有证明养老基金的积极参与可以改进公司的绩效。卡尔波夫、马拉特斯塔和沃克林（Karpoff, Malatesta & Walkling, 1996）研究了股东提案与公司市值的相关性，结论是股东提案与公司市值不存在显著的相关性。得到类似结果的还有瓦格斯特和普雷沃斯特（Wagster & Prevost, 1996）以及伍兹（Woods, 1996）。

虽然从机构投资者股东积极主义的兴起到现在已经有 20 多年，但是理论界对机构投资者股东积极主义的作用仍然存在很大的分歧，总体上存在三种不同的观点：第一，认为机构投资者从消极到积极的战略转换可以强化企业内部监督机制；第二，认为机构投资者的参与会对公司产生不利的影响，即干扰管理者的正常工作；第三，认为机构投资者的参与对公司没有显著的影响。

1. 监督论

赞成股东积极主义的学者认为，机构投资者股东积极主义即机构投资者积极监督管理者参与公司的决策，有助于缓和现代公司中的代理问题，因而他们将积极的机构投资者视为公司管理层的监督者。支持机构投资者股东积极主义的学者认为，机构投资者积极监督管理者参与公司的决策可以减少管理者的"机会主义行为"，提高企业内部资源的利用效率，从而提高公司的市场价值。施莱弗和维斯尼（Shleifer & Vishny, 1986）指出，由于机构投资者持股量较大，可以从公司市值的提高中得到较多的收益，因而它们更有动机也更有积极性去监督管理者，约束管理者，督促管理者提高公司的绩效。正如若尔（Roe, 1990）、泽科纳尔（Zechner, 1993）、胡塔特（Huddart, 1993）所指出的那样，当公司的股权结构较为分散，或者高度集中在控制性股东手中时，小股东不会愿意支付较高的成本去监督管理者或者公司的控制性股东，因为他们从监督行为所得到的收益无法弥补其所支付的相关成本，同时每个中小股东都寄希望于其他的股东去监督管理者或者控制性股东的"机会主义行为"，即每个中小股东都怀着"搭便车"的侥幸心理。这样的结果是谁也不去监督管理者或控制性股东，公司的控制权实际上掌握在管理者或控制性股东的手中，而不是非控制性股东手中，他们可以利用这种不受监督或者基本不受监督的权力为己谋利，即所谓的"机会主义行为"，而这种行为常常会侵犯其他中小股东的利益。

一些学者认识到，机构控制性股东的出现可以在一定程度上缓解"搭便车"问题。莫格（Maug, 1998）指出，机构控制性股东持股数量较多，它们有更大的动力去监督管理，因而可以缓解"搭便车"的问题。奇丹巴拉恩和约翰（Chidambaran & John，2000）从机构投资者的信息传递作用方面论证了机构投资者积极参与公司治理的正面作用。他们认为，机构控制性股东有能力从管理层获得企业的内部信息，并将这些信息传递给资本市场，因而机构大股东的存在可以缓和资本市场上的信息不对称问题。

2. 干扰论

一些学者（Lipton & Rosenblum，1991；Wohlstetter，1993；Heard & Sherman，1987；Romano，1993；Murphy & Van Nuys，1994）对机构投资者股东积极主义持反对意见。他们认为，机构投资者干预不会给公司带来什么益处。在他们看来，机构投资者过多干预公司的决策与管理者工作，会妨碍公司管理者的正常工作，因而不利于公司绩效的提高。在他们眼中，机构投资者不是积极的监督者而是公司的干扰者。他们从三个方面对机构投资者积极参与公司的政策制定、监督管理者的效果提出了质疑：第一，利普顿和罗森布拉姆（Lipton & Rosenblum，1991）以及沃尔斯泰特（Wohlstetter，1993）认为，机构投资者一般不具备管理企业的专业技能，也没有经验来改进管理者所提出的决策，它们的政策建议对企业没多大意义，同时还有可能使管理者提出的政策无法顺利贯彻、执行，即干扰管理者的工作。第二，赫德和谢尔曼（Heard & Sherman，1987）认为，机构投资者更注重短期收益而忽视企业长期的稳定性。机构投资者更为注重企业短期内的市场表现，因而会妨碍管理者提出的一些只有在长期才能见效益的计划，这将不利于企业的长期发展。第三，墨菲和范诺伊斯（Murphy & Van Nuys，1994）注意到，机构投资者内部同样存在委托－代理问题和控制权与所有权分离的问题。机构投资者股东积极主义的行为目标不一定是所有出资人的目标，即其目标不是提高目标公司的业绩以及市场价值，而是基金管理者本人的目标。因而存在这种可能，即基金管理者为个人利益而损害目标公司的利益。基金管理者的目标是多维度的而不仅仅包括市场价值这一维度。罗马（Romano，1993）指出，机构投资者所追求的目标并不是股价的最大化，它们的目标常常具有一定的政治性与社会性，而当基金管理者的目标脱离经济维度，它们的政策建议有可能导致企业市值的下降。凯尔乐敦、尼尔森和维斯巴赫（Carleton，Nelson & Weisbach，1998）的研究发现，部分机构投资者主张妇女或少数民族进入董事会常常会导致公司股票市值的下降。因此，这些学者认为，机构投资者的干预不仅不会提升公司的业绩，还有可能增加企业的成本，造成企业市值的下降。

3. 无效论

有关机构投资者积极参与公司治理的第三种观点是机构投资者股东积极主义对公司的绩效与市值没有明显的影响，即所谓的无效论。罗马（Romano，1998）提出，大多数机构投资者参与公司治理的方式是试图改变公司的治理结构，这种治理结构的变化对公司的绩效影响并不显著。卡尔波夫、马拉特斯塔和沃克林（Karpoff，Malatesta & Walkling，1996）以及瓦哈尔（Wahal，1996）也持有类似的看法。他们认为，机构投资者积极参与公司治理对于改进公司的决策水平是无效的。詹森（Jensen，1993）也持类似的观点，他认为作为内部治理机制之一的机构投资者积极参与公司治理，在约束管理者方面的作用有限。布莱克（Black，1997）指出，机构投资者在监督管理者方面的投入很少，不能起到什么实际作用，它们不愿为干预公司付出过高的成本，因而它们参与公司治理所达到的效果也甚微。

综上所述，有关机构投资者股东积极主义作用的争论如此激烈本身就表明，机构投资者股东积极主义本身存在着很大的不确定性，仍需要时间进行充分的验证。即便如此，经验证明作为一个新强势集团的机构控制性股东的地位上升，必定会对现有的公司治理结构产生重大的作用和影响。

利普顿和罗森布拉姆（Lipton & Rosenblum，1991）、沃尔斯泰特（Wohlstetter，1993）认为，机构投资者一般不具备管理企业的专业技能、没有企业管理的经验，从而得出机构投资者参与治理不利于企业的结论，不能令人信服。因为监督管理者主要目的是限制其"机会主义行为"，主要是侵害股东利益的行为，而限制这种行为并不需要太多的专业知识。即使监督管理者需要一些专业技能，基金的管理者也可以通过学习而掌握，或者可以直接选用一些有企业管理经验的人做基金的管理者。因而利普顿等人的观点不能令人满意，更难以符合现实。

罗马（Romano，1998），凯尔乐敦、尼尔森和维斯巴赫（Carleton，Nelson & Weisbach，1998）等认为，机构投资者的目标包括了政治、社会因素因而不利于公司治理。但事实上，正是因为机构投资者的目标包括了社会因素，它们的参与对公司治理的意义更为重大。如上所述，企业的治理目标应该是社会利益的最大化，机构投资者的干预带有社会因素正是对现有治理结构的一种改良。企业本身具有社会性，它所服务的应该是所有的利益相关者，乃至整个社会（Dodd，1932）。因此，机构投资者的社会性不是其参与治理的不利因素，而是有利因素。瓦哈尔等人的无关论，是在实证研究的基础上得出的。他们的研究发现，股东的积极主义与企业的股票市值并不具有显著的相关性。根据笔者所掌握的资料，得出无关结果的实证研究，大多是仅就股东的提案情况进行研究，即分析股东的提案数量与公司的绩效相关性。但是股东积极主义包括多种方式，如机构投资者私下与管理者协商，一些实证研究证明非正式的私下沟通要比股东提案更为有效。股东提案包含了这样的信息：机构控制性股东与管理者意见的不一致，它向外界传递了不利于企业的信息，因此不大可能引起企业股票市价的上升。

（二）机构投资者对公司治理结构的影响

机构投资者股东积极主义除了对公司业绩、股票价格有直接的影响外，对目标公司的治理结构也会带来一定的影响，如促进有关公司治理方面的法律法规的改进、限制管理层薪酬的不合理增长、维护股东投票权利、制定并推行上市公司治理准则等。

首先，促进有关公司治理方面的法律法规的改进。在上市公司股权高度分散的情况下，股东参与公司治理通常会面临"搭便车"问题。同时，投资者在行使权利时还要受到法律的不适当的限制。比如，投资者在行使提案或提名权时，在法律上要受到证券法的严格监管，尤其是在与公司管理层发生对抗或冲突的情况下，往往处于不利的地位。为了改变这一局面，机构投资者积极地争取修改现行法律，以消除不利于股东行使权利的法律限制。

以美国为例，1992年以前委托书征集规则对股东之间的沟通行为采取严格的监管政策，相关的法律、法规要求股东之间的任何沟通行为都要履行相应的信息披露和注册备案义务，提高股东之间沟通活动的成本，实际上起到了限制股东之间沟通行为的作用。在机构投资者的推动下，美国于1992年发布了《股东之间沟通行为的监管准则》，对其委托书征集活动的监管规则进行了重大修改，大大减少了股东之间沟通的法律障碍。新规则对"征集"一词进行限制解释，明确将宣告自身投票立场的行为、协调相互投票立场的行为、劝诱而不寻求代理投票的行为等与征集投票权的行为区分开来，从而大大便利了股东之间在公司治理方面的交流和沟通。目前，机构投资者仍在积极推动其他限制性规则的修改，如威廉姆斯法案下的反垄断法案下的安全港规则等，以便逐步消除对股东行使权利不适当的法律限制。

其次，限制管理层薪酬的不合理增长。在 20 世纪 90 年代之后，美国等发达国家的管理层薪酬增长迅速。根据《华尔街日报》1994 年对美国最大 350 家上市公司的调查，1993 年这些大公司 CEO 的平均薪酬为 117.4 万美元，1994 年平均薪酬为 129.4 万美元，年增长率为 11.4%，而同期美国 GDP 的增长率为 3.5%。另外，管理层薪酬与公司普通员工工资的差距也一直在拉大，1993 年美国大公司管理层的薪酬与员工工资相差 42 倍，到 1994 年时已经是 160 倍。公司管理层薪酬如此不合理增长，使大公司管理层薪酬问题成为公司治理的焦点性问题，并被视为"经理资本主义"条件下管理者控制的典型弊端。因而，限制管理层薪酬不合理增长成为机构投资者股东积极主义行为的重要内容之一。在以机构投资者为首的社会群体的强烈要求下，美国开始通过立法对上市公司管理层的薪酬进行限制。从目前的实践来看，对公司管理层薪酬的限制主要通过以下两种途径：第一，以实质性管理的办法直接限制管理层的薪酬的最高数额。如美国国会 1993 年通过了一项《综合预算调整法》，补充成为《国内收入税法》的第 162 节。该法案规定，除非经公司股东大会特别批准且能够证明有关超额薪酬部分与公司的业绩表现有着合理的联系，上市公司管理层薪酬的税前可抵扣的额度原则上限制为每人每年不超过 100 万美元。第二，通过对管理层薪酬更加具体、更加全面的信息披露，间接限制管理层薪酬。在机构投资者的施压下，1992 年首先对委托书征集规则进行了修改，其中明确将"管理层薪酬"列为股东提案的正当内容。在更加透明的市场环境下，以机构投资者为代表的股东可以更为有效地监督管理层薪酬水平。

再次，投票权是机构投资者参与公司治理最为重要的方式，因而机构投资者特别关注其投票权地位是否被稀释或削弱，在这方面，机构投资者一致坚持一股一权原则，并将其视为良好公司治理的基本标准之一。20 世纪 80 年代后期有关一股一权原则存废之争，正鲜明地展现了这一原则所受到的关注程度。

最后，制定并推行上市公司治理准则。机构投资者股东积极主义行为对公司治理结构产生影响的另一个表现，是制定并推行了上市公司治理准则。在美国，机构投资者委员会制定了《股东权利宣言》，明确提出在公司治理和股东权利方面的一些核心要求。与此同时，一些大型的机构投资者也制定了大量的公司治理文件，要求其所投资的公司予以遵循。其中，加利福尼亚公共退休基金制定的关于公司治理的文件有：《美国公司治理的核心原则与指南》《公司治理的政策声明》《全球公司治理原则》等；全美教师保险金－大学教师退休基金（TIAA-CRFF）制定的公司治理文件主要包括：《良好的公司治理的重要因素》以及《关于管理层薪酬的投票指南》等。在英国，机构股东委员会先后推出了四项公司治理指引：《管理层收购准则》《董事的角色和义务》《机构股东的责任》《有关研发费用的披露建议》。从内容上看，机构股东所推行的公司治理准则主要集中在以下几个问题：独立董事的设置、管理层的薪酬、股东的投票权利、表决和选举的程序、公司的社会责任等。公司治理准则的推行，一方面规范了上市公司治理结构的设置，减少了制度设计的成本；另一方面也削弱了管理层的控制权，缓解了企业内部权力配置失衡所带来的不利影响。

（三）机构投资者对公司治理水平影响的扰动因素

机构投资者股东积极主义发展到现在已经有20多年，但作为其发源地的美国，治理失灵的问题仍时有发生。安然事件、世通事件等一次次地提醒我们，在有关公司治理方面还有许多问题需要解决。这一点也深刻地说明了股东积极主义作用的局限性，单纯依靠机构投资者股东积极主义并不能解决所有的问题。

虽然机构投资者股东积极主义可以缓解企业权力配置失衡问题，对公司治理结构改善有很大的积极作用。但是也必须看到，还存在很多因素抑制机构投资者股东积极主义作用的发挥。这些因素主要包括：机构投资者内部的代理问题、机构投资者所面临的短期业务压力、机构投资者所面临的利益冲突等。

首先，是机构投资者内部的代理问题。机构投资者之所以没有像人们所期望的那样解决公司治理的所有问题，主要原因之一是机构投资者内部代理人缺乏激励而委托人又没有能力检测代理人的行为。为了全面了解机构投资者在考虑投资与介入公司治理的态度时所面临的目标和激励，需要考察机构投资者的一些关键性安排。下面以养老基金为例来考察机构投资者的内部结构安排。一个大型养老基金的受益人与一个大公司的股东一样分散，而且在养老基金的环境中没有类似于上市公司的控制性股东，这个控制性股东可能愿意承担监督的成本。而且，基金与基金经营业绩的衡量方法与时间安排对基金经理的激励有重要影响，并且可能使基金投资的各个利益主体之间的代理问题恶化。在公司治理中，能够使管理层与股东的偏好一致的一个基本技巧就是使用激励薪酬，诸如股票期权。但是，这样的薪酬方案对于机构投资者很少使用而且也更加难以设计。因为机构投资管理的结构安排意味着股票的投票控制权与最终受益的所有者之间通常是分离的，受益人与基金经理在所有权层面上都存在着所有权与控制权分离下的代理问题。这些代理问题可能会导致基金采用与最终受益人的利益不一致的方式进行投资。此外，养老基金的托管人可以把投资管理指定给外部的基金经理来按照管理合约进行投资。在这种业务市场上，基金经理之间的竞争十分激烈，竞争的结果主要体现在基金业绩的"年度比赛成绩表"上。在英国，两个业绩测量服务公司——世界市场公司与联合精算业绩服务公司为单个基金经理制作业绩数据，并且为它们所调查的基金经理提供平均数据。因此，即使基金的托管人有追求基金长期价值最大化的动机，由于对基金管理者的评估是短期化的，基金管理者也不太可能遵从托管人的意愿追求基金长期价值。马什（Marsh, 1990）认为，对基金经理业绩按季度衡量的担忧反映了对基金经理活动和业绩衡量方法的误解。他认为，尽管基金的业绩可能是按季度进行监督的，但是基金经理的业绩并不是根据几个季度的数据进行评估的。同样，英国制造业竞争力工商业委员会 1994 年的数据表明，尽管业绩是按季度进行监督的，但是业绩评估的间隔时间要更长。此外，1993 年的一项调查发现，那些在 1993 年更换投资经理的养老基金中，离职的投资经理的任期平均值与中位值是 7 年。然而，尽管马什的研究反驳了基金管理者业绩衡量方式导致了基金经理行为的短期化，但是他并没提供基金经理重视长期业务的决定性证据。如果投资管理公司仅仅是按照它所管理资金的递减的百分比来获得年度费用，可能没有充分的动力来从事监督，因为只有它承担监督成本，而基金的受益人获得收益。但是，恰恰是这样的费用结构盛行于共同基金和养老基金。尽管成功的监督能够吸引新的客户从而增加基金的资产，可以部分地解决这个问题，但是这取决于委托人是否能够观察到代理人是否从事真正的监督而不是形式上的监督。如果不是这样，即使成功的监督也不一定能够吸引新业务从而增加代理人管理的资金。这又将我们导向了问题的关键：基金管理公司并不是股票的受益所有人，它不能充分分享由于干预所获得的利润增加额。除非所有基金管理公司采取集体干预，否则仅仅是干预的成本就减少了单个基金管理公司的利润。这样，在缺乏激励薪酬的情况下，代理人也许对监督持一种理性的冷漠态度，只履行法律要求他们的最低限度的职责。

其次，是机构投资者所面临的短期业务压力。公司治理改善的收益并不能马上转化为股票价值的上升。选举一些独立董事或者赋予机构投资者更大的"话语权"，很少能够使一家没有盈利的公司在短期内变为有盈利。实际上，向董事会引入一个不同意见的董事甚至可能导致一个动荡的、不确定的和利润率下降的过渡时期。因此，对于那些只打算持有几个月股票的短期交易者来说，改善公司治理的长期收益和管理层诚信度的提升没有多大意义，而资助股东反抗的成本却是现实而巨大的。但是，如果不对为什么机构的基金经理必须关注短期做出合理的解释，而仅仅依赖长期收益与短期成本之间的时间差异来解释他们监督的消极性是不完全的。在这里，需要关注机构投资者这一层次上的代理成本。许多机构投资者为了投资者的资金而展开了激烈的竞争，共同基金是最明显的例子。如果它们的赢利能力落后平均水平即使只有一个季度，有些投资者就会赎回它们的资金并把资金转移到竞争对手那里。因此，基金经理之间的竞争导致每个经理寻求投资组合中股票的短期溢价，即使他们知道购买并持有的策略能够使股票持有人获得更多利润。其他机构如养老基金，并不受制于同样的压力，但是其他的内部业绩压力可能同样激烈。例如，养老基金使用许多外部的基金经理并且经常更换那些业绩落后于同行的基金经理。因此，只要职业的基金经理对他们的月度和季度业绩负责，而且改善公司治理的收益在同一时期内无法产生的话，他们肯定不愿意花费资金或者承担提高他们比较优势的成本。此外，在任何竞争中，都会不可避免地出现落后者。例如，如果一个养老基金使用四个外部基金经理，业绩最落后的那个可以预料自己将被替换，除非他的业绩能够追上来。在这样的环境中，短期业绩对于作为代理人的基金经理来说十分重要，尽管它只是作为委托人的养老基金的次要考虑。

再次，是机构投资者所面临的利益冲突。庞德（Pound，1988）提出的三种不同的假设，可能有助于解释机构投资者之间的关系和它们干预公司治理的动力。这些假设是：有效监督假设、利益冲突假设和战略联盟假设。有效监督假设认为，机构投资者能够接触到更多的信息因而能够比小股东以更低的成本监督管理层。战略联盟假设认为，机构投资者和董事会可能发现在某些议题上的合作是互利的。同样，利益冲突假设表明机构投资者与公司有业务关系，这使得它们不愿意积极地限制管理层的决断权。基金管理业是一个竞争激烈的行业，基金管理公司为新的养老金账户展开竞争。"积极主义者"的名声有可能招致一些公司的反感，阻碍其获得新客户的能力，因而基金经理会规避给他们带来这种名声的行为。私人养老基金尽管可以从公司管理层那里获得投票与投资决策权，但是它们要承受来自管理层的压力，后者可以操纵它们在代理权斗争中如何投票。此外，通常情况下私人养老基金的托管人是向高级管理层负责的公司雇员或者代理人，前者可以预料到后者对机构投资者股东积极主义会持有相同态度。因此，在英国和美国，大多数公司养老金计划遵循同样一条黄金准则："己所不欲，勿施于人。"换句话说，就是支持管理层。

此外，机构投资者可能因为股权结构而面临利益冲突，尤其当某些基金管理机构是投资银行的子公司的时候。一般情况下，投资银行会直接地或者通过其他附属机构担当着许多上市公司的投资顾问。在这种情况下，在公司治理问题上，机构投资者与它的母公司投资银行之间可能出现利益冲突。如果母公司与被干预的公司之间有业务关系，或者母公司可能在诸如接管、股票增发这样一些未来事务上担当公司的顾问，那么机构投资者所采取的限制管理层决断权的行动，可能对它的母公司产生长期的消极影响。

在美国，《雇员退休收入保障法案》（ERISA）禁止公司管理层对养老基金施加这种影响，相反，它要求养老金计划托管人根据可靠的信息来投票，并且投票方式要符合受益人的利益而不是发起公司的利益。但是，这种规定的有效性受到了质疑。首先，公司管理层有合法权利收回投票权。在某种程度上，这种权利现在正在被使用。而且一旦投票权被收回，可以预料到公司的管理层一般会相互支持以期望将来某一天自己同样受益。只有公共养老基金和共同基金不受这样的压力，因此它们最可能反对管理层的提议。

机构投资者参与公司治理所面临的利益冲突，还可能来自信息优势的丧失。如果机构投资者反对公司管理层，它们可能会得不到公司管理层所提供的软信息，因为管理层只会向"友好的"证券分析师和机构投资者提供这种信息。共同基金被认为是最容易遭受这种打击的机构，因为它们是非常活跃的交易者。但是对于诸如指数基金和养老基金这样的长期股票持有者，这种软化信息的价值非常有限。对于这些长期的大型持股者，在处理大量股票时可能会遭受的大宗股票销售折扣损失，可能要大于从活跃的交易中产生的收入。尽管利益冲突问题是现实的，但是对它的程度究竟如何却有争议。对是公司重要股东的机构投资者来说，从改善的公司业绩中获得收入可能超过业务被转移的潜在损失。因此，随着机构持股规模的增加，从股东积极主义中获得的预期收入越来越可能超过损失。此外，就积极介入代理权斗争而带来的名声损害程度而言，"退出"仍然是一个合理的战略。因此，当公司确实能够进行报复的时候，机构投资者规避代理权或者其他控制权斗争是理性的行为。只要"退出"选择存在，理性的机构投资者就可以根据过去的情况进行决策。实际上，它只有在首先评估过管理层威胁的消极面后才会投票支持异议者。相应地，这使得公司管理层具有更大的动机进行报复。

总而言之，由于机构投资者作为股东和投资者的二重角色和现在的或潜在的业务服务提供者的身份，机构投资者在与公司的交往中面临着利益冲突。这种利益冲突，在一定程度上抑制了它们在出现公司治理缺陷时向公司管理层施加压力的意愿。

三　研究假设

通过本书第七章的博弈模型研究，结合命题 7-1 至命题 7-5 的结论，可以提出如下研究假设：

假设 8-1：当机构投资者联盟持股比例较高时，机构投资者联盟的持股比例、股权控制力与公司治理水平呈正相关关系，而机构投资者联盟的持股流动性与公司治理水平呈负相关关系。

假设 8-2：当机构投资者联盟持股比例一般时，机构投资者联盟的持股比例、持股流动性与公司治理水平呈负相关关系，而机构投资者联盟的股权控制力与公司治理水平呈正相关关系。

假设 8-3：当机构投资者联盟持股比例过低时，机构投资者联盟的持股比例、股权控制力和持股流动性与公司治理水平的相关关系不能确定。

下面本书将在前面理论分析的基础上，进行计量回归分析。这项工作将从样本选择、变量定义、描述性统计、多元回归分析等几个方面进行，从而对理论研究的相关结论进行实证检验。

四　样本选择与变量定义

（一）样本选择

本书回归分析所用数据来源于国泰安数据库。本书所选取的样本为2010～2012年中国沪深两市A股上市公司中连续三年都有三家机构投资者持股的上市公司。这里需要解释为什么要选取必须连续三年都有三家机构投资者持股的上市公司。这是因为本书要考察机构投资者联盟的股权控制力和持股流动性，因此不能简单考虑机构投资者整体的持股情况；这样可以避免因机构投资者没有连续持股而导致数据的不一致。至于为什么没有选择连续三年有四家甚至更多机构投资者持股的情况，是因为这样可以避免因机构投资者个数过多而出现符合条件的样本数量大量减少，进而导致回归分析的科学性降低的情况。本书通过筛选，剔除掉了数据不完整的样本，最终确定的样本公司为620家。

（二）变量定义

本书根据博弈模型分析，对变量做了如下定义：

1. 被解释变量

本书根据博弈模型的分析，考察机构投资者对中国上市公司治理的有效性。因此，选取被解释变量：公司治理水平变量用公司治理指数表示；公司绩效变量用总资产收益率、净资产收益率和每股收益率表示。[①]

在被解释变量中涉及了公司治理指数，在此要予以重点说明。因为涉及公司治理水平的指标很多，为了更便于回归分析，本书运用主成分分析法构建了公司治理指数，这里借鉴了白重恩等（2005）[②] 的研究方法，

---

① 运用托宾 q 值来衡量公司绩效是西方学术界比较通行的方法。但由于国内数据库中，托宾 q 值的数据不全，并且由于现在中国市场化程度不是很高，托宾 q 值很难准确衡量公司绩效。因此，国内的很多研究都不再使用托宾 q 值，而用总资产收益率代替。有鉴于此，本书便使用总资产收益率来评价公司绩效，并在后面的计量回归中用净资产收益率和每股收益率进行稳健性检验。

② 白重恩、刘俏、陆洲、宋敏、张俊喜：《中国上市公司治理结构的实证研究》，《经济研究》2005 年第 2 期。

并对其部分指标进行了修改。本书采用的衡量公司治理水平的指标见表
8-1。

表 8-1　公司治理指数变量说明

考虑因素	变量定义	变量名称	变量说明
董事会治理	两职兼任	*ceo*	如果 CEO 兼任董事会主席或副主席，取值为 1；否则，取值为 0
	外部董事比例	*wbds*	独立董事人数/董事会人数
	外部监事比例	*wbjs*	不领取薪酬的监事人数/监事会人数
高管激励机制	高管薪酬	*wage*	年度高管薪酬总额
股权结构	第一大股东性质	*top1xz*	分为国有绝对控股、国有强相对控股、国有弱相对控股、国有参股和无国有股，采用虚拟变量衡量
	第一大股东持股比例	*top1cg*	年度第一大股东持股比例
	关联交易	*gljy*	年度关联交易总额
	股权集中度	*hhi3*、*hhi5*、*hhi10*	赫芬达尔指数 3、5、10
信息披露机制	海外上市	*abroad*	如果上市公司还在海外上市，则值为 1，否则为 0

运用主成分分析法，可以将表 8-1 中的各个变量构成公司治理指数
（Z 指数）。考虑到上市公司治理水平受年度影响较大，因此分别构建了
2010 年、2011 年和 2012 年的公司治理指数。结果见表 8-2：

表 8-2　2010~2012 年公司治理指数成分构成

指数构成	2010 年	2011 年	2012 年
CEO 是否兼任董事会主席或副主席（*Zceo*）	-0.036	-0.131	-0.173
外部董事比例（*Zwbds*）	0.002	-0.039	0.06
外部监事比例（*Zwbjs*）	0.213	0.359	0.221
高管薪酬（*Zwage*）	-0.141	-0.254	-0.249
第一大股东性质（*Ztop1xz*）	-0.671	0.712	0.719
第一大股东持股比例（*Ztop1cg*）	0.992	0.987	0.978
关联交易（*Zgljy*）	0.342	-0.018	-0.054
赫芬达尔指数 3（*Zhhi3*）	0.973	0.971	0.972
赫芬达尔指数 5（*Zhhi5*）	0.992	0.971	0.971
赫芬达尔指数 10（*Zhhi10*）	0.981	0.971	0.972
是否海外上市（*Zabroad*）	0.249	0.219	0.217

数据来源：来自国泰安数据并由笔者运用 SPSS 统计软件计算整理。

2. 解释变量

本书的解释变量为反映多家机构投资者特征的机构投资者联盟的持股比例、股权控制力和持股流动性。其中机构投资者联盟的持股比例变量定义为上市公司中持股排名前三的机构投资者持股比例之和；机构投资者联盟的股权控制力变量定义为上市公司中持股排名前三的机构投资者的股权集中度；机构投资者联盟的持股流动性变量定义为上市公司中持股排名前三的机构投资者年平均持股变动率。此外，为了考察机构投资者整体持股比例对上市公司治理水平和公司绩效的影响，本书另外选择了全部机构投资者持股比例作为解释变量。

3. 控制变量

因为影响公司治理水平和公司绩效的因素有很多，远远不止机构投资者特征一个方面，所以，将其他可影响公司治理水平和公司绩效的因素作为控制变量。除了机构投资者特征外，公司规模、负债程度和企业所处行业都可能影响上市公司的治理水平；除了机构投资者特征外，公司规模、资产负债率、行业和第一大股东性质都可能影响上市公司的绩效。因而，选择如下控制变量：

（1）公司规模，用公司总资产的对数来表示；

（2）负债程度，用资产负债率来衡量；

（3）行业虚拟变量，在具体的行业分类上，本书采用申银万国行业分类标准，以综合类为基准组，设置了 21 个代表行业分类的虚拟变量来控制不同行业所带来的影响，这些行业依次是：农林牧渔、采掘、化工、黑色金属、有色金属、建筑材料、机械设备、电子元器件、交运设备、信息设备、家用电器、食品饮料、纺织服装、轻工制造、医药生物、公用事业、交通运输、房地产、商业贸易、餐饮旅游和信息服务；[①]

（4）第一大股东性质，按照第一大股东的性质（国有绝对控股、国有强相对控股、国有弱相对控股、国有参股和无国有股）设立四个虚拟变量。

将所有被解释变量、解释变量和控制变量进行汇总，并将各变量的英文代码在变量定义中注明。具体汇总情况如表 8 - 3。

---

① 行业分类标准来源于国泰安数据库。

表 8 - 3　变量定义与说明

考虑因素		变量定义	变量说明
被解释变量		公司治理水平	公司治理指数（Zindex）	运用主成分分析法将治理水平指标指数化
解释变量 （机构投资者特征）	机构投资者联盟持股比例	持股比例排名前三的机构投资者持股比例（IIshare3）	持股比例排名前三的机构投资者持股比例之和
	机构投资者联盟股权控制力	持股比例排名前三的机构投资者持股集中度（IIhhi）	持股比例排名前三的机构投资者在全部机构投资者持股比例中的赫芬达尔指数
	机构投资者联盟的持股流动性	持股比例排名前三的机构投资者年平均持股变化率（IIbdl）	｜持股比例排名前三的机构投资者本年与上年持股比例之差｜/本年度持股比例，再取平均值
	机构投资者整体持股比例	全部机构投资者持股比例之和（IIshare）	年度机构投资者持股比例求和
控制变量	其他可能的影响因素	公司规模（size）	用公司总资产的自然对数来代表公司规模
		负债程度（lev）	用总资产负债率来衡量负债程度
		行业虚拟变量（ind）	采用申银万国行业分类标准，以综合类为基准组，设置了 21 个代表行业分类的虚拟变量来控制不同行业所带来的影响，具体分类数据来源于国泰安数据库
		第一大股东性质（top1xz）	分为国有绝对控股、国有强相对控股、国有弱相对控股、国有参股和无国有股，采用虚拟变量衡量

五　描述性统计

本书选取的数据样本均为中国沪深两市 A 股上市公司。而且这些上市公司在 2010～2012 年间均有三家机构投资者在年度数据中显示持有上市公司股票。前面已经提及，之所以将三家机构投资者作为选择标准，是因为本书要考察多家机构投资者的股权集中度和年度持股变动率均值，因此剔除了少于三家机构投资者的公司样本。此外，如果选择标准大于三家机构投资者，将使研究样本大量减少，从而导致计量回归分析的科学性降低。运用统计软件对数据进行了筛选，剔除了部分数据不全的样本，最终确定样本数为 620 个。本书采用数据来源于国泰安数据库，数据经过笔者运用

SPSS 统计软件计算整理，将计量分析中所涉及的各个变量的描述性统计结果汇总见表 8 - 4。

表 8 - 4　主要变量的描述性统计

变量分类	变量名称	均值			标准差		
		2010 年	2011 年	2012 年	2010 年	2011 年	2012 年
公司治理水平	Z 指数	0.015	0.000	- 9.57	4.509	4.514	4.512
机构投资者特征	IIshare3	4.78%	5.17%	4.78%	3.03	2.89	2.96
	IIhhi	145.02	838.80	1154.40	1768.39	1202.89	161.53
	IIbdl	0.91	0.88	0.67	0.89	0.22	0.47
	IIshare	12.08%	18.77%	15.72%	9.21	12.33	13.09
控制变量	size	22.21	22.51	22.68	1.33	1.36	1.39
	lev	0.50	0.50	0.50	0.20	0.19	0.20

数据来源：国泰安数据，并由笔者运用 SPSS 统计软件计算整理。

通过表 8 - 4 的整理可以看出，2010 ~ 2012 年间，在 620 家上市公司中，机构投资者整体的持股比例分别为 12.08%、18.77% 和 15.72%，但机构投资者整体持股状况差异性较大，其中最高比例达到 66.2%，最低比例仅为 0.04%。持股排名前三位的机构投资者持股比例变化不大，三年分别为 4.78%、5.17% 和 4.78%。前三位的持股集中度明显增加，由 2010 年的 145.02 提高到 2012 年的 1154.40，说明机构投资者在上市公司的持股相对更加集中。机构投资者年度持股变动率平均值在三年间明显下降，由 2010 年的 0.91 降低到 2012 年的 0.67，这说明，机构投资者持股的流动性在逐渐降低，持股稳定性增强。

六　多元回归分析

（一）计量模型

通过模型变量的定义和第四章至第六章的理论分析及相关命题，笔者构建了如下关于机构投资者特征对公司治理指数影响的计量回归模型：

$$Zindex = \beta_0 + \beta_1 \times IIshare3 + \beta_2 \times IIhhi + \beta_3 \times IIbdl + \varepsilon \qquad (8 - 1)$$

在 8 - 1 式中，$Zindex$ 表示公司治理指数，$IIshare3$ 表示公司持股排名前三位的机构投资者持股比例，*IIhhi* 表示持股排名前三位的机构投资者在全部机构投资者持股比例中的股权集中度，*IIbdl* 表示持股排名前三位的机构投资者年度持股变动率的平均值。

此外，本书还参照李维安和李滨（2008）的计量模型构建了本书的另一个计量模型，并用本书选取的样本数据及公司治理指数对其模型进行了修订，通过此项工作笔者试图为本书的研究结论提供佐证。计量模型构建如下：

$$Zindex = \beta_0 + \beta_1 \times IIshare + \varepsilon \qquad (8-2)$$

在 8 - 2 式中的 *IIshare* 表示机构投资者整体的持股比例。这里是沿用李维安和李滨（2008）计量模型的分析方法，分析机构投资者整体的持股比例对公司治理水平的影响。虽然本书理论分析中没有重点关注这个问题，但可以通过对这个问题的分析为本书相关分析的结论提供佐证。

（二）回归结果

首先，对 8 - 1 式进行回归分析。本书采用 OLS 逐步回归的方法，运用 SPSS 计量回归软件对 8 - 1 式和 8 - 2 式进行回归，结果见表 8 - 5、表 8 - 6、表 8 - 7 和表 8 - 8。

表 8 - 5　持股比例排名前三的机构投资者特征与公司治理指数的多元回归结果（2010 年）

	被解释变量：*Zindex*			
	Model（1）	Model（2）	Model（3）	Model（4）
IIshare3	- 0. 323 ***	- 0. 406 ***	- 0. 405 ***	- 0. 272 ***
	（0. 000）	（0. 000）	（0. 000）	（0. 000）
IIhhi		- 0. 209 ***	- 0. 201 ***	- 0. 089
		（0. 001）	（0. 001）	（0. 185）
IIbdl			0. 047	0. 038
			（0. 395）	（0. 478）
lev				- 0. 242 ***
				（0. 001）
size				0. 302 ***
				（0. 001）
ind	控制	控制	控制	控制
样本量	620	620	620	620
R^2	0. 511	0. 544	0. 546	0. 589

注：表中上行数字为估计系数，括号内数字为双尾概率 *P* 值，回归结果经过异方差修正。* 表示在 10% 的显著性水平下显著，** 表示在 5% 的显著性水平下显著，*** 表示在 1% 的显著性水平下显著。

由表 8 - 5 可知，在控制了行业变量后，2010 年上市公司持股比例排名前三的机构投资者持股比例与公司治理指数显著负相关；持股比例排名前三的机构投资者在机构投资者整体持股中的股权集中度与公司治理指数呈负相关关系，但并不显著；持股比例排名前三的机构投资者年平均持股变动率与公司治理指数呈正相关关系，但并不显著。另外，资产负债率与公司治理指数显著负相关，公司规模与公司治理指数显著正相关。

表 8 - 6　持股比例排名前三的机构投资者特征与公司治理指数的
多元回归结果（2011 年）

	被解释变量：*Zindex*			
	Model（1）	Model（2）	Model（3）	Model（4）
IIshare3	- 0. 325 *** (0. 000)	- 0. 393 *** (0. 000)	- 0. 395 *** (0. 000)	- 0. 301 *** (0. 000)
IIhhi		- 0. 226 *** (0. 000)	- 0. 226 *** (0. 000)	- 0. 152 ** (0. 027)
IIbdl			- 0. 010 (0. 859)	- 0. 002 (0. 966)
lev				- 0. 146 ** (0. 050)
size				0. 199 ** (0. 037)
ind	控制	控制	控制	控制
样本量	620	620	620	620
R^2	0. 521	0. 560	0. 560	0. 574

注：表中上行数字为估计系数，括号内数字为双尾概率 *P* 值，回归结果经过异方差修正。* 表示在 10% 的显著性水平下显著，** 表示在 5% 的显著性水平下显著，*** 表示在 1% 的显著性水平下显著。

由表 8 - 6 可知，在控制了行业变量后，2011 年上市公司持股比例排名前三的机构投资者持股比例与公司治理指数显著负相关；持股比例排名前三的机构投资者在机构投资者整体持股中的股权集中度与公司治理指数显著负相关；持股比例排名前三的机构投资者年平均持股变动率与公司治理指数呈负相关关系，但并不显著。另外，资产负债率与公司治理指数显著负相关，公司规模与公司治理指数显著正相关。

表 8 - 7　持股比例排名前三的机构投资者特征与公司治理指数的
多元回归结果（2012 年）

	被解释变量：*Zindex*			
	Model（1）	Model（2）	Model（3）	Model（4）
IIshare3	- 0. 307 ***	- 0. 371 ***	- 0. 376 ***	- 0. 273 ***
	（0. 000）	（0. 000）	（0. 000）	（0. 000）
IIhhi		- 0. 158 ***	- 0. 150 **	- 0. 036
		（0. 018）	（0. 027）	（0. 636）
IIbdl			- 0. 041	- 0. 021
			（0. 484）	（0. 713）
lev				- 0. 174 **
				（0. 017）
size				0. 257 ***
				（0. 006）
ind	控制	控制	控制	控制
样本量	620	620	620	620
R^2	0. 539	0. 554	0. 555	0. 578

注：表中上行数字为估计系数，括号内数字为双尾概率 *P* 值，回归结果经过异方差修正。* 表示在 10% 的显著性水平下显著，** 表示在 5% 的显著性水平下显著，*** 表示在 1% 的显著性水平下显著。

由表 8 - 7 可知，在控制了行业变量后，2012 年上市公司持股比例排名前三的机构投资者持股比例与公司治理指数显著负相关；持股比例排名前三的机构投资者在机构投资者整体持股中的股权集中度与公司治理指数负相关，但并不显著；持股比例排名前三的机构投资者年平均持股变动率与公司治理指数呈负相关关系，但并不显著。另外，资产负债率与公司治理指数显著负相关，公司规模与公司治理指数显著正相关。

将各年数据汇总，见表 8 - 8。

表 8 - 8　持股比例排名前三的机构投资者特征与公司治理指数的
多元回归结果汇总（2010 ~ 2012 年）

	被解释变量：*Zindex*		
	2010 年	2011 年	2012 年
IIshare3	- 0. 272 ***	- 0. 301 ***	- 0. 273 ***
	（0. 000）	（0. 000）	（0. 000）
IIhhi	- 0. 089	- 0. 152 **	- 0. 036
	（0. 185）	（0. 027）	（0. 636）

续表

	被解释变量：Zindex		
	2010 年	2011 年	2012 年
IIbdl	0.038	− 0.002	− 0.021
	(0.478)	(0.966)	(0.713)
share	− 0.199 ***	− 0.187 ***	− 0.252 ***
	(0.001)	(0.002)	(0.000)

注：表中上行数字为估计系数，括号内数字为双尾概率 P 值，回归结果经过异方差修正。* 表示在10%的显著性水平下显著，** 表示在5%的显著性水平下显著，*** 表示在1%的显著性水平下显著。

通过对表 8 - 8，可以发现，2010 ~ 2012 年公司持股比例排名前三的机构投资者持股比例与公司治理指数显著负相关；持股比例排名前三的机构投资者在机构投资者整体持股中的股权集中度与公司治理指数负相关，但显著性不够稳定；持股比例排名前三的机构投资者年平均持股变动率与公司治理指数间的相关性不稳定。另外，所有机构投资者的持股比例与公司治理指数显著负相关。

七　小结

本章通过运用中国上市公司数据对机构投资者与中国上市公司治理水平的相互关系问题进行了实证研究。通过对已有相关文献的梳理，可以发现理论界对机构投资者与上市公司治理水平的问题仍然存在明显分歧。笔者运用中国数据进行实证研究发现，由于中国机构投资者发展规模有限，加之中国上市公司中"一股独大"问题明显，导致机构投资者对上市公司治理水平的推动作用比较有限。在分析过程中，笔者运用已有方法对中国上市公司 2010 ~ 2012 年间样本公司的公司治理水平进行了指数化，得出了相关上市公司的公司治理指数，并结合机构投资者持股比例、持股比例排名前三的机构投资者持股比例总和、持股比例排名前三的机构投资者股权集中度和持股比例排名前三的机构投资者持股变动率几个相关指标进行了分析。结果发现，机构投资者持股比例与上市公司治理水平之间没有稳定的相关关系。

第九章
机构投资者与中国
上市公司经营绩效

本书在第五章、第六章、第七章分别构建了单一机构投资者与控制性股东的序贯博弈模型、单一机构投资者与控制性股东无限重复博弈模型和多家机构投资者与控制性股东的博弈模型，并在博弈模型分析的基础上，提出了相关研究命题。本章将对这三章提出的命题中，关于机构投资者与中国上市公司经营绩效方面的假设进行实证研究，对相关博弈模型提出的研究命题予以验证。

一 引言

在多家机构投资者与控制性股东博弈模型的分析中，笔者考虑更为符合中国证券市场现实的情况，即将反映机构投资者持股比例、股权控制力和持股流动性等的变量同时纳入分析模型当中，并得出了相关结论。本章将在相关结论的基础上构建计量模型，选取合适的变量来对博弈模型分析中的各个变量予以科学解释，并运用计量经济学软件，进行回顾分析。此外，笔者还将进行案例分析，并通过案例分析使本书所要研究的问题更加直观和更具说服力。

二 机构投资者对公司经营绩效影响概述

传统上，机构投资者一般会遵循"华尔街准则"。当它们对公司绩效不满意的时候，会实施"退出策略"，直接卖出持有的股票。然而，随着持股份额的增加，退出策略的实施成本越来越高，它们转而通过积极"发言"来影响管理层的决策，迫使管理层去追求股东的长期利益，在一定程度上影响了公司的绩效和价值（Pound，1991）。

机构投资者的股东积极主义行为，如股东提案、锁定目标公司、私下协商等方式是机构投资者参与公司治理最早使用的手段，对机构投资者与公司绩效关系的研究有很多集中在这方面。实施股东积极主义的基本上都是一些大型的机构，如加利福尼亚公共退休基金、美国全美教师保险金－大学教师退休基金等。瓦哈尔（Wahal，1996）研究了由于治理、接管以及绩效差而被福利基金列入监督目标的公司，他发现股东积极主义并不会给所有的样本公司带来超额收益，但对那些绩效差的公司来说，股东积极主义与超额收益显著正相关；此外，在被列入目标公司后，股东积极主义并没有给公司的股价和运营绩效带来长期的显著提高。史密斯（Smith，1996）研究了被 CalPERS 列入目标的公司，发现企业规模和机构投资者股份是企业被列入目标的重要因素，对那些采纳其议案的企业来说其超额收益是显著的，拒绝其议案的企业没有超额收益。另外，他还发现 CalPERS 在提升公司绩效方面是成功的，但对其他福利基金来说这是值得怀疑的。内斯比特（Nesbitt，1994）甚至认为 CalPERS 的监督在五年后会带来 41% 的超额回报。卡尔顿等（Carleton et al.，1998）考察了 TIAA-CREF 与 45 家目标企业之间私下协商的效果，结果表明大多数都能达成协议；亚历山大等（Alexander et al.，2007）考察了 TIAA-CREF 公司治理政策宣告的价值效应，发现机构投资者的数量与超额收益正相关。

国外也有不少研究者对机构投资者进行类型划分，并分别考察了它们对公司绩效的影响。如科克哈尔和戴维（Kochhar & David，1996）利用创新的一些产出指标来研究机构投资者对企业创新的影响，结果发现，机构投资者并没有产生短期主义行为倾向。在对机构进行分类研究之后，他们发现压力抵抗型机构与创新能力显著正相关，而压力敏感型机构与创新能力不存在显著相关，从而支持了监督论假说。沃德科（Woidtke，2002）利用企业中公共和私人养老基金的股权水平检验了与不同类型机构投资者的激励结构相关的价值效应，结果表明，当对机构投资者和企业之间的关系进行全面考察的时候，机构投资者的监督与价值效应有联系。另外，价值效应会因机构经理人的目标函数不同而有所差别。因此，当机构投资者的经理人监督企业管理者与其他股东存在利益冲突的时候，其他的股东并不必然会从机构投资者和企业管理层的关系中获益。受机构经理人目标函数的影响，企业管理层和机构投资者的关系可能会有积极、消极或没有价值效应：当机构投资者与其他股东的目标函数相近导致利益趋向一致时，会产生积极的价值效应；目标函数的差别导致利益冲突的时候会出现消极的价值效应。陈等（Chen et al.，2007）按持股规模、投资时间以及独立性将机构投资者划分为长期独立型以及灰色型后发现，大规模持股与招标公告回报、并购后三年买入并持有的超额回报、并购后经行业调整的资产回报率变化、并购后分析师盈利预测的变化正相关，而较高的机构投资者总体持股水平和灰色机构投资者持股水平却没有导致并购后的高绩效。同样的，机构投资者持股较多的企业比那些只有灰色机构投资者持股的企业更少公告低劣的并购交易。卡蒙特等（Comett et al.，2007）也发现，机构投资者持股比例和机构投资者家数与企业的营运现金流回报呈显著的正相关关系。但是，这种关系只存在于那些与目标公司存在很少商业关系（压力抵抗型）的机构投资者当中。庞德（Pound，1988）提出的三种假说从正反两方面讨论了机构投资者对公司绩效的影响：当机构投资者作为有效的监督者时会有积极效应；如果机构投资者同公司的管理层违反了信托责任，与管理层密谋或屈服于管理层则会出现消极效应。国外很多的实证研究也从正反两方面支持了这些假说。

麦克科尼尔和色瓦斯（McConnell & Servaes，1990）、内斯比特（Nesbitt，1994）、史密斯（Smith，1996）、德尔、古尔奇奥和豪克金斯（Del，Guereio & Hawkins，1999）、塔撒尔等（Tsal et al.，2007）发现，机构投资者的监督能够保证管理层更加关注公司绩效，减少机会主义和自利行为。阿格拉沃尔和克内贝尔（Agrawal & Knoeber，l996）、卡尔波夫等（Karpoff et al.，1996）、多噶尔和米莱尔（Duggal & Millar，1999）、弗休和拉萨尔（Faeeio & Lasfer，2000）却发现，机构投资者持股比例和公司绩效并没有显著的关系。塔伦和克利须那（Tarun & Krishna，1999）检验了印度证券市场中机构投资者持股比例与公司托宾 q 值的相关性，并根据国外、国内机构投资者持股比例与托宾 q 值分别呈正、负相关，而得出了国外、国内机构投资者对上市公司业绩具有不同影响的结论。同样，帕蒂班德拉（Patibandla，2006）将印度的大股东分为国外机构投资者和当地政府金融机构两种，并发现政府金融机构在监督管理者方面动力较低，依赖政府金融机构融资的企业出现了绩效的下降；国外机构投资者与公司绩效

（特别是盈利率）有正向关系。此外，还有结论显示，对于机构投资者股东积极主义行为而言，市场只存在一个短期的反应，很少有证据表明它们能对公司的股价和运行绩效有长期的提升作用。

国内有关机构投资者与公司绩效的实证研究在近几年越来越多，但所用的解释变量大多数是机构持股比例。上述研究的结论基本上都支持机构投资者持股比例会对公司绩效产生正向效应，但万俊毅（2004）将机构投资者作为一个股东群体，考察了其与公司治理、股票市场等的关系，发现机构投资者并没有改善公司的业绩。王曦和齐欢（2003）以托宾 q 值作为因变量，外资、B 股及法人持股比例为自变量，以 2000～2002 年高新技术上市公司为样本，通过回归分析研究了外资持股对上市公司绩效的影响。回归结果表明，境外机构投资者持股比例都有正的系数，而且统计显著相关，说明国外机构投资者的介入，对规范我国上市公司的经营行为会起到积极作用，对企业的赢利水平有显著的正向作用；境外机构投资者持股比国内法人持股对公司绩效的正向显著效应略高，说明境外机构投资者参与公司治理的意愿与能力比国内机构要强。

吴晓晖和姜彦福（2006）以主营业务总资产收益率为绩效指标，托宾 q 值为企业价值指标，控股股东控制力、控股股东股权性质、其他股东制约指数、机构投资者影响力为自变量，以 2000～2004 年上市公司的面板数据和混合截面数据为研究样本进行了回归分析，尽管分年度截面数据的回归结果并不稳定，但仍然较为一致地显示了机构投资者持股比例与公司价值及绩效之间有着显著的正相关关系。截面数据分析结果显示，机构持股比例和该年度绩效显著正相关，而且这种相关是在 1% 水平上的强烈相关。对于托宾 q 值，机构投资者持股量、企业规模、资产负债率和被解释变量有着显著关系。在考虑滞后一期的效应时，回归结果显示，机构持股比例越高，越有利于后一年度公司绩效和市场价值的提升。

孙凌姗和刘健（2006）选择了净资产收益率和托宾 q 值，从财务和市场两个角度来衡量上市公司的绩效，以机构投资者在上市公司中的持股比例为自变量，研究了二者的关系。虽然两种绩效指标与机构股东持股的相关系数符号相同，但只有在 1% 的置信水平下有较显著的正相关关系，而托宾 q 值却没有显著关系。他们认为，这可能是由于我国证券市场的非有效性和股价的投机性导致了市场绩效指标的缺陷；也表明机构投资者在参与公司治理和影响管理层决策上起到了一定的积极作用。另外，以机构股东持股比例为因变量，以绩效为自变量，他们检验了内生性问题，认为以证券公司和投资基金为主的机构投资者持股具有很小的内生性，且这种内生性主要依赖上市公司的财务绩效指标而非市场指标。

李维安和李滨（2008）以中国公司治理指数（CCGI^{NK}）为因变量，机构投资者持股比例为自变量，使用面板数据和截面数据计量方法研究了机构投资者参与上市公司治理的效果，发现当期机构投资者持股比例与公司治理指数之间存在不显著的正相关关系，但与后一期的公司治理指数之间存在显著的正相关关系，表明机构投资者的介入使上市公司治理水平得到了提高。另外，以资产周转率作为代理成本的替代变量，对机构投资者持股比例进行了回归分析，发现机构投资者持股比例越高，本年度与下一年度周转率越高，代理成本越低。以 ROE 和 EPS 两个指标反映公司的绩效水平，发现当期机构投资者的介入与前一期机构投资者的介入均能提高上市公司的ROE 和 EPS。机构投资者持股比例与上市公司的托宾 q 值之间存在显著的正相关关系，反映出机构投资者持股比例能够使市场改变对于公司未来利润的预期，而且是好的方向预期。这是因为机构投资者介入以后，往往会改变公司的治理结构与机制，影响管理层的运作，使上市公司获得更高的收益。前期机构投资者持股比例与上市公司托宾 q 值之间存在显著的正相关关系，表明机构投资者持股比例能够提升上市公司的市场价值。

综上所述，就机构投资者与公司绩效或公司市场价值的关系，很多研究是基于这样的假设来研究的，即机构投资者在参与公司治理后，能提升上市公司的治理水平，从而带来公司绩效或公司市场价值的增长。但是对于公司治理与公司绩效的关系，也有很多研究证明，二者之间并不一定呈正向关系，所以对机构投资者与公司绩效二者之间直接关系的研究可能存在一定的逻辑缺陷。如果机构投资者通过公司治理提升了企业的绩效，那么也应该是一种长期价值的提升，仅以绩效为主的测量指标，特别是以当期盈余或下期盈余作为机构投资者对公司价值影响的指标，缺乏一定的合理性。也就是说，可能是由于机构投资者强大的信息分析能力即"价值发现"功能，通过对公司短期的盈利预测来获取收益，导致机构投资者持股比例与公司绩效存在内生性的关系。事实上，我们可以采用企业成长情况（企业新增客户数量、有无拓展新的地区市场、是否进入新行业）、企业战略举措（新产品、新技术、新市场）、经营业绩改善状况（利润率水平、主营业务收入、资金的使用收益、技术利用）等指标来衡量机构投资者是否会对公司的长期价值产生影响。

三 研究假设

通过本书博弈模型研究，结合命题 7 - 1 至命题 7 - 5 的结论，可以提出如下研究假设：

假设 9 - 1：当机构投资者联盟持股比例较高时，机构投资者联盟的持股比例、股权控制力与公司绩效呈正相关关系，而机构投资者联盟的持股流动性与公司绩效呈负相关关系；

假设 9 - 2：当机构投资者联盟持股比例一般时，机构投资者联盟的持股比例、持股流动性与公司绩效呈负相关关系，而机构投资者联盟的股权控制力与公司绩效呈正相关关系；

假设 9 - 3：当机构投资者联盟持股比例过低时，机构投资者联盟的持股比例、股权控制力和持股流动性与公司绩效的相关关系不能确定。

下面本书将在前面理论分析的基础上，进行计量回归分析。这项工作将从样本选择、变量定义、描述性统计、多元回归分析等几个方面进行，从而对理论研究的相关结论进行实证检验。

四 样本选择与变量定义

（一）样本选择

本书回归分析所用数据来源于国泰安数据库。本书所选取的样本为 2010～2012 年中国沪深两市 A 股上市公司中连续三年都有三家机构投资者持股的上市公司。这里需要解释为什么要选取连续三年都有三家机构投资者持股的上市公司。这是因为，本书要考察机构投资者联盟的股权控制力和持股流动性，因此不能简单考虑机构投资者整体的持股情况，这样可以避免因机构投资者没有连续持股而导致数据的不一致。至于为什么没有选择连续三年有四家甚至更多机构投资者持股的情况，是因为这样可以避免因机构投资者个数过多而出现符合条件的样本数量大量减少，进而导致回归分析的科学性降低的情况。本书通过筛选，剔除掉了数据不完整的样本，最终确定的样本公司为 620 家。

（二）变量定义

本书根据博弈模型分析，对变量做了如下定义：

1. 被解释变量

本书根据博弈模型的分析，考察机构投资者对中国上市公司治理的有效性。因此，选取上市公司的公司绩效作为被解释变量。公司绩效变量用总资产收益率、净资产收益率和每股收益率表示。[①]

2. 解释变量

本书的解释变量为反映多家机构投资者特征的机构投资者联盟的持股比例、股权控制力和持股流动性。其中：机构投资者联盟的持股比例变量定义为上市公司中持股排名前三的机构投资者持股比例之和；机构投资者联盟的股权控制力变量定义为上市公司中持股排名前三的机构投资者的股权集中度；机构投资者联盟的持股流动性变量定义为上市公司中持股排名前三的机构投资者年平均持股变动率。此外，为了考察机构投资者整体持股比例对上市公司治理水平和公司绩效的影响，本书另外选择了全部机构投资者持股比例作为解释变量。

3. 控制变量

因为影响公司治理水平和公司绩效的因素有很多，远远不止机构投资者特征一个方面，所以，将其他可影响公司治理水平和公司绩效的因素作为控制变量。除了机构投资者特征外，公司规模、负债程度和企业所处行业都可能影响上市公司的治理水平；除了机构投资者特征外，公司规模、资产负债率、行业和第一大股东性质都可能影响上市公司的绩效。因而选择如下控制变量：

（1）公司规模，用公司总资产的对数来表示；

（2）负债程度，用资产负债率来衡量；

（3）行业虚拟变量，在具体的行业分类上，本书采用申银万国行业分类标准，以综合类为基准组，设置了 21 个代表行业分类的虚拟变量来控制

---

① 运用托宾 q 值来衡量公司绩效是西方学术界比较通行的方法。但由于国内数据库中，托宾 q 值的数据不全，并且由于现在中国市场化程度不是很高，托宾 q 值很难准确衡量公司绩效。因此，国内的很多研究都不再使用托宾 q 值，而用总资产收益率代替。有鉴于此，本书便使用总资产收益率来评价公司绩效，并在后面的计量回归中用净资产收益率和每股收益率进行稳健性检验。

不同行业所带来的影响，这些行业依次是：农林牧渔、采掘、化工、黑色金属、有色金属、建筑材料、机械设备、电子元器件、交运设备、信息设备、家用电器、食品饮料、纺织服装、轻工制造、医药生物、公用事业、交通运输、房地产、商业贸易、餐饮旅游和信息服务；[①]

（4）第一大股东性质，按照第一大股东的性质（国有绝对控股、国有强相对控股、国有弱相对控股、国有参股和无国有股）设立四个虚拟变量。

将所有被解释变量、解释变量和控制变量进行汇总，并将各变量的英文代码在变量定义中注明。具体汇总情况见表 9 – 1。

表 9 – 1 变量定义与说明

考虑因素		变量定义	变量说明
	公司绩效	总资产收益率（ROA）	净利润/年末普通股总数
		净资产收益率（ROE）	净利润/股东权益
		每股收益率（RPS）	税后利润/年末普通股总数
解释变量（机构投资者特征）	机构投资者联盟持股比例	持股比例排名前三的机构投资者持股比例（$IIshare3$）	持股比例排名前三的机构投资者持股比例之和
	机构投资者联盟股权控制力	持股比例排名前三的机构投资者持股集中度（$IIhhi$）	持股比例排名前三的机构投资者在全部机构投资者持股比例中的赫芬达尔指数
	机构投资者联盟的持股流动性	持股比例排名前三的机构投资者年平均持股变化率（$IIbdl$）	｜持股比例排名前三的机构投资者本年与上年持股比例之差｜/本年度持股比例，再取平均值
	机构投资者整体持股比例	全部机构投资者持股比例之和（$IIshare$）	年度机构投资者持股比例求和
控制变量	其他可能的影响因素	公司规模（$size$）	用公司总资产的自然对数来代表公司规模
		负债程度（lev）	用总资产负债率来衡量负债程度
		行业虚拟变量（ind）	采用申银万国行业分类标准，以综合类为基准组，设置了 21 个代表行业分类的虚拟变量来控制不同行业所带来的影响，具体分类数据来源于国泰安数据库
		第一大股东性质（$top1xz$）	分为国有绝对控股、国有强相对控股、国有弱相对控股、国有参股和无国有股，采用虚拟变量衡量

---

① 行业分类标准来源于国泰安数据库。

五　描述性统计

本书选取的数据样本均为中国沪深两市 A 股上市公司，并且这些上市公司在 2010 ~ 2012 年均有三家机构投资者在年度数据中显示持有上市公司股票。前面已经提及，之所以选择三家机构投资者作为选择标准，是因为本书要考察多家机构投资者的股权集中度和年度持股变动率均值，因此剔除了少于三家机构投资者的公司样本。此外，如果选择标准大于三家机构投资者，将使研究样本大量减少，导致计量回归分析的科学性降低。通过运用统计软件对数据进行筛选，剔除了部分数据不全的样本，最终确定样本数为 620 个。本书采用数据来源于国泰安数据库，经过笔者运用 SPSS 统计软件计算整理，将计量分析中所涉及的各个变量的描述性统计结果汇总见表 9 - 2。

表 9 - 2　主要变量的描述性统计

变量分类	变量名称	均值			标准差		
		2010 年	2011 年	2012 年	2010 年	2011 年	2012 年
公司绩效	*RPS*	0.56	0.80	0.61	0.39	0.70	0.82
	ROE	0.15	0.18	0.11	0.09	0.11	0.30
	ROA	0.67	0.08	0.06	0.04	0.05	0.06
机构投资者特征	*IIshare3*	4.78%	5.17%	4.78%	3.03	2.89	2.96
	IIhhi	145.02	838.80	1154.40	1768.39	1202.89	161.53
	IIbdl	0.91	0.88	0.67	0.89	0.22	0.47
	IIshare	12.08%	18.77%	15.72%	9.21	12.33	13.09
控制变量	*size*	22.21	22.51	22.68	1.33	1.36	1.39
	lev	0.50	0.50	0.50	0.20	0.19	0.20

数据来源：国泰安数据，并由笔者运用 SPSS 统计软件计算整理。

通过表 9 - 2 的整理可以看出，2010 ~ 2012 年，在 620 家上市公司中，机构投资者整体的持股比例分别为 12.08%、18.77% 和 15.72%，但机构投资者整体持股状况差异性较大，其中最高比例达到 66.2%，最低比例仅为 0.04%。而持股比例排名前三的机构投资者持股比例变化不大，三年分别为 4.78%、5.17% 和 4.78%，但前三位的持股集中度明显增加，由 2010 年的 145.02 提高到 2012 年的 1154.40，这说明机构投资者在上市公司的持股相对更加集中。机构投资者年度持股变动率平均值在三年间明显下降，由 2010 年的 0.91 降低到 2012 年的 0.67，这说明，机构投资者持股的流动性在逐渐降低，持股稳定性增强。

六 多元回归分析

（一）计量模型

通过模型变量的定义和序贯博弈理论分析及相关命题，笔者构建了如下关于机构投资者特征对公司绩效影响的计量回归模型：

$$ROA = \beta_0 + \beta_1 \times IIshare3 + \beta_2 \times IIhhi + \beta_3 \times IIbdl + \varepsilon \qquad (9-1)$$

在 9 - 1 式中的 ROA 为公司总产值收益率，用以表示公司绩效。其他变量与 8 - 1 式中所述相同。

$$ROA = \beta_0 + \beta_1 \times IIshare + \varepsilon \qquad (9-2)$$

在 9 - 2 式中的 $IIshare$ 表示机构投资者整体的持股比例。这里同样是沿用李维安和李滨（2008）计量模型的分析方法，分析机构投资者整体的持股比例与公司绩效的关系。虽然本书理论分析中没有重点关注这个问题，但可以通过对这个问题的分析为本书相关分析的结论提供佐证。

（二）回归结果

笔者仍然采用 OLS 逐步回归的方法，运用 SPSS 计量分析软件对 9 - 1 式和 9 - 2 式进行回归分析，结果见表 9 - 3、表 9 - 4、表 9 - 5 和表 9 - 6。

表 9 - 3 持股比例排名前三的机构投资者特征与公司绩效的
多元回归结果（2010 年）

	被解释变量：ROA			
	Model（1）	Model（2）	Model（3）	Model（4）
$IIshare3$	0.040	- 0.047	- 0.048	- 0.027
	(0.533)	(0.490)	(0.487)	(0.691)
$IIhhi$		- 0.223 ***	- 0.218 ***	- 0.201 ***
		(0.001)	(0.001)	(0.002)

续表

	被解释变量：ROA			
	Model（1）	Model（2）	Model（3）	Model（4）
IIbdl			0.044	0.010
			（0.452）	（0.851）
lev				−0.515 ***
				（0.000）
size				−0.053
				（0.517）
top1xz				−0.006
				（0.922）
ind	控　制	控　制	控　制	控　制
样本量	620	620	620	620
R^2	0.417	0.461	0.462	0.642

注：表中上行数字为估计系数，括号内数字为双尾概率 P 值，回归结果经过异方差修正。* 表示在 10% 的显著性水平下显著，** 表示在 5% 的显著性水平下显著，*** 表示在 1% 的显著性水平下显著。

由表 9 - 3 可知，在控制了行业变量后，2010 年上市公司持股比例排名前三的机构投资者持股比例与公司绩效负相关，但并不显著；持股比例排名前三的机构投资者在机构投资者整体持股中的股权集中度与公司绩效显著负相关；持股比例排名前三的机构投资者年平均持股变动率与公司绩效呈正相关关系，但并不显著。另外，资产负债率与公司绩效显著负相关；公司规模与公司绩效负相关，但不显著；第一大股东性质与公司绩效的关系也不显著。

表 9 - 4　持股比例排名前三的机构投资者特征与公司绩效的
多元回归结果（2011 年）

	被解释变量：ROA			
	Model（1）	Model（2）	Model（3）	Model（4）
IIshare3	0.129	−0.045	0.065	0.024
	（0.893）	（0.514）	（0.350）	（0.735）
IIhhi		−0.178 ***	−0.181 ***	−0.171 ***
		（0.007）	（0.006）	（0.009）
IIbdl			−0.101	−0.045
			（0.103）	（0.390）
lev				−0.616 ***
				（0.000）

续表

	被解释变量: ROA			
	Model (1)	Model (2)	Model (3)	Model (4)
size				0.026
				(0.768)
top1xz				-0.015
				(0.796)
ind	控制	控制	控制	控制
样本量	620	620	620	620
R^2	0.388	0.420	0.431	0.652

注: 表中上行数字为估计系数, 括号内数字为双尾概率 P 值, 回归结果经过异方差修正。* 表示在 10% 的显著性水平下显著, ** 表示在 5% 的显著性水平下显著, *** 表示在 1% 的显著性水平下显著。

由表 9-4 可知, 在控制了行业变量后, 2011 年上市公司持股比例排名前三的机构投资者持股比例与公司绩效正相关, 但并不显著; 持股比例排名前三的机构投资者在机构投资者整体持股中的股权集中度与公司绩效显著负相关; 持股比例排名前三的机构投资者年平均持股变动率与公司绩效呈负相关关系, 但并不显著。另外, 资产负债率与公司绩效显著负相关; 公司规模与公司绩效正相关, 但不显著; 第一大股东性质与公司绩效的关系也不显著。

表 9-5　持股比例排名前三的机构投资者特征与公司绩效的
多元回归结果 (2012 年)

	被解释变量: ROA			
	Model (1)	Model (2)	Model (3)	Model (4)
IIshare3	0.200 ***	0.112	0.112	0.090 ***
	(0.003)	(0.117)	(0.119)	(0.204)
IIhhi		-0.220 ***	-0.220 ***	-0.160 **
		(0.002)	(0.002)	(0.023)
IIbdl			0.003	0.020
			(0.962)	(0.708)
lev				-0.575 ***
				(0.000)
size				-0.042
				(0.615)
top1xz				-0.015
				(0.789)

续表

	被解释变量：ROA			
	Model（1）	Model（2）	Model（3）	Model（4）
ind	控制	控制	控制	控制
样本量	620	620	620	620
R^2	0.433	0.469	0.469	0.678

注：表中上行数字为估计系数，括号内数字为双尾概率 P 值，回归结果经过异方差修正。* 表示在 10% 的显著性水平下显著，** 表示在 5% 的显著性水平下显著，*** 表示在 1% 的显著性水平下显著。

由表 9－5 可知，在控制了行业变量后，2012 年上市公司持股比例排名前三的机构投资者持股比例与公司绩效显著正相关；持股比例排名前三的机构投资者在机构投资者整体持股中的股权集中度与公司绩效显著负相关；持股比例排名前三的机构投资者年平均持股变动率与公司绩效呈正相关关系，但并不显著。另外，资产负债率与公司绩效显著负相关；公司规模与公司绩效负相关，但不显著；第一大股东性质与公司绩效的关系也不显著。

为了更为清晰地分析，将表 9－3～表 9－5 的多元回归结果汇总到表 9－6。

表 9－6　持股比例排名前三的机构投资者特征与公司绩效的
多元回归结果汇总（2010～2012 年）

	被解释变量：ROA		
	2010 年	2011 年	2012 年
IIshare3	－ 0.027	0.024	0.090 ***
	（0.691）	（0.735）	（0.204）
IIhhi	－ 0.201 ***	－ 0.171 ***	－ 0.160 **
	（0.002）	（0.009）	（0.023）
IIbdl	0.010	－ 0.045	0.020
	（0.851）	（0.390）	（0.708）
share	0.220 ***	0.227 ***	0.275 ***
	（0.000）	（0.000）	（0.000）

注：表中上行数字为估计系数，括号内数字为双尾概率 P 值，回归结果经过异方差修正。* 表示在 10% 的显著性水平下显著，** 表示在 5% 的显著性水平下显著，*** 表示在 1% 的显著性水平下显著。

通过对表 9－6 可以发现，2010～2012 年公司持股比例排名前三的机构投资者持股比例与公司绩效的关系不稳定；持股比例排名前三的机构投资者在机构投资者整体持股中的股权集中度与公司绩效负相关，且显著性比较稳定；持股比例排名前三的机构投资者年平均持股变动率与公司绩效间的相关性不稳定。另外，所有机构投资者的持股比例与公司绩效显著正相关。

（三）稳健性检验

为了检验回归分析的可信性，本书采用 ROE 和 RPS 进行了稳健性检验，结果见表 9 - 7 和表 9 - 8。

表 9 - 7　机构投资者特征与公司绩效的多元回归
稳健性检验结果 I （2010 ~ 2012 年）

	被解释变量：ROE		
	2010 年	2011 年	2012 年
IIshare3	- 0. 025 (0. 759)	- 0. 035 (0. 673)	- 0. 017 (0. 845)
IIhhi	- 0. 182 ** (0. 018)	- 0. 205 *** (0. 008)	- 0. 170 ** (0. 049)
IIbdl	0. 056 (0. 362)	- 0. 028 (0. 654)	0. 060 (0. 349)
R^2	0. 392	0. 425	0. 431

注：表中上行数字为估计系数，括号内数字为双尾概率 P 值，回归结果经过异方差修正。* 表示在 10% 的显著性水平下显著，** 表示在 5% 的显著性水平下显著，*** 表示在 1% 的显著性水平下显著。

表 9 - 8　机构投资者特征与公司绩效的多元回归
稳健性检验结果 II （2010 ~ 2012 年）

	被解释变量：RPS		
	2010 年	2011 年	2012 年
IIshare3	0. 032 (0. 693)	0. 047 (0. 575)	0. 135 *** (0. 103)
IIhhi	- 0. 212 *** (0. 005)	- 0. 150 * (0. 052)	- 0. 099 (0. 229)
IIbdl	0. 042 (0. 484)	- 0. 024 (0. 703)	- 0. 009 (0. 889)
R^2	0. 436	0. 426	0. 509

注：表中上行数字为估计系数，括号内数字为双尾概率 P 值，回归结果经过异方差修正。* 表示在 10% 的显著性水平下显著，** 表示在 5% 的显著性水平下显著，*** 表示在 1% 的显著性水平下显著。

通过对表 9-7 和表 9-8 的分析，可以发现，持股比例排名前三的机构投资者持股比例、股权集中度以及年平均持股变动率与公司绩效的关系基本保持稳定，回归结果可信。但是使用 ROA 的拟合度是最好的。

七 小结

本章运用中国证券市场中上市公司和机构投资者的数据对理论分析部分的各种命题和假设进行了验证。通过本章的研究，笔者发现，从机构投资者中持股比例排名前三的机构投资者持股比例、持股集中度和持股变动率等角度来看，机构投资者持股比例对于上市公司经营绩效没有比较明显的影响。但从全部机构投资者持股比例与上市公司绩效的相关性角度来看，很明显出现了显著正相关的结论。这说明，机构投资者持股比例并没有真正促进上市公司治理水平的提高，进而带动上市公司绩效的提升，而只是机构投资者在选择投资目标时，根据上市公司的业绩进行选股而已。

第十章
机构投资者与中国上市
公司治理案例研究

通过前面关于机构投资者与控制性股东的序贯博弈分析，以及运用中国证券市场机构投资者和上市公司治理水平和经营绩效数据的分析，笔者得到了相互印证的观点，那就是，在中国仍不发达的证券市场中，由于上市公司"一股独大"的问题，以及机构投资者整体规模的限制，导致机构投资者对上市公司治理水平和经营绩效的影响有限。本章为了更加直观地说明问题，笔者选取了中国证券市场中机构投资者持股数量较多且较有影响力的上市公司作为案例进行说明，使前面的经济学理论模型分析和计量经济学分析的结果能够更为直观地呈现出来。

一 来自招商银行的案例

关于机构投资者参与中国上市公司治理的具体治理机制和治理途径无法从现有的文献中获取，所以本书选择通过考察上市公司中的实际案例来对本问题进行研究。本书选取 2010～2013 年度中国沪深两市 A 股上市公司中年度包含机构投资者个数较多的上市公司——招商银行（股票代码：600036）作为典型案例来进行研究。①

招商股份有限公司（简称招商银行）成立于 1987 年，总部位于中国深圳，业务以中国市场为主。该公司高效的分销网络主要分布在长江三角洲地区、珠江三角洲地区、环渤海经济区域等中国相对富裕的地区以及其

---

① 数据来源于国泰安数据库，并由笔者运用 Excel 统计软件筛选得出。

他地区的一些大中城市，公司在 108 个国家（含中国）及地区共有境内外代理行 1921 家。公司主要依靠自身资源和努力从一个区域性银行发展成为中国具有相当规模和实力的全国性商业银行。2002 年 4 月，公司在上海证券交易所上市。

（一）机构投资者持股情况

关于持股招商银行的机构投资者情况统计如表 10 - 1。

表 10 - 1　持股招商银行的机构投资者情况汇总（2010 ~ 2013 年）

年份		2010	2011	2012	2013
机构投资者个数		120	188	259	223
机构持股比例总和（%）		9.46	12.10	21.25	18.20
机构平均持股比例（%）		0.078	0.064	0.082	0.082
第一大机构投资者	名称	上证 50 交易型开放式指数证券投资基金	南方高增长证券投资基金	汇添富均衡增长股票型证券投资基金	上证 50 交易型开放式指数证券投资基金
	持股比例（%）	0.74	0.50	0.41	0.7268
	是否下一年持股前十名	否	否	否	—
第二大机构投资者	名称	易方达 50 指数证券投资基金	景顺长城内需增长贰号股票型证券投资基金	景顺长城精选蓝筹股票型证券投资基金	易方达 50 指数证券投资基金
	持股比例（%）	0.57	0.33	0.37	0.71
	是否下一年持股前十名	否	否	是（第六名）（持股比例：0.39%）	—
第三大机构投资者	名称	嘉实服务增值行业证券投资基金	易方达平稳增长证券投资基金	嘉实稳健证券投资基金	兴业趋势投资混合型证券投资基金（LOF）
	持股比例（%）	0.5292	0.31	0.35	0.56
	是否下一年持股前十名	否	否	是（第五名）（持股比例：0.41%）	—

数据来源：国泰安数据库。

（二） 机构投资者持股数据分析

笔者没有在已有文献中找到招商银行 2010～2013 年各年年报中机构投资者积极参与公司治理的证据。但通过表 10 - 1 可以看出，在四年中，虽然机构投资者个数很多，分别达到 120 家、188 家、259 家和 223 家；但所有机构投资者的持股比例总和分别仅为 9.46%、12.10%、21.25% 和 18.20%；机构投资者平均的持股比例更低，均不足 0.1%。各年度持股排名第一的机构投资者持股比例分别为 0.74%、0.50%、0.41% 和 0.7268%，均不足 1%。更为令人关注的问题是，在四年中，其中 2010 年和 2011 年，前三大机构投资者均未进入下一年度的前十名；在 2012 年和 2013 年，前三大机构投资者相对稳定下来，除了 2012 年的第一大机构投资者外，其他均在下一年度中排名进入前十名，特别是 2012 年，前三大机构投资者在下一年仍在前十名中，且持股比例变化不大。

（三） 招商银行案例分析

通过此案例的分析，可以看出，由于机构投资者整体持股比例不高，特别是前三大机构投资者持股比例不高，在如此之低的持股比例情况下，机构投资者积极参与公司治理进而提高公司治理水平的可能性不大。但同时也要看到，前三大机构投资者持有招商银行股票的稳定性在逐年增强，特别是 2013 年的数据表明，在 2013 年中，前三大机构投资者已经十分稳定。这种趋势为机构投资者积极参与公司治理奠定了非常良好的基础。但考虑到没有一种有效的机制保证机构投资者稳定持股，因此未来的情况仍不能确定。

二 来自伊利股份的案例

内蒙古伊利实业集团股份有限公司（简称伊利股份，股票代码：600887），是国内最大的乳制品生产企业。伊利股份始终以强劲的实力领跑中国乳业，以极其稳健的增长态势成为持续稳健发展的行业代表。2013年，在荷兰合作银行发布的全球乳业排名中，伊利股份位列全球乳业第 12位，中国排名第一。伊利股份拥有液态奶、冷饮、奶粉、酸奶和原奶五大事业部，所属企业近百个，旗下有纯牛奶、乳饮料、雪糕、冰淇淋、奶

粉、奶茶粉、酸奶、奶酪等 1000 多个产品品种，产销量、规模、品牌价值
居全国第一。2013 年前三季度，伊利股份实现营业总收入 365.71 亿元，
平均单季营收稳定超过 120 亿元，同时净利润实现 25.25 亿元，同比增
长 82.7%。

（一）机构投资者持股情况

关于持股伊利股份的机构投资者情况统计见表 10-2。

表 10-2　持股伊利股份的机构投资者情况汇总（2010～2013 年）

		2010 年	2011 年	2012 年	2013 年
机构投资者个数		165	242	254	300
机构持股比例总和（%）		53.41	56.32	54.64	35.46
机构平均持股比例（%）		0.32	0.23	0.22	0.12
第一大机构投资者	名称	融通新蓝筹证券投资基金	融通新蓝筹证券投资基金	申银万国－汇丰－MERRILL LYNCH INTERNATIONAL	华夏回报证券投资基金
	持股比例（%）	2.75	2.95	2.43	1.25
	是否下一年持股前十名	是（第一名）（持股比例：2.95%）	否	否	—
第二大机构投资者	名称	嘉实策略增长混合型证券投资基金	华夏回报证券投资基金	全国社保基金一零四组合	华夏红利混合型证券投资基金
	持股比例（%）	2.11	2.12	2.24	1.09
	是否下一年持股前十名	否	是（第三名）（持股比例：2.11%）	否	—
第三大机构投资者	名称	华夏回报证券投资基金	申银万国－汇丰－MERRILL LYNCH INTERNATIONAL	华夏回报证券投资基金	博时新兴成长股票型证券投资基金
	持股比例（%）	2.05	2.02	2.11	1.02
	是否下一年持股前十名	是（第二名）（持股比例：2.12%）	是（第一名）（持股比例：2.43%）	是（第一名）（持股比例：1.25%）	—

数据来源：国泰安数据库。

（二） 机构投资者持股数据分析

笔者没有在已有文献中找到伊利股份2010～2013年各年年报中机构投资者积极参与公司治理的证据。但通过表10-2可以看出，在四年中，机构投资者个数很多，分别达到165家、242家、254家和300家，所有机构投资者的持股总和分别为53.41%、56.32%、54.64%和35.46%。虽然机构投资者整体持股比例较高，但机构投资者平均的持股比例较低，四年分别为0.32%、0.23%、0.22%、0.12%。即使是各年度持股比例排名第一的机构投资者持股比例也不高，分别为2.75%、2.95%、2.43%和1.25%。更为令人关注的问题是，在四年中，2010年的持股比例第二名机构投资者嘉实策略增长混合型证券投资基金、2011年持股比例第一名的融通新蓝筹证券投资基金、2012年持股第一和第二名的申银万国-汇丰-MERRILL LYNCH INTERNATIONAL和全国社保基金一零四组合都没有出现在下一年度的机构投资者持股前十名名单中。

（三） 伊利股份案例分析

通过此案例的分析可以看出，与招商银行不同，伊利股份机构投资者持股比例总体来看是比较高的，但机构投资者平均持股比例不高，特别是前三大机构投资者持股比例不高。在如此之低的持股比例情况下，机构投资者积极参与公司治理进而提高公司治理水平的可能性不大。同时也要看到，相对于招商银行，伊利股份中机构投资者持股稳定性稍强，这是一种机构投资者参与公司治理的积极信号。但从整体来看，稚嫩的机构投资者通过积极参与公司治理从而实现公司治理水平的提高和公司经营业绩的增长还任重道远。

三　小结

本章运用实证分析，对机构投资者参与中国上市公司治理的有效性问题有了更为深刻的认识。同时，实证分析的结论也进一步印证了理论模型分析结论。通过本章的分析，可以明确，由于中国证券市场发展仍不十分健全，中国机构投资者无论从数量上还是从资金规模上仍然无法和上市公司控制性股东相抗衡，因此机构投资者参与公司治理的积极性十分有限。

第十一章
主要结论及对策建议

本章将对本书前面各章进行总结，并结合理论分析和实证分析部分得出本书的相关结论并提出相关的政策建议。同时，本章还将分析本书写作中的一些局限以及下一步研究的方向。

一 主要结论

本书研究的是机构投资者参与中国上市公司治理的有效性问题。本书结合文献研究和概况描述，运用无限重复博弈的理论分析方法，综合考察了机构投资者的股权控制力、持股流动性和持股比例等因素对机构投资者参与公司治理有效性的影响，并将已有的主要观点纳入分析框架中，得出一系列相关命题，进而通过计量分析和案例分析对提出的相关命题进行实证检验，得出以下结论。

第一，通过本书的理论分析，得出了机构投资者特征（包括机构投资者持股比例、机构投资者股权控制力和机构投资者持股流动性）对公司治理水平和公司绩效产生影响的限定条件及影响结果。当机构投资者整体持股比例较高、股权控制力较强且持股流动性较低时，机构投资者持股比例的增加、股权控制力的增强和流动性的降低将提高公司绩效，并有可能提高公司治理水平。但机构投资者整体持股比例不高、股权控制力不强且流动性较强时，机构投资者的持股比例、股权控制力和持股流动性的变化与公司绩效和公司治理水平间不存在明确的相关关系。

第二，通过本书的实证分析得出了如下结论：持股比例排名前三的机构投资者持股比例与公司治理指数显著负相关；持股比例排名前三的机构投资者在机构投资者整体持股中的股权集中度与公司治理指数负相关，但显著性不够稳定；持股比例排名前三的机构投资者年平均持股变动率与公司治理指数间的相关性不稳定；所有机构投资者的持股比例与公司治理指数显著负相关。持股比例排名前三的机构投资者持股比例与公司绩效的关系不稳定；持股比例排名前三的机构投资者在机构投资者整体持股中的股权集中度与公司绩效负相关，且显著性比较稳定；持股比例排名前三的机构投资者年平均持股变动率与公司绩效间的相关性不稳定；所有机构投资者的持股比例与公司绩效显著正相关。结合描述性统计分析可以看出：由于在中国证券市场中，机构投资者整体持股比例不高，特别是排名靠前的机构投资者持股比例不高，且股权集中度较低和持股流动性过强，最终导致机构投资者的行为对控制性股东几乎无法产生有效的影响，机构投资者在参与公司治理方面与普通投资者之间没有什么太大差别。机构投资者的行为往往表现为利用自身相对于普通投资者更强的资金和信息优势，选择公司绩效较好的上市公司进行短期股票操作来获取差价，基本上不考察上市公司的公司治理情况，甚至为了获取收益选择投资那些易于操作但公司治理水平较差的上市公司。

第三，结合本书的理论分析和实证分析可以得出如下结论：由于机构投资者持有中国上市公司股票的比例过低，且持股集中度不高，年度持股变动率过大，导致机构投资者没有能力积极参与上市公司的治理。这种情况正好符合理论分析部分所分析的情况：当机构投资者联盟持股比例过低，或者股权控制力不强、持股流动性过强时，机构投资者和控制性股东之间的博弈关系消失，机构投资者和普通投资者一样没有积极参与上市公司治理的动机。

第四，本书一个十分重要却很容易忽略的结论是：制度背景和法律环境的改善对公司治理水平的提升发挥主导作用。已有文献一般将公司治理水平（以及对中、小股东保护水平）当作外生变量（由国家法律和国际通行的公司治理准则决定），本书的理论分析部分将公司治理水平内生化。但经过重复博弈分析后发现，机构投资者在既有的公司治理水平的基础上继续推动治理水平提升的空间十分有限，既有水平对博弈过程最终的子博弈精炼解起着举足轻重的作用。因此，得出制度背景和法律环境的改善对公司治理水平提升发挥主导作用的结论。

第五，本书的研究还是对机构投资者股东积极主义的反思。机构投资者往往因受其持股比例、股权控制力和持股流动性等因素的限制，不能有效担负起积极股东的责任。除了部分能够成为安定股东的机构投资者［如美国加利福尼亚公共退休基金（Smith，1996）］参与公司治理外，众多机构投资者并没有将参与公司治理制度化、常态化。因此，机构投资者能够代替分散股东行使股东权利的观点显然过于乐观。

二　对策建议

结合本书得出的相关结论，提出了关于加快机构投资者发展和促进机构投资者积极参与中国上市公司治理的相关对策建议。

第一，要继续加快中国证券市场的发展。证券市场是市场经济发展中的重要因素，通过证券市场的发展，可以有效促进社会资源的配置，改善上市公司的经营状况，提升上市公司的治理水平，为中国企业迅速建立现代企业制度提供了平台。同时，证券市场的发展，也必将促进投资主体的多元化，使机构投资者能够快速发展。

第二，要继续完善中国证券市场的法律环境。从本书的理论分析中可以看到，真正能够促进上市公司整体水平改善的因素就是制度背景和法律法规环境。如果法律法规环境不好，即使机构投资者迅速发展，也不能有效改善上市公司的治理水平。而且机构投资者往往会利用法律法规的漏洞，凭借自身资金和信息上的优势过度炒作，甚至和上市公司管理层串谋进一步损害其他中小股东的利益，进而损害上市公司的长期利益和中国证券市场的融资能力。因此，需要有关部门加大力度，完善中国证券市场的法律环境，并加大对违法、违规行为的打击力度。通过本书的理论分析和实证分析可以看到，中国证券市场中的机构投资者除了持股比例不高外，还存在股权控制力较差和持股流动性过强的问题。这一方面是由于机构投资者受自身持股比例的限制不能有效参与上市公司的治理，另一方面也是由于中国证券市场整体的法律环境不尽完善，导致机构投资者选择频繁买卖和价格操纵的方式牟利。因此，只有不断完善中国证券市场的法律环境，才能使不断壮大的机构投资者成为安定股东，在中国上市公司治理中发挥其积极作用。

第三，要继续促进机构投资者数量的发展和规模的扩大。在西方发达国家的证券市场中，机构投资者有着举足轻重的作用。通过国际比较，可以清楚地看到，虽然机构投资者在中国证券市场中的数量、资金规模和市值比重都有了巨大的发展，但和西方发达国家的证券市场相比还有很大差距。只有进一步发展机构投资者，进一步放松投资限制，同时进一步降低国有股比例，才能真正促进机构投资者的发展，真正改善机构投资者参与中国上市公司治理的状况。也只有这样，才能有效改变中国上市公司"一股独大"的状况，促进中国上市公司整体的治理水平。

第四，要促使机构投资者逐渐成为上市公司的安定股东。通过本书的理论分析和实证分析可以看到，机构投资者持股流动性过高也是导致机构投资者没有动机积极参与上市公司治理的重要因素。当机构投资者持股比例不断提高，以及证券市场法律法规体系不断完善，机构投资者便会从成本－收益的角度考虑，逐渐转变自身策略，成为上市公司的安定股东。当然，为了加快机构投资者成为上市公司的安定股东，还需出台相关的法律、法规，对机构投资者的流动性加以限制。同时，也可以通过提高机构投资者自身的治理水平，减少机构投资者的投机行为，使其逐渐安定下来。只有机构投资者真正成为上市公司的安定股东时，其参与上市公司治理的条件才能够逐渐成熟。

第五，要通过机构投资者参与上市公司治理实现机构投资者和上市公司的"双赢"。引入机构投资者参与上市公司治理的目的，一方面是要提高上市公司治理水平并增强公司的绩效，另一方面也要使机构投资者得到长足的发展并使广大投资者的权益受到保护。因此，在发展机构投资者的同时，还要不断完善中国上市公司整体的治理机制和治理结构，使机构投资者能够充分发挥自身作用，消除机构投资者的短视行为，保证上市公司长期健康发展，以及保证机构投资者和广大投资者的长期利益。

三　本书的不足和进一步研究方向

本书研究的是机构投资者参与中国上市公司治理有效性的问题。在研究过程中，囿于时间和笔者能力，还存在许多不足之处。通过对不足之处的整理，不但可以发现本书研究的缺憾，也为笔者的下一步研究确定了方向。

首先，本书在理论分析中假设机构投资者与控制性股东之间的博弈过程是在完全信息条件下进行的。如果放松完全信息这个条件，改为博弈过程在不完全信息条件下进行，那么涉及双方博弈的分析将变得十分复杂。因此，这方面的研究将是笔者进行下一步研究的方向之一。

其次，在本书的理论分析和实证分析中没有考虑不同周期之间存在的波动问题。在实证分析中没有涉及波动问题，主要是由于中国证券市场和中国机构投资者发展的时间较短，没有足够数据进行实证分析；在理论分析中没有涉及波动问题，主要是出于问题简化的目的，如果考虑不同周期的波动，将使问题变得十分复杂，而且即使分析出相应结论，由于受到实证分析中数据不足的限制，也无法进行实证检验。关于所涉及周期波动情况的理论和实证分析工作将是笔者下一步研究的重点方向，而实证研究工作限于数据的原因，还需要较长的时间才能进行。

最后，关于机构投资者参与中国上市公司治理的机制和途径，由于已有文献十分缺乏，以及没有能力对机构投资者具体情况进行问卷调查，只能介绍国外文献关于机构投资者参与国外公司治理的情况，并结合国内一些个别案例进行说明。因此，进一步的研究工作还包括选择合适的渠道来确定各类型机构投资者是否存在参与中国上市公司治理的机制和途径，以及这些机制和途径的具体情况如何。

参考文献

Abreu, Dilip. "External Equilibria of Oligopolistic Supergames." *Journal of Economic Theory*, 1986 (39).

Ackert, L. F., and Athanassakos, G. "Visibility, Institutional Preferences and Agency Considerations." *Journal of Psychology and Financial Markets*, 2001 (2).

Admati, A., P. Fleiderer, and J. Zechner. "Large Shareholder Activism, Risk-sharing, and Financial Market Equilibrium." *Journal of Political Economy*, 1994 (102).

Alchian, A. "Some Economics of Property Rights." *Politico*, 1965 (30).

Augilera, R. V., and Jackson, G. "The Cross-national Diversity of Corporate Governance: Dimensionsand Determinants." *Academy of Management Review*, 2003, 28 (3).

Berle, Adolf A., and Gardiner C. Means. *The Modern Corporation and Private Property*. New York: Macmillan, 1932.

Bethel, J., J. Liebeskind, and T. Opler. "Block Share Purchases and Corporate Performance." *Journal of Finance*, 1998, (53).

Bhagat, S., Black, B., and Blair, M. "Relational Investing and Firm Performance." *Journal of Financial Research*, 2004 (27).

Biggs, John H. "Corporate Governance Assessment: A TIAA-CREF Initiative." *Directors Monthly*, 1996, 20 (10).

Black, Bernard S. "Institutional Investors and Corporate Governance: The Case for Insti Tutional Voice." *Journal of Applied Corporate Finance*, 1992 (4).

Blair, M. *Ownership and control: Rethinking Corporate Governance for the Twenty First Century*. Washington, D. C.: The Bookings Institution, 1995.

Brickley, J. , R. Lease and C. Smith Jr. "Ownership Structure and Voting on Antitake over Amendments. " *Journal of Financial Economics*, 1988 (20).

Brous, P. , and O. Kini. "The Valuation Effects of Equity Issues and the Level of Institutional Ownership: Evidence from Analysts' Earnings Forecasts. " *Financial Management*, 1994 (23).

Burkart, M. , Gromb, D. , and Panunzi, F. "Large Shareholders, Monitoring and the Value of the Firm. " *Quarterly Journal of Economics*, 1997 (112).

"Learning to Live with Leverage. " *Business Week*, 1988 (7).

CalPERS. "Why Corporate Governance Today?" position paper, http: // www. corpgov. net, 1998.

Carleton, Willard T. , James M. Nelson, Michael S. Weisbach. "The Influence of Institutions on Corporate Governance through Private Negotiations: Evidence from TIAA-CREF. " *The Journal of Finance*, 1998, 53 (4).

Chaganti, Rajeswararao and Fariborz Damanpour. "Institutional Ownership, Capital Structure, and firm PerfOrmance. " *Strategic Management Journal*, 1991, 12 (7) .

Chan, Louis K. C. , and Josef Lakonishok. "Institutional Trades and Intraday Stock Price Behavior. " *Journal of Financial Economics*, 1993 (33).

Chernoff, J. , and M. Star. "Three Studies Support Relationship Investing. " *Pensions & Investments*, 1993 (21).

Cho and Kreps. "Signaling Games and Stable Equilibria. " *Quarterly Journal of Economics*, 1987 (102).

Coffee, John C. "Liquidity Versus Control: The Institutional Investor as Corporate Monitor. " *Columbia Law Review*, 1991, 91 (6).

Davis, E. P. "Institutional Investors, Corporate Governance and the Performance of the Corporate Sector. " *Economic Systems*, 2002 (26).

Davis, G. F. "Agents without Principals? The Spread of the Poison Pill through the Intercorporatenetwork. " *Administrative Science Quarterly*, 1991 (36).

De Angelo, H. and L. De Angelo. "Managerial Ownership of Voting Rights: A Study of Public Organizations with Dual Classes of Common Stock. "

Journal of Financial Economics, 1985 (14).

Del Guercio, D., and J. Hawkins. "The Motivation and Impact of Pension Fund Activism." Working Paper, 1997.

Demsetz, H. "The Structure of Ownership and the Theory of the Firm." *Journal of Law and Economics*, 1983 (26).

Demsetz, H., and K. Lehn. "The Structure of Corporate Ownership: Causes and Consequences." *Journal of Political Economy*, 1985 (93).

Drucker, P. F. "To End the Raiding Roulette Game." *Across the Broad*, 1986, 23 (4).

Drunker, Peter. *The Unseen Revolution: How Pension Fund Socialism Came to America.* New York: Harper & Row, 1974.

Duggal, R., and Millar, J. A. "Institutional Ownership and Firm Performance: The Case of Bidder Returns." *Journal of Corporate Finance*, 1999 (5).

D'Mello, R., F. Schlingemann, and V. Subramaniam. "Institutional Ownership and the Performance of Firms That Issue Equity." Tulane University: Working Paper, 2000.

"In the Boardroom: Kid's stuff. Economist." *Economist*, 1997, June (21).

Edwards, Jeremy, and Alfons, Weichenrieder. "Ownership Concentration and Share Valuation." *German Economic Review*, 2004, 5 (2).

Espinosa, Maria Paz, Changyong Rhee. "Efficient Bargaining as a Repeated Game." *The Quarterly Journal of Economics*, 1989, 104 (3).

Fama, E. F. "Separation of Ownership and Control." *Journal of Law and Economics*, 1983 (26).

Fama, E. F., and Jensen, M. C. "Agency Problems and Residual Claims." *Journal of Law and Economics*, 1983 (26).

Finale, J. R. "Ethics and Accountability: The Rising Power of Stakeholder Capitalism." *Business Quarterly*, 1986, 51 (1).

Friedman, J. "A Non-cooperative Equilibrium for Supergames." *Review of Economic Studies*, 1971 (38).

Fudenberg, D., and E. Maskin. "The Folk Theorem in Repeated Games with Discounting and Incomplete Information. " *Econometrica*, 1986 (54).

Geeraets, G. "The Effect of Ownership on the Organization Structure in Small Firms. " *Administrative Science Quarterly*, 1984 (29).

Gibbons, Robert. *Game Theory for Applied Economists.* Prentice Hall Europe: A Simon & Schuster Company, 1992.

Gllan, S. "Shareholder Activism through the Proxy Mechanism: An Empirical Investigation. " University of Texas: Working Paper, 1995.

Gompers, P. A. , and Metrick, A. "Institutional Investors and Equity Prices. " *Quarterly Journal of Economics*, 2001 (21).

Gorton, Gary and Matthias Kahl. *Blockholder Identity, Equity Ownership Structures and Hostile Takeovers.* Center for Financial Institutions: Working Papers, 1999.

Graves, S. B. and S. A. Waddock. " Institutional Ownership and Control: Implications for Long-term Corporate Strategy. " *Academy of Management Executive*, 1990 (4).

Graves, S. B. "Institutional Ownership and Corporate R&D in the Computer Industry. " *Academy of Management Journal*, 1988 (31).

Grinblatt, Mark, and Sheridan Titman. " Performance Measurement without Benchmarks: An Examination of Mutual fund Returns. " *Journal of Business*, 1993 (66).

Grinblatt, Mark, and Sheridan Titman. "Portfolio Performance Evaluation: Old Issues and New Insights. " *Review of Financial Studies*, 1989 (2) .

Grinblatt, Mark, Sheridan Titman, and Russ Wermers. "Momentum Investment Strategies, Portfolio Performance, and Herding: A Study of Mutual Fund Behavior. " *American Economic Review*, 1995 (85).

Grossman, Sanford, and Hart, Olive. "An Analysis of the Principal Agent Problems. " *Econometrica*, 1980 (51).

Grossman, Sanford, and Hart, Olive. " The Costs and Benefits of Ownership: A Theory of Vertical and Lateral Integration. " *The Journal of Political Economy*, 1986, 94 (4).

Grossman, Sanford. , and Hart, Olive. "One Share-one Vote and the Market for Corporate Control. " *Journal of Financial Economics*, 1988 (20).

Hartzell, J. C. , and Starks, L. T. "Institutional Investors and Executive Compensation. " *Journal of Finance*, 2003 (58).

Herman, E. S. *Corporate Control, Corporate Power*. New York: Cambridge University Press, 1981.

Hill, C. W. L. , and S. A. Snell. "The Effects of Ownership Structure and Control on Corporate Productivity. " *Academy of Management Journal*, 1989 (32).

Huddart, Steven. "The Effect of a Large Shareholder on Corporate Value. " *Management Science*, 1993, 39 (1).

Jensen, Michael C. "Agency Costs of Free Cash Flow, Corporate Finance, and Takeovers. " *American Economic Review*, 1986 (76).

Jensen, Michael C. and William H. Meckling. "Theory of the Firm: Managerial Behavior, Agency Costs and Owner-ship Structure. " *Journal of Financial Economics*, 1976 (3).

Jensen, Michael C. "Eclipse of the Public Corporation. " *Harvard Business Review*, 1989 (67).

Jones, Steven L. , Darrell Lee, James G. Tompkins. "Corporate Value and Ownership Structure in the Post-takeover Period: What Role Do Institutional Investors Play?" *Managerial and Decision Economics*, 1997, 18 (7/8).

Jones, S. L. , D. Lee and E. Weis. "Herding and Feedback Trading by Type of Institutional Investor . " Indiana University: Working Paper, 1996.

Kahn, C. , and A. Winton. "Ownership Structure, Speculation and Shareholder Intervention. " *Journal of Finance*, 1998 (53).

Karpoff, M. , and Paul H. Malatesta. "The Wealth Effects of Second-Generation State Takeover Legislation" *Financial Economics*, 1989 (25).

La Porta, Lopez-de-Silanes and Shleifer. "Corporate Ownership around the World. " *The Journal of Finance*, 1999, 54 (2).

La Porta, Lopez-de-Silanes, Shleifer and Vishny. "Investor Protection and Corporate Valuation. " *The Journal of Finance*, 2002, 57 (3).

La Porta, Lopez-de-Silanes, Shleifer and Vishny. "Law and Finance. " *The Journal of Political Economy*, 1998, 106 (6).

Lakonishok, Josef, Andrei Shleifer, and Robert W. Vishny. "Contrarian

Investment, Extrap-olation, and Risk." *Journal of Finance*, 1994 (49).

Lakonishok, Josef, Andrei Shleifer, and Robert W. Vishny. "The Impact of Institutional Trading on Stock Prices." *Journal of Financial Economics*, 1992 (32).

Lang M., Karl V. Lins, and Darius P. Miller. "ADRs, Analysts, and Accuracy: Does Cross Listing in the United States Improve a Firm's Information Environment and Increase Market Value." *Journal of Accounting Research*, 2003 (41).

Lang M., Karl V. Lins, and Darius P. Miller. "Concentrated Control, Analyst Following, and Valuation: Do Analysts Matter Most When Investors Are Protected Least." *Journal of Accounting Research*, 2004, 42 (3).

Lang, Mark, and R. Lundholm. "Corporate Disclosure Policy and Analyst Behavior." *The Accounting Review*, 1996 (71).

Larner, P. *Management Control and the Large Corporation.* New York: Dunellen, 1971.

Leontief, W. "The Pure Theory of the Guaranteed Annual Wage Contract." *Journal of Political Economy*, 1946 (54).

Lewellen, W. G. and S. G. Badrinath. "On the Measurement of Tobin's Q." *Journal of Financial Economics*, 1997 (44).

Lous, K., Chan, C., and Lokonishok, J. "Institutional Trades and Intraday Stock Price Behavior." *Journal of Financial Economics*, 1993 (33).

Maug, E. "Large Shareholders as Monitors: Is There a Tradeoff between Liquidity and Control?" *Journal of Finance*, 1998, 53 (1).

McConnell, J. J. and H. Servaes. "Additional Evidence on Equity Ownership and Corporate Value." *Journal of Financial Economics*, 1990 (27).

McConnell, J. J., and H. Servaes. "Equity Ownership and the Two Faces of Debt." *Journal of Financial Economics*, 1995 (39).

McCown, W., and S. Martinie. "State Regulation of Life Insurance Companies." *Association of Life Insurance Counsel Proceedings*, 1988 (17).

McEachern, W. A. *Managerial Control and Performance.* MA: Lexington Books, Lexington, 1975.

Mintzberg, H. Power. *In and around Organizations.* NJ: Prentice-Hall,

Englewood Cliffs, 1983.

Mitchell, N. "Ownership, Control, and Social Policy." In L. E. Preston (ed.), *Research in Corporate Social Performance and Policy*, JAI Press, Greenwich, CT, 1983 (5).

Monks, R. A. G., and Minow, N. *Corporate Governance.* Blackwell Business, 2002.

Morck, R., A. Shleifer and R. W. Vishny. "Management Ownership and Market Valuation: An Empirical Analysis." *Journal of Financial Economics*, 1988 (20).

Murphy, K., and Van Nuys, K. "State Pension Funds and Shareholder In-activism." Harvard Business School: Working Paper, 1994.

Neumann, R., & Neumann, T. "Does Ownership Matter in the Presence of Strict Antiactivism Legislation? Evidence from Equity Transactions in Denmark." *International Review of Financial Analysts*, 2003 (12).

Noe, Thomas H. "Investor Activism and Financial Market Structure." *The Review of Financial Studies*, 2002, 15 (1).

Nofsinger, John R. and Richard W. Sias. "Herding and Feedback Trading by Institutional and Individual Investors." *The Journal of Finance*, 1999, 54 (6).

Opler, T., and J. Sokobin. "Does Co-ordinated Institutional Activism Work? An Analysis of the Activities of the Council of Institutional Investors." Ohio State University: Working Paper, 1995.

Palmer, D., R. Friedland, P. D. Jennings and M. E. Powers. "The Economics and Politics of Structure: The Multidivisional Firm and the Large U. S. corporation." *Administrative Science Quarterly*, 1987 (32).

Parino, R., R. Sias, and L. Starks. "Voting with Their Feet: Institutional Investors and CEO Turnover." University of Texas: Working Paper, 2000.

Pound, John. "Beyond Takeovers: Politics Comes to Corporate Control." *Harvard Business Review*, 1992b (70).

Pound, John. "Proxy Contests and the Efficiency of Shareholder Oversight." *Journal of Financial Economics*, 1988 (20).

Pound, John. "Raiders, Targets, and Politics: The History and Future of American Corporate Control." *Journal of Applied Corporate Finance*, 1992a (4).

Prevost, A. K. , and Rao, R. P. "Of what Value are Shareholder Proposals Sponsored by Public Pension Funds?" *Journal of Business*, 2000 (73).

Roe, Mark J. "Political and legal restraints on ownership and control of public companies. " *Financial Economics*, 1990 (27).

Rose, Caspar. "Can Institutional Investors Fix the Corporate Governance Problem? Some Danish Evidence. " *Manage Governance*, 2007 (11).

Rose, Caspar. "Stakeholder orientation vs. shareholder value. A matter of contractual failures. " *European Journal of Law and Economics*, 2002 (18).

Salancik, G. R. and J. Pfeffer. "Effects of Ownership and Performance on Executive Tenure in U. S. Corporations. " *Academy of Management Journal*, 1980 (23).

Shleifer, Andrei, and Robert Vishny. "Large Shareholders and Corporate Control. " *Journal of Political Economy*, 1986 (94).

Shleifer, A. , and Vishny, R. W. "A Survey of Corporate Governance. " *Journal of Finance*, 1997 (52).

Smith, M. P. "Shareholder Activism by Institutional Investors: Evidence from CalPERS. " *Journal of Finance*, 1996 (51).

Stevenson, R. W. "Lockheed Gives in to Big Holders. " *The New York Times*, March 30, 1990.

Strickland, D. , K. W. Wiles and M. Zenner. "A Requiem for the USA: Is Small Shareholder Monitoring Effective?" *Journal of Financial Economics*, 1996 (40).

Van Nuys, K. "Corporate Governance through the Proxy Process: Evidence from the 1989 Honeywell Proxy Solicitation. " *Journal of Financial Economics*, 1993 (34).

Wahal, Sunil. "Public Pension Fund Activism and Firm Performance. " *Journal of Financial and Quantitative Analysis*, 1996 (31) .

Wahal, S. , and McConell, J. "Do Institutional Investors Exacerbate Managerial Myopia?" *Journal of Corporate Finance*, 2000 (6).

Wallace, A. C. "Institutions' Proxy Power Grows. " *The New York Times*, 1988, July (5).

Wermers, Russ. "Mutual Fund Herding and the Impact on Stock Prices. "

Journal of Finance, 1999, 54.

Wiles, Kenneth, and Marc Zenner. "Who Opts out of State Antitakeover Protection? The Case of Pennsylvania's SB 1310." *Financial Management*, 1995 (24).

Woidtke, T. "Agents Watching Agents? Evidence from Pension Fund Ownership and Firm Value." *Journal of Financial Economics*, 2002 (63).

Xu, L. , P. *Types of Large Shareholders, Corporate Governance and Firm Performance: Evidence from China's Listed Companies.* Ph. D. thesis, the Hong Kong Polytechnie University, 2004.

Xu, X. and Y. Wang. "Ownership Structure and Corporate Governance in Chinese Stock Companies." *China Economic Review*, 1999 (10).

Zeckhauser, R. , and Pound, J. "Are Large Shareholders Effective Monitors? An Investigation of Share Ownership and Corporate Performance." In Hubbard, G. R. (ed.), *Asymmetric Information, Corporate Finance and Investment.* Chicago: University of Chicago Press, 1990.

Zingales, Luigi. "What Determines the Value of Corporate Votes?" *Quarterly Journal of Economics*, 1995, 110 (4).

白重恩、刘俏、陆洲、宋敏、张俊喜:《中国上市公司治理结构的实证研究》,《经济研究》2005年第2期。

陈仲民:《机构投资者与公司治理机构——论发达国家机构投资者积极主义的兴起及其对公司治理的影响》,吉林大学博士学位论文,2005。

高明华:《公司治理学》,北京:中国经济出版社,2009。

高明华:《中国上市公司高管薪酬指数报告(2009)》,北京:经济科学出版社,2010。

何自力:《论机构投资者在美国公司治理中的作用》,《世界经济》1998年第3期。

李维安、李滨:《机构投资者介入公司治理效果的实证研究——基于CCGI^{NK}的经验研究》,《南开管理评论》2008年第11期。

邵颖红、朱哲晗、陈爱军:《我国机构投资者参与公司治理实证分析》,《现代管理科学》2006年第5期。

王彩萍:《机构投资者与公司治理研究》,北京:经济科学出版社,2007。

王雪荣、董威:《中国上市公司机构投资者对公司绩效影响的实证分析新论》,《第三届中国管理学年会论文集》,2008。

王永海、王铁林、李青原:《机构投资者参与公司治理的积极性分析》,《南开管理评论》2007 年第 10 期。

张清、严清华:《机构投资者的介入与公司治理模式的演进与趋同》,《中南财经政法大学学报》2005 年第 1 期。

赵立人:《中国证券市场机构投资者研究》,吉林大学博士学位论文,2005。

《中国金融年鉴》(1998～2008),北京:中国金融年鉴杂志社有限公司,1999～2008。

《中国证券登记结算统计年鉴》(2005～2008),北京:中国证券登记结算有限公司,2005～2008。

《中国证券登记结算统计月报》(2005～2008),北京:中国证券登记结算有限公司,2005～2008。

仲继银:《积极投资者的崛起——美国机构投资者为何和如何参与公司治理及其对中国的启示》,《国际经济评论》2000 年第 9～10 期。

索　引

（按拼音排序）

图书在版编目（CIP）数据

机构投资者与中国上市公司治理/柯希嘉著.—北京：社会科学
文献出版社，2015.11
（中国劳动关系学院青年学者文库）
ISBN 978 - 7 - 5097 - 8036 - 7

Ⅰ.①机…　Ⅱ.①柯…　Ⅲ.①机构投资者 - 关系 - 上市公司 -
企业管理 - 研究 - 中国　Ⅳ.①F832.48 ②F279.246

中国版本图书馆 CIP 数据核字（2015）第 208783 号

· 中国劳动关系学院青年学者文库 ·

机构投资者与中国上市公司治理

著　　者 / 柯希嘉

出 版 人 / 谢寿光
项目统筹 / 高明秀　王晓卿
责任编辑 / 王晓卿　于占杰　何晋东

出　　版 / 社会科学文献出版社 · 全球与地区问题出版中心（010）
　　　　　　地址：北京市北三环中路甲 29 号院华龙大厦　邮编：100029
　　　　　　网址：www. ssap. com. cn
发　　行 / 市场营销中心（010）59367081　59367090
　　　　　　读者服务中心（010）59367028
印　　装 / 北京季蜂印刷有限公司

规　　格 / 开本：787mm × 1092mm　1/16
　　　　　　印张：14　字数：235 千字
版　　次 / 2015 年 11 月第 1 版　2015 年 11 月第 1 次印刷
书　　号 / ISBN 978 - 7 - 5097 - 8036 - 7
定　　价 / 59.00 元